세계경제연구원 – 우리금융그룹 국제컨퍼런스

더 나은 세상을 위한 지속가능한 금융: 새 시대를 여는 자연회복과 순환경제

Sustainable Finance for a Better World: Nature Recovery and Circular Economy Transition

더 나은 세상을 위한 지속가능한 금융: 새 시대를 여는 자연회복과 순환경제

Sustainable Finance for a Better World:
Nature Recovery and Circular Economy Transition

초판 1쇄 발행   2023년 8월 1일

펴낸이	전광우
지 원	김경진, 김시연, 이주하
펴낸곳	세계경제연구원
전 화	02-551-3334~8
주 소	서울시 강남구 영동대로 511 무역센터 2505호
E-mail	igenet@igenet.com

종이책   ISBN 979-11-6177-043-7

종이책 정가 30,000

*이 책은 저작권법에 따라 보호받는 저작물이므로 무단 전재와 복제를 금합니다.
*이 책의 전부 혹은 일부를 이용하려면 저작권자와 세계경제연구원의 동의를 받아야 합니다.
*잘못된 책은 구입하신 서점에서 바꾸어 드립니다.

더 나은 세상을 위한 지속가능한 금융:
새 시대를 여는 자연회복과 순환경제

Sustainable Finance for a Better World:
Nature Recovery and Circular Economy Transition

목 차

프로그램 ·· *08*

개회식 ··· *09*

   [개회사]   전광우 세계경제연구원 이사장
   [환영사]   손태승 우리금융그룹 회장
   [축사]   김주현 금융위원회(FSC) 위원장
         김태현 국민연금공단(NPS) 이사장
         로버트 머튼(Robert C. Merton) 노벨경제학상수상자/MIT 석좌교수
   [개회식 특별강연] 홍종호 서울대 교수
   [기조연설] 헨리 페르난데즈(Henry Fernandez) Chairman & CEO, MSCI

세션 1 | ESG경영 확산 및 금융혁신을 통한 금융산업의 도약 ················· *35*

   [좌장]   헤니 센더(Henny Sender) Managing Director, BlackRock/
         前 파이낸셜타임스 수석칼럼니스트
   [기조연설] 진승호 한국투자공사(KIC) 사장
         마크 매콤(Mark McCombe) CCO & Senior Managing
         Director, BlackRock
   [패널]   클레이 로워리(Clay Lowery) Executive Vice President, IIF
         케빈 봉(Kevin Bong) Managing Director, GIC
         레베카 추아(Rebecca Chua) Founder & Managing Partner,
         Premia Partners
         류영재 서스틴베스트 대표이사
         송수영 우리금융그룹 ESG경영위원회 위원장/법무법인(유)
         세종 파트너 변호사

세션 2 | 세계경제가 직면한 도전을 넘어설 지속성장 해법 ················· 65
    [좌장]   **신성환** 한국은행 금융통화위원회 위원/前 한국금융연구원(KIF) 원장
    [대담]   **앤 크루거**(Anne Krueger) 스탠퍼드대 석좌교수/前 IMF 및 세계은행
               수석부총재
              성태윤 연세대 교수/한국국제금융학회장

오찬 특별연설 ··· 75
    [연사]   **데이비드 루벤스타인**(David Rubenstein) Co-Founder &
               Co-Chairman, The Carlyle Group

세션 3 | 자연회복과 순환경제 달성 및 기후 취약계층 지원을 위한
        ESG 성공 전략 ·· 81
    [기조연설] **엘리자베스 마루마 므레마**(Elizabeth Maruma Mrema)
               생물다양성협약(CBD) 사무총장
              안드레아 메자 무릴로(Andrea Meza Murillo) 유엔사막화방지협약
               (UNCCD) 사무차장
    [패널]   **오윤 산자수렌**(Oyun Sanjaasuren) 녹색기후기금(GCF) 대외협력국장/
               前 유엔환경총회 초대 의장
              조지혜 한국환경연구원(KEI) 자원순환연구실장
              박종일 우리금융지주 부사장

세션 4 | 더 나은 세상을 위한 MZ세대의 참여와 제언:
　　　　　　미래세대 및 취약계층 삶의 질 향상 ·· *123*

　　　[연사]　　에이미 미크 & 엘라 미크(Amy Meek & Ella Meek) Co-Founder, Kids Against Plastic
　　　　　　　브리코 유(Vriko Yu) Co-Founder & CEO, archiREEF Limited
　　　　　　　김지윤 기후변화청년단체(GEYK) 대표
　　　　　　　페데리코 페레즈(Federico Pérez) Founder & CEO of Platinum Capital

특별연설 ·· *149*

　　　[연사]　　마크 카니(Mark Carney) UN 기후변화 특사, Brookfield Asset Management 부회장/前 영란은행(BOE) 총재, G20 금융안정위원회(FSB) 의장

세계경제연구원 – 우리금융그룹 국제컨퍼런스
더 나은 세상을 위한 지속가능한 금융: 새 시대를 여는 자연회복과 순환경제
Sustainable Finance for a Better World: Nature Recovery and Circular Economy Transition

일 시 2022년 11월 4일(금)
장 소 서울신라호텔 다이너스티홀(2층)

2022년 11월 4일 금요일

시간	구분		내용
	컨퍼런스 진행		전한나 이화여대 국제대학원 교수
08:30 - 09:50	개회사		전광우 세계경제연구원 이사장
	환영사		손태승 우리금융그룹 회장
	축사		김주현 금융위원회(FSC) 위원장 김태현 국민연금공단(NPS) 이사장 로버트 머튼(Robert C. Merton) 노벨경제학상수상자/MIT 석좌교수
	컨퍼런스 기조연설		헨리 페르난데즈(Henry Fernandez) Chairman & CEO, MSCI
10:00 - 11:20	세션 1 ESG경영 확산 및 금융혁신을 통한 금융산업의 도약	좌장 기조연설	헤니 센더(Henny Sender) Managing Director, BlackRock/前 파이낸셜타임스 수석칼럼니스트 진승호 한국투자공사(KIC) 사장
		패널	마크 매콤(Mark McCombe) CCO & Senior Managing Director, BlackRock 클레이 로워리(Clay Lowery) Executive Vice President, IIF 케빈 봉(Kevin Bong) Managing Director, GIC 레베카 추아(Rebecca Chua) Founder & Managing Partner, Premia Partners 류영재 서스틴베스트 대표이사 송수영 우리금융그룹 ESG경영위원회 위원장/법무법인(유) 세종 파트너 변호사
11:30 - 12:30	세션 2 세계경제가 직면한 도전을 넘어설 지속성장 해법	좌장 대담	신성환 한국은행 금융통화위원회 위원/前 한국금융연구원(KIF) 원장 앤 크루거(Anne Krueger) 스탠퍼드대 석좌교수/前 IMF 및 세계은행 수석부총재 성태윤 연세대 교수/한국국제금융학회장
12:40 - 14:00	오찬 특별 연설		데이비드 루벤스타인(David Rubenstein) Co-Founder & Co-Chairman, The Carlyle Group
14:10 - 15:40	세션 3 자연회복과 순환경제 달성 및 기후 취약계층 지원을 위한 ESG 성공 전략	기조연설 발표	엘리자베스 마루마 므레마(Elizabeth Maruma Mrema) 생물다양성협약(CBD) 사무총장 안드레아 메자 무릴로(Andrea Meza Murillo) 유엔사막화방지협약(UNCCD) 사무차장 오윤 산자수렌(Oyun Sanjaasuren) 녹색기후기금(GCF) 대외협력국장/前 유엔환경총회 초대 의장 조지혜 한국환경연구원(KEI) 자원순환연구실장 박종일 우리금융지주 부사장
15:50 - 17:00	세션 4 더 나은 세상을 위한 MZ세대의 참여와 제언: 미래세대 및 취약계층 삶의 질 향상		에이미 미크 & 엘라 미크(Amy Meek & Ella Meek) Co-Founder, Kids Against Plastic 브리코 유(Vriko Yu) Co-Founder & CEO, archiREEF Limited 김지윤 기후변화청년단체(GEYK) 대표 페데리코 페레즈(Federico Pérez) Founder & CEO of Platinum Capital
17:00 - 17:15	특별연설		마크 카니(Mark Carney) UN 기후변화 특사, Brookfield Asset Management 부회장/前 영란은행(BOE) 총재, G20 금융안정위원회(FSB) 의장
17:15 - 17:30	폐막식		

주 최   세계경제연구원, 우리금융그룹, 우리금융미래재단
협력기관 세계은행(WB), MSCI, BlackRock, The Carlyle Group, Brookfield Asset Management, Dimensional Fund Advisors (DFA), IIF, GIC, 김앤장, CBD, GCF, UNCCD, Kids Against Plastic
후 원   기획재정부(MOEF), 한국은행(BOK), 금융위원회(FSC), 금융감독원(FSS), 한국거래소(KRX), 국민연금공단(NPS), 한국투자공사(KIC), 전국은행연합회(KFB), 금융투자협회(KOFIA)

개회식

개회사
전광우 세계경제연구원 이사장

환영사
손태승 우리금융그룹 회장

축사
김주현 금융위원회(FSC) 위원장
김태현 국민연금공단(NPS) 이사장
로버트 머튼 노벨경제학상수상자/MIT 석좌교수

개회식 특별강연
홍종호 서울대 교수

컨퍼런스 기조연설
헨리 페르난데즈 Chairman & CEO, MSCI

개회사

> [Highlight]
>
> 다음 세대를 위해 더 나은 미래를 보장하기 위해서는 최근 증가하고 있는 사회적 책임에 대한 요구에 부응하기 위한 기업 및 국가 차원의 노력을 더욱 강화해야 합니다. 이에 따라 경제 복원력과 지속가능한 성장을 위해 산업 대전환을 촉진시키는 금융의 역할은 그 어느 때보다 더욱 중요해지고 있습니다.
>
> 전광우
> 세계경제연구원 이사장

전광우 이사장: 내외귀빈 여러분, 안녕하십니까?

세계경제연구원-우리금융그룹 국제 컨퍼런스에 참석해 주셔서 진심으로 환영하고 감사드립니다. 모든 공동 주최 및 후원기관들을 대표해 환영인사를 드리게 되어 매우 기쁘고 영광으로 생각합니다. 오늘 이 자리에 오신 여러분 모두를 한 분 한 분 따뜻한 마음으로 환영하며, 특별히 컨퍼런스에 참여해주시는 연사분들께도 각별한 감사의 말씀을 드리고 싶습니다. 또한 시작하기에 앞서 지난 주말 서울 이태원에서 일어났던 비극적인 일로 인한 모든 희생자 여러분께 진심 어린 조의와 애도를 전합니다.

주지하고 계신 바와 같이 현재 세계 경제는 광범위하고 거대한 역풍이 지속적으로 누적됨에 따라 전례 없는 도전과 위협에 직면해 있습니다. 당면한 복합위기를 극복하는 것도 중요한 과제이지만 우리 세대의 가장 시급한 현안인 기후위기 문제 해결을 결코 소홀히 해서는 안될 것입니다. 생태계 재활성화와 순환경제로의 전환을 달성하기 위해서는 국제사회 모든 구성원의 적극적인 협력이 필수적입니다. 또한 다음 세대를 위해 더 나은 미래를 보장하기 위해서는 최근 증가하고 있는 사회적 책임에 대한 요구에 부응하기 위한 기업 및 국가 차원의 노력을 더욱 강화해야 합니다. 이에 따라 경제 복원력과 지속가능한 성장을 위해 산업 대전환을 촉진시키는 금융의 역할은 그 어느 때보다 더욱 중요해지고 있습니다.

이러한 배경 하에서 본 컨퍼런스는 세계 경제지형의 재편과 지정학적 불확실성 증대에 따른 도전과 기회, 기업 경영과 투자 전략의 핵심 요소로 부상한 ESG 원칙 강화, 에너지 안보 및 탄소중립의 시대의 녹색성장 정책 추진 등 다양한 경제적 도전과 기후 변화 및 상호 연관된 현안들을 심도 있게 논의하고 여러 참석자분들의 고견을 공유할 것입니다.

청중 여러분, 오늘 컨퍼런스에는 세계 굴지의 석학과 리더, 그리고 한국정부의 여러 고위관계자분들께서 자리해 주셨습니다. 함께해 주신 모든 분들께 깊이 감사드립니다. 시간관계상 모든 훌륭한 연사분들과 귀빈들을 직접 일일이 소개 드리지 못하지만 특별히 축사를 위해 직접 참여해 주신 김주현 금융위원장님과 김태현 국민연금 이사장님께 감사의 말씀을 전하고 싶습니다. 또한 축사를 보내주신 노벨경제학상 수상자이자 저희 세계경제연구원의 명예 이사이시기도 한 로버트 머튼 MIT 석좌교수님께도 깊은 감사를 표합니다. 특히 오늘 컨퍼런스 현장에 직접 참여해 주신 헨리 페르난데즈 MSCI 회장님과 앤 크루거 前 IMF 및 세계은행 수석 이코노미스트이자 스탠포드 대학 석좌교수님께도 다시 한 번 각별한 감사의 말씀을 드립니다. 또한 데이비드 루벤스타인 칼라일 그룹 창립자 겸 회장님과 영란은행 전 총재이자 UN 기후변화 특사 직책을 맡고 계신 마크 카니 브룩필드 자산운용 회장님께도 감사드립니다. 이외에도 블랙록의 마크 매콤 COO 겸 매니징 디렉터와 진승호 한국투자공사 사장님께도 특별한 감사를 전합니다. 끝으로 오늘의 컨퍼런스가 가능하도록 적극 지원해 주신 우리금융그룹 손태승 회장님께 진심으로 감사를 드립니다.

이번 국제 컨퍼런스가 더 나은 내일을 만들어 가는 데 기여하는 생산적이고 바람직한 공론의 장으로 자리매김하고 성황리에 개최될 수 있도록 이자리에 계신 모든 연사 및 청중 여러분의 적극적인 참여를 부탁드립니다.

여러분 모두의 무한한 성공을 기원합니다. 대단히 감사합니다.

환영사

[Highlight]

기후변화의 시계는 한층 더 빨리 돌아가며 우리가 감당하기 힘든 초대형 위기로 번져 가고 있습니다. 이러한 뉴노멀의 시대에 오늘날의 기업은 탄소중립 달성을 통해 기후위기에 대응하고, 다양한 이해관계자들과의 상생을 고려하지 안고서는 더이상 살아남을 수 없게 되었습니다. 우리가 한순간의 불편함을 감수하지 못하고 단기적 이익만을 추구하여 ESG경영 실천의 길을 포기한다면, 우리는 대전환의 시대에서 적응하지 못할 뿐만 아니라 미래세대에게 큰 짐을 전가하게 될 것입니다.

손태승
우리금융그룹 회장

손태승 회장: 안녕하십니까? 내외 귀빈 여러분 반갑습니다. 우리금융그룹 손태승 회장입니다. 환영사를 시작하기에 앞서, 지난주에 발생한 이태원 참사로 인해 큰 고통과 슬픔을 겪고 계신 유가족분들께 깊은 애도와 위로의 말씀을 드립니다. 이에, 여기 참석하신 모든 분들과 함께 잠시 애도의 묵념 시간을 갖고자 합니다. 다같이 동참해 주시면 감사하겠습니다.

이제 슬픔을 잠시 뒤로하고 환영사를 이어가도록 하겠습니다. 먼저 이번 컨퍼런스가 성공적으로 개최될 수 있도록 많은 공을 들여주신 전광우 이사장님과 세계경제연구원 직원분들께 특별히 감사의 말씀을 드립니다. 또한, 우리 경제와 금융의 든든한 버팀목이 되어 주시는 김주현 금융위원장님께도 감사의 말씀을 드립니다. 특별히 오늘의 컨퍼런스를 위해 먼 길을 마다하지 않고, 흔쾌히 참가해 주신 헨리 페르난데즈 MSCI 회장님, 앤 크루거 前 IMF 수석부총재님, 국제금융협회 클레이 로워리 부회장님을 비롯한 국내외 모든 패널 분들께도 각별한 감사의 말씀을 드립니다. 이번 컨퍼런스에 정말 많은 분들이 자리해 주셨으나 시간 관계상 일일이 직접 소개드리지 못하는 점 양해 부탁드립니다. 마지막으로 지금 유튜브를 통해 컨퍼런스에 함께 해주고 계신 참가자 한분 한분 모두를 환영하며 따뜻한 관심과 응원에 진심으로 감사드립니다.

내외 귀빈 여러분, 오늘 이 컨퍼런스는 '더 나은 세상을 위한 지속가능한 금융'의 길을 찾는 매우 의미있는 자리입니다. 여러분들께서도 잘 아시다시피, 아직 코로나 팬데믹의 공포가 완전히 잠식되지 않은 상황에서 글로벌 인플레이션으로 인한 급격한 금리 인상 등 금융시장의 불확실성은 더욱 심화되고 있습니다. 여기에, 기후변화의 시계는 한층 더 빨리 돌아가며 우리가 감당하기 힘든 초대형 위기로 번져가고 있습니다. 이러한 뉴노멀의 시대에 오늘날의 기업은 탄소중립 달성을 통해 기후위기에 대응하고, 다양한 이해관계자들과의 상생을 고려하지 않고서는 더이상 살아남을 수 없게 되었습니다.

다른 한편으로는, ESG 가치 실현이 불편할 수 있고, 많은 비용을 요구할 수도 있습니다. 당장에는 기업의 이윤이 줄어들고, 어려움을 맞이할지도 모릅니다. 하지만 우리가 한 순간의 불편함을 감수하지 못하고 단기적 이익만을 추구하여 ESG경영 실천의 길을 포기한다면, 우리는 대전환의 시대에서 적응하지 못할 뿐만 아니라 미래세대에게 큰 짐을 전가하게 될 것입니다.

존경하는 내외 귀빈 여러분, 이제 ESG경영은 더 이상 선택이 아닌 필수이며, 우리 미래세대의 생존을 위해서는 바로 지금, 우리 모두가 함께 손을 맞잡고 힘을 모아야 합니다. 저 역시, 우리금융그룹을 이끄는 CEO로서 그 어느 때보다 막중한 사회적 책임의식을 느끼고 있으며 '더 나은 세상'을 만들기 위해 그룹의 모든 역량을 다해 노력할 것을 약속드립니다.

이러한 의미에서 '더 나은 세상을 위한 지속가능한 금융'이라는 주제로 열리는 오늘의 국제컨퍼런스가 대단히 기대됩니다. 컨퍼런스의 각 세션별 연설과 토론에는 글로벌 사회와 경제를 이끄는 국내외 최고 석학들이 자리해 주셨기에 건강한 담론을 통해 다양한 해법을 찾게 될 것을 확신합니다.

마지막으로, 오늘의 귀한 자리를 마련해주신 관계자 여러분들께 다시 한번 진심으로 감사드리며 참석해주신 모든 분들의 건강과 행복을 기원하겠습니다.

감사합니다.

축사

> [Highlight]
>
> 초기에 변화를 위한 작업에 얼마나 빠르게 또 구체적으로 어떻게 착수하는지에 따라 지속가능한 경제 구조로 전환하는 데 수반되는 비용이 크게 달라질 수 있습니다.
>
> 김주현
> 금융위원회 위원장

김주현 위원장: 안녕하십니까? 금융위원회 위원장 김주현입니다. 오늘 세계경제연구원과 우리금융그룹이 공동으로 주최하는 국제컨퍼런스의 성공적 개최를 진심으로 축하드립니다. 더 나은 세상을 위한 지속가능한 금융의 의미와 역할에 대해 글로벌 리더들과 전문가들의 심도 깊은 토론의 자리를 마련해주신 세계경제연구원 전광우 이사장님과 우리금융그룹 손태승 회장님, 함께 축사를 진행해 주신 국민연금공단 김태현 이사장님과 MIT 석좌교수 로버트 머튼 교수님 그리고 기조연설을 맡아 주신 MSCI의 헨리 페르난데즈 회장님께 깊은 감사의 말씀을 드립니다.

오늘 컨퍼런스의 대주제이기도 한 더 나은 미래를 위한 지속가능금융은 급변하는 세계경제 여건과 국제 사회의 흐름 속에서도 반드시 지속돼야 하는 핵심 과제라고 할 수 있습니다. 최근 수십년래 최고 수준의 인플레이션이 지속되고 있는 가운데 이를 억제하기 위한 주요국의 금리인상이 본격화되면서 글로벌 금융시장이 급격히 위축되고 있는 상황에서도 지속가능금융에 대한 자금 흐름은 꾸준히 유지되고 있습니다. 경제적, 정치적, 군사적 소용돌이 속에서 시장 불확실성이 가중되고 그린워싱 등에 대한 우려가 제기되면서 ESG 투자동력이 약화될 수 있다는 우려가 제기되고 있는 것도 사실입니다. 그러나 환경, 사회, 지배구조 가치를 뒷받침하는 지속가능금융은 인류의 더 나은 미래와 더불어 대한민국의 지속적인 발전을 위해 우리 모두가 관심을 가지고 추진해야 할 과제인 것은 분명합니다.

지속가능금융이 의도한 대로의 역할을 다하도록 금융위원회는 다양한 지원 정책을 추진하고자 합니다. 첫째, 투명성을 갖춘 정보에 기반하여 ESG 투자가 이루어질 수 있도록 공시제도 재정비 작업을 추진할 것입니다. 2025년부터 코스피 상장사의 ESG 관련 사항 공시를 단계적으로 의무화해 나갈 예정이며 적용대상 기업, 공시항목·기준 등 공시제도 운영 관련 세부사항을 보다 구체화해 나갈 것입니다. 또한 ISSB의 글로벌 지속가능성 공시기준 제정 과정에도 적극 참여하겠습니다. 둘째, ESG 투자 신뢰도를 높이기 위해 ESG 채권 발행 시 외부평가 및 사후보고를 강화하고, 일명 'ESG 워싱 방지'를 위한 한국형 녹색분류체계 활용 지원 등을 적극 추진하고 있습니다. 셋째, 기업의 ESG 경영 역량 제고 또한 적극적으로 지원하고 있습니다. 금융위원회는 한국거래소와 함께 투자자들이 ESG 관련 정보를 한곳에서 확인할 수 있는 「ESG 정보 플랫폼」 서비스를 개시하였으며 금융위원회 녹색금융 TF의 녹색금융 추진계획에 따라 5개 금융협회가 공동으로 「녹색금융 핸드북」을 마련해 금융회사들이 이를 활용할 수 있도록 하였습니다. 이와 함께 금융위원회는 산업은행, 기업은행, 한국거래소 등을 통한 중소·중견기업의 ESG 경영 컨설팅·교육과 정책금융 지원도 계속 강화해 나가고자 합니다.

내외귀빈 여러분, ESG 투자 중 현재 가장 큰 주목을 받고 있는 녹색투자는 이른바 경로 의존적인(path dependent) 특성을 지니고 있다고 합니다. 그렇기 때문에 그만큼 초기에 변화를 위한 작업에 얼마나 빠르게 또 구체적으로 어떻게 착수하는지에 따라 지속가능한 경제 구조로 전환하는 데 수반되는 비용이 크게 달라질 수 있습니다. 따라서 우리 경제의 구조적 전환을 위한 노력을 뒤늦게 시작하게 될 경우 전환 과정에서 발생하는 비용이 기하급수적으로 늘어날 것입니다. 많은 오피니언 리더들과 전문가 분들이 한자리에 모인 오늘 컨퍼런스에서 작금의 복합위기 극복과 경제의 효율적 전환, 그리고 더 나은 미래를 위해 지속가능금융이 어떠한 방향으로 나아가야 할지에 관해 유용한 길잡이를 많이 제시해주시길 기대합니다. 대단히 감사합니다.

축사

> [Highlight]
>
> 금융기업의 경영전략에 있어 ESG는 피할 수 없는 경영의 한 부분이 되었습니다. 환경·사회·지배구조와 같은 비재무적 요소는 영업이익과 같은 재무적 요소 못지않게 기업에 대한 평판, 실적 등 미래역량을 좌우할 핵심요소로 자리잡고 있습니다.
>
> 김태현
> 국민연금공단 이사장

김태현 이사장: 안녕하십니까? 국민연금공단 이사장 김태현입니다. 더 나은 세상을 위해 지속가능한 금융의 해법을 모색하는 세계경제연구원의 국제컨퍼런스 개최를 진심으로 축하드립니다. 전광우 세계경제연구원 이사장님을 비롯한 내외 귀빈 여러분을 뵙게 되어 기쁜 마음입니다. 축사를 해 주신 김주현 금융위원장님, 로버트 머튼 MIT 석좌교수님과 오늘 컨퍼런스를 이끌어 주실 연사 및 토론자 여러분 모두 정말 반갑습니다. 세계경제연구원의 국제컨퍼런스는 각 분야의 권위있는 석학과 세계적 리더가 참여하는 대한민국을 대표하는 자리인 만큼 이번 컨퍼런스가 ESG 경영 및 금융혁신을 통해 금융산업의 지속가능성장을 모색하는 모든 분들께 뜻깊은 토론의 장으로 자리매김하길 기원합니다.

내외 귀빈 여러분, 금융기업의 경영전략에 있어 ESG는 피할 수 없는 경영의 한 부분이 되었습니다. 환경·사회·지배구조와 같은 비재무적 요소는 영업이익과 같은 재무적 요소 못지않게 기업에 대한 평판, 실적 등 미래역량을 좌우할 핵심요소로 자리잡고 있습니다. 비교적 최근까지도 기업지배구조 투명성은 국내에서 여전히 생소한 개념이었지만 이제는 기업지배구조를 떼어놓고는 기업경영을 논할 수 없게 되었습니다. ESG 경영도 기업에 부담을 주는 요인이 아닌 중장기적으로 수익증가와 비용감소 등 기업가치를 제고할 수 있는 경영전략의 일부를 이루고 있습니다. 따라서 ESG의 위험과 기회요인을 체계적으로 관리하는 것은 기업의 지속가능성을 담보하는 초석이 될 것입니다. 이에 따라 금융기업이 수행하는 책임투자의 중요성도 그만큼 증대되고 있습니다.

아시다시피 책임투자는 ESG 경영의 일환으로, 장기적 측면에서 투자위험을 최소화하면서 안정적으로 수익을 추구하기 위해 투자의사 결정과정에 있어 ESG 관련 요소 및 의

제 등을 적극적으로 고려하는 방식입니다. 세계적인 유수의 연기금·자산운용사 등 기관투자자들은 ESG와 관련된 비재무적 위험을 다방면으로 적극 고려하고 있으며 이러한 기관투자자의 책임투자 강화는 이미 세계적인 추세가 되었습니다. 국민연금은 국민의 노후자금을 운용하는 장기투자자로서 지난 2006년 국내주식 위탁운용 유형 가운데 '책임투자형 위탁투자' 도입을 기점으로 책임투자를 시작했습니다. 이를 기반으로 책임투자에 대한 이해를 제고하는 한편 글로벌 선진 사례를 파악하기 위해 국제 책임투자협의체 등에 가입해 글로벌 기관 투자자들과 교류를 적극 확대해 나가고 있습니다. 또한 고유의 ESG 평가체계도 마련했습니다.

국민연금이 투자한 기업들이 다양한 ESG 현안 및 과제에 어떻게 대응하고 있는지 파악하기 위해 연간 두 차례 ESG등급을 산출하는 것을 바탕으로 2021년 말까지 국내주식과 국내채권 직접운용에 ESG등급을 고려한 ESG통합전략을 적용했습니다. 올해부터는 국내외 주식·채권 위탁 부문에도 책임투자 요소를 고려하도록 하여 책임투자 적용 자산군의 범위가 전체 자산의 절반 수준에 이를 것으로 예상하고 있습니다. 내년에는 해외주식과 해외채권 직접운용에도 ESG 통합전략을 적용할 계획입니다.

국민연금의 책임투자 강화는 국내 금융시장에 참여하는 기관이 직간접적으로 책임투자에 동참하도록 하는 촉매제로 역할을 하고 있습니다. 다른 한편으로는 위탁운용사를 선정할 때 스튜어드십 코드 도입 여부와 책임투자 요소를 고려하면서 국민연금과 거래하는 위탁운용사와 증권사에 책임투자 보고서를 제출하게 하고, 여러 시장참여자들로 하여금 책임투자 기반을 갖추도록 유도하고 있습니다. 나아가 향후에는 위탁운용사에 대한 ESG 활동 관련 평가를 더욱 강화해 나갈 것입니다.

내외 귀빈 여러분, 국민연금의 책임투자 활동은 국민연금기금의 지속가능성을 제고하고 ESG 경영이 기업경영의 새로운 패러다임으로 성공적으로 안착하도록 하는 시금석이 될 것입니다. 이를 위해 국민연금은 책임투자 활동을 투명하게 공개함으로써 기업들의 예측 가능성을 높여 기업들이 선제적으로 준비하고 스스로 자율적으로 움직일 수 있도록 힘쓰겠습니다. 오늘 컨퍼런스가 ESG 경영의 방향을 모색하고 금융산업의 지속가능성을 높이는 밑거름이 되길 기원합니다. 지금까지 경청해 주셔서 대단히 감사합니다.

축사

> [Highlight]
>
> 더욱 가속화되고 있는 기후위기의 심각성은 극심한 폭염과 가뭄, 대규모 홍수 등을 동시다발적으로 초래해 우리의 일상에도 영향을 주고 있습니다. 지금과 같은 상황이 지속된다면 사회적으로 가장 취약한 계층이 먼저 심각한 위험에 처하게 될 것이라는 사실은 우리 모두가 경각심을 가지고 새겨 들어야 할 경고이기도 합니다.
>
> 로버트 머튼(Robert C. Merton)
> 노벨경제학상수상자/MIT 석좌교수

로버트 머튼 교수: 세계경제연구원과 우리금융그룹이 공동 주최하는 국제 컨퍼런스에 참석하신 여러분을 진심으로 환영합니다. 오늘 컨퍼런스의 본격적인 시작에 앞서 축사를 전할 수 있는 소중한 기회를 주신 전광우 이사장님께도 특별한 감사의 말씀을 드립니다. 세계경제연구원의 Honorary Chairman으로서 오늘 컨퍼런스에 직접 참석해 여러분과 현장에서 함께하길 원했지만 그러지 못해 아쉬울 따름입니다. 그럼에도 이렇게 영상을 통해서나마 여러분께 인사드릴 수 있게 되어 진심으로 기쁘고 영광입니다.

최근 세계 경제는 코로나19로 인한 전례 없는 어려움으로부터 완전히 극복하기도 전에 2008년도 글로벌 금융위기 이래 가장 심각한 복합위기에 직면해 있습니다. 치솟는 물가와 미국의 연준을 위시한 전 세계 주요국 중앙은행들의 통화긴축 본격화에 따른 고금리, 강달러 기조에 따른 고환율 외에도 장기화되고 있는 러-우 전쟁 등 여러 요인이 복합적으로 작용하면서 위기를 심화시키고 경제적 어려움을 가중시키고 있습니다.

뿐만 아니라 더욱 가속화되고 있는 기후위기의 심각성은 극심한 폭염과 가뭄, 대규모 홍수 등을 동시다발적으로 초래해 우리의 일상에도 영향을 주고 있습니다. 지금과 같은 상황이 지속된다면 사회적으로 가장 취약한 계층이 가장 먼저 심각한 위험에 처하게 될 것이라는 사실은 우리 모두가 경각심을 가지고 새겨 들어야 할 경고이기도 합니다.

이러한 배경에서 순환경제와 자연회복의 확산과 환경보호라는 이빈 국제 컨퍼런스의 대주제는 향후 우리 인류가 당면한 기후위기를 극복하고 지속가능한 성장을 이루는 데 중요한 기폭제가 될 것이라고 확신합니다. 오늘 컨퍼런스 자리를 통해 한국과 세계 경제의 더 나은 미래와 인류가 직면한 도전을 극복하기 위한 여러 혁신적이고 발전적인 아이디어들이 활발히 논의되길 바랍니다.

다음 기회에는 한국을 방문해 여러분들을 직접 만나 뵐 수 있기를 기대하며 그때까지 모두의 건강과 안녕을 기원하겠습니다. 이번 컨퍼런스의 성공적인 개최를 진심으로 응원합니다. 대단히 감사합니다.

개회식 특별강연

[Highlight]

기후위기 극복은 한 사람의 힘으로 해결할 수 없습니다. 모두의 의지를 모아 탄소중립을 향한 새로운 경제 질서를 만들어가야 합니다. 그 과정은 힘들고, 때로는 고통스러울 것입니다. 하지만 멈출 수 없는 길입니다. 우리가 우리의 후손들로부터, 눈앞에 놓인 당장의 이익에 매몰되어 기후위기 대응을 포기한 무책임한 세대로 평가 받아서는 안 될 것입니다. 너무 늦기 전에, 너무 많은 시간을 낭비하기 전에, '현재'가 '선물'일 수 있도록 우리 모두의 힘을 합쳐야 합니다.

홍종호
서울대학교 교수

홍종호 교수: 국가애도기간, 무거운 마음으로 이 자리에 섰습니다. 안타깝게 스러져간 청년, 청소년들의 명복을 빌고, 가족 친지들에게 한없는 위로의 말씀을 전합니다.

이 자리에 함께 한 여러분, 방금 시청한 동영상에서 무엇을 느끼셨습니까. 마지막 두 문장이 저의 뇌리를 떠나지 않습니다.

"The present is a gift."

"Let's not waste any more time."

오랫동안 사람들은 기후변화를 먼 훗날의 이야기로 간주했습니다. 반세기 이상 경제성장을 최고의 가치로 쉼 없이 달려온 대한민국에서는 더욱 그러했죠. 하지만 영상에서 보았듯이 기후변화는 더 이상 미래의 문제가 아닙니다. 지금 당장 우리에게 닥친 위기인 것입니다.

여러분께 여쭙고 싶습니다. 우리에게 '현재'는 과연 '선물'일까요? '현재'를 '선물'로 만들려면 우리는 무엇을 해야 할까요? 누군가 기후위기는 '시간과의 싸움'이라고 말했습니다. 현재를 살고 있는 우리가, 우리에게 주어진 이 소중한 시간을 낭비한다면 현재는 더 이상 선물이 아닐 것입니다. 이 땅을 살아갈 사랑스러운 다음 세대, 우리의 청년, 청소년,

어린이, 앞으로 태어날 아기들에게 기후위기의 고통을 물려주는 세대가 되어서는 결코 안 될 것입니다.

2020년, 세상이 바뀌었습니다. 과거에 겪어 보지 못한 전염병이 지구를 강타했습니다. 인류는 질병위기, 경제위기, 기후위기라는 3중 복합위기를 겪으며 벼랑 끝으로 내몰렸습니다. 바이러스 확산을 막기 위한 봉쇄 조치는 경제활동을 순식간에 얼어붙게 만들었습니다. 대기 중에 누적된 온실가스는 폭염과 산불, 홍수와 가뭄을 가져왔습니다. 유럽은 섭씨 40도가 넘는 폭염에 시달렸고, 호주는 우리나라 국토의 두 배가 넘는 면적이 불에 타는 재앙을 겪기도 했습니다.

더욱 무서운 사실은 이 세 가지 위기가 물고 물리는 순환관계에 있다는 점입니다. 지구 온도 상승은 야생동물의 생존율을 높이고 이동 반경을 확대하면서 인수공통감염병(zoonotic diseases) 확산을 가져옵니다. 글로벌 감염병은 관광업과 요식업, 항공업과 물류업을 마비시키고 일자리를 빼앗아 버렸습니다. 경제가 어려워지면 개발도상국에서는 석탄 사용이나 벌채처럼 기후위기를 악화시키는 행위가 늘어날 가능성이 높습니다. 이러한 악순환의 밑바닥에는 '탄소기반경제(carbon based economy)'가 자리 잡고 있습니다.

탄소기반경제란 화석연료에 의존하는 경제구조를 말합니다. 19세기 이후 인류는 석탄과 석유, 천연가스를 대량으로 이용해 놀라운 경제성장을 이룩했습니다. 화석연료 사용에 힘입어 지난 200년 간 글로벌 경제규모는 100배 커졌습니다. 하지만 지금까지 인류가 추구한 경제성장 방식에 심각한 적신호가 켜졌습니다. 탄소 배출로 인한 기후변화가 그것입니다. 기후변화는 21세기 인류의 지속가능성에 가장 큰 위협으로 등장했습니다. 인류가 탄소기반경제를 극복하지 못한다면, 기후위기는 가속화할 것이고, 질병위기는 더욱 창궐할 수 있으며, 경제위기는 더 가중될 것임을 기억해야 합니다.

우리는 두 가지 경로로 나타나는 기후변화의 경제적 파급력에 주목할 필요가 있습니다. 첫째, 기후변화는 직접 인간에게 피해를 미칩니다. 폭염이나 홍수 때문에 인명피해를 입거나, 기후변화로 인해 사회경제 활동을 제대로 하지 못해 피해를 입습니다. 홍수나 가뭄으로 인한 농사 피해가 대표적입니다. 극심한 가뭄으로 세계 곳곳의 농업 생산성이 떨어지면 국제 농산물 가격이 급등할 수 있습니다. 곡물 자급률이 19%에 불과해 농산물 수입이 많은 우리나라의 경우 커다란 경제적 타격을 받게 될 것입니다.

여러분께서는 지난 여름, 우리나라 곳곳의 도시가 물에 잠기는 비극적인 장면을 기억하실 겁니다. 제가 수행했던 연구에 따르면, 앞으로 발생할 태풍으로 인한 경제적 피해는 더욱 커질 것으로 전망됩니다. 향후 2~30년 내에 자연재해 때문에 우리나라가 겪을 연간 최대 피해액은 25조원이 넘는 것으로 나타났습니다. 우리나라 역사상 가장 컸던 자연재해 피해는 2002년 태풍 루사(Rusa) 때였습니다. 태풍 루사는 전라남도로 상륙해 강원도로 빠져나간 대형 태풍이었습니다. 이때 피해규모가 6조 원 정도였음을 감안하면, 앞으로 폭우로 인해 그 4배 이상의 경제적 피해가 발생할 수 있다는 겁니다. 생각만 해도 끔찍한 일이 아닐 수 없습니다.

둘째, 기후변화를 막기 위해 탄소배출을 줄이는 과정에서 경제적 비용과 경제적 기회가 동시에 생겨납니다. 에너지를 절약하고 에너지 효율을 높이려면 모든 경제주체들의 노력이 필요합니다. 화석연료에서 탈피하여 재생에너지 중심의 에너지전환을 이루려면 선제적인 투자와 효과적인 정부 지원이 있어야 합니다. 모두 돈이 들어가는 일입니다. 탈탄소 경제를 위해 석탄발전소 퇴출을 추진한다면, 관련 산업에 속한 기업들이 경영상의 어려움에 처하고, 일자리가 줄어들 수 있습니다. 이러한 경제적 피해를 최소화하기 위한 정부 대책이 마땅히 있어야 하겠죠.

탈탄소 경제는 우리에게 비용만을 요구할까요? 그렇지 않습니다. 기후변화 대응은 수많은 경제적 기회를 제공합니다. 새로운 시장이 열리고 기술혁신이 일어납니다. 기후위기 시대를 맞아 전 세계는 녹색과 디지털의 결합을 통해 경제를 일으키고, 일자리를 만드는 데 총력을 기울이고 있습니다. 이른바 그린과 디지털의 쌍둥이 전환(Twin Transformation) 전략입니다. 예를 들어볼까요. 거대한 규모의 첨단 해상풍력 단지를 조성하고, 풍력발전기가 잘 돌아갈 수 있도록 효과적인 모니터링과 유지관리를 위해 맞춤형 무인 드론을 제작하여 현장에 투입합니다. 이러한 매력적인 시장을 선점하기 위해 청년들이 스타트업을 일굽니다. 지역 경제가 살아나고, 고부가가치 일자리가 만들어지는 것입니다.

많은 분들이 저에게 물어봅니다. "코로나 팬데믹의 여파와 러시아-우크라이나 전쟁 때문에 전 세계가 에너지 수급 위기를 겪는 상황에서, 과연 제대로 된 기후위기 대응이 가능하겠는가. 불가피하게 화석연료 소비를 늘려야 하는 것 아닌가."라고 묻습니다. 저는 이렇게 답합니다. "기후위기 대응과 에너지전환은 변하지 않는 상수입니다." "재생에너지 확대는 에너지안보와 기후안보에 기여하고, 에너지 수급의 지정학적 위험을 낮추는 가장 효과적인 방법입니다."

잠깐 과거로 돌아가 보죠. 2020년, 에너지 수요가 급락하면서 글로벌 에너지 기업들은 투자와 공급을 줄였습니다. 2021년, 경제상황 개선과 시장에 풀린 유동성 때문에 에너지 수요가 늘어났지만, 에너지 공급과 물류에 병목현상이 발생하면서 인플레이션 압력이 커졌습니다. 2022년, 전쟁이 가세하면서 러시아발 천연가스 공급이 급감했습니다. 그 결과가 현재 전 세계가 겪고 있는 에너지 수급 위기와 인플레이션 압박입니다. 이럴수록 우리는 기후대응과 에너지 안보를 위해 탈탄소 에너지 공급에 매진해야 합니다. 그것이 현재 세계 각국이 흔들림 없이 추진하고 있는 정책 방향입니다. 쉽지 않지만, 결코 포기해서는 안 될 목표인 것입니다.

기후위기에 대응하여 글로벌 시장이 빠르게 변하고 있습니다. 국제기구와 투자자와 소비자와 시민사회가 한 목소리로 기후변화의 심각성을 외치고 있습니다. 기업이 기업에게 재생에너지로 만든 전기만을 써서 물건을 만들라고 압박하고 있습니다. 금융기관이 기업에게 탄소배출을 줄이지 않으면 투자처를 옮기겠다고 말하고 있습니다. 국가가 국가에게 물건을 수출하려면 탄소비용을 부담하라고 압력을 가하고 있습니다. 이제 기후변화는 환경문제를 넘어 경제문제로 확장되고 있습니다. 탈탄소 경제를 중심으로 국제 무역규범이 재편되고 있습니다. 기후위기 대응 능력에 따라 우리나라 산업이 도약과 나락의 갈림길에 놓여 있습니다. 탄소경쟁력이 곧 기업경쟁력이고, 기후경쟁력이 곧 국가경쟁력인 시대가 오고 있습니다.

이 자리에 참석하신 여러분께 여쭤보고 싶습니다. 대한민국은 어떻습니까. 우리 국민은 기후위기를 체감하고 있습니까. 우리 기업은 탈탄소 경영을 실천하고 있습니까. 우리 정부는 재생에너지 확대의 중요성을 깨닫고 있습니까. 우리 정치는 미래세대를 위한 올바른 의사결정을 하고 있습니까. 우리나라는 선진국이자, 국제 사회의 책임 있는 일원으로서의 책무를 다하고 있습니까.

기후위기 극복은 한 사람의 힘으로 해결할 수 없습니다. 모두의 의지를 모아 탄소중립을 향한 새로운 경제 질서를 만들어가야 합니다. 그 과정은 힘들고, 때로는 고통스러울 것입니다. 하지만 멈출 수 없는 길입니다. 우리가 우리의 후손들로부터, 눈앞에 놓인 당장의 이익에 매몰되어 기후위기 대응을 포기한 무책임한 세대로 평가 받아서는 안 될 것입니다. 너무 늦기 전에, 너무 많은 시간을 낭비하기 전에, '현재'가 '선물'일 수 있도록 우리 모두의 힘을 합쳐야 합니다.

감사합니다.

컨퍼런스 기조연설

[Highlight]

현재 전 세계적으로 전체 탄소 배출량의 2/3가 시장과 개도국으로부터 나오고 있지만 이를 해결하기 위한 자원이나 대비는 매우 부족한 상황입니다. 그렇기 때문에 과거 선진국들이 개도국에게 약속했던 1000억 달러의 지급 여부가 논의의 핵심으로 부상할 것입니다.

헨리 페르난데즈(Henry Fernandez)
Chairman & CEO, MSCI

전광우 이사장: 시작하기에 앞서 오늘 컨퍼런스에 직접 참석하시기 위해 미국 뉴욕에서 오신 헨리 페르난데즈 회장님께 진심으로 감사드립니다.

헨리 페르난데즈 회장: 매번 온라인으로 참석하다가 이번에 이렇게 직접 현장에서 함께할 수 있게 되어 매우 기쁘고 영광입니다. 대담 시작에 앞서 오늘날 세계 경제가 직면하고 있는 다양한 도전과제와 이를 해결하기 위한 건설적인 논의와 토론을 나눌 수 있는 훌륭한 자리를 마련해주신 세계경제연구원과 우리금융그룹에 감사의 말씀을 드립니다.

전광우 이사장: 정말 감사합니다. 그럼 시간 관계상 바로 대담을 시작하겠습니다. 저는 오늘 대담을 글로벌 거시경제에 대한 진단으로 시작하려고 합니다. 주지하시는 바와 같이 세계 경제는 현재 심각한 역풍에 직면해 있으며 이에 IMF와 세계은행 등 주요 기관에서는 세계 경기 침체 가능성이 매우 높다고 진단하고 있습니다. 침체의 강도에 대해서는 이견이 존재하지만 분명한 것은 대다수 분석 기관들이 공통적으로 내년(2023년)을 기점으로 본격적인 침체 진입을 예상하고 있다는 것입니다. 그렇다면 회장님이 이끌고 계신 MSCI의 경우 내년과 그 이후의 글로벌 거시경제 상황에 대해 어떻게 전망하고 계신가요?

헨리 페르난데즈 회장: 맞습니다. 현재 세계 경제는 심각한 역풍과 도전에 직면해 있고 저는 그러한 상황이 단기적으로 개선되기 전에 오히려 악화될 것이라 내다보고 있습니다. 말씀하셨듯 유감스럽게도, 전 세계적으로 복합위기가 현실화되고 있습니다. 로버트 머튼 교수께서도 높아지는 인플레이션, 고금리, 고환율을 비롯해 러-우 전쟁으로 인한 글로벌 식량 및 에너지 위기에 대해 말씀해 주셨습니다. 이들 대부분은 모두 오늘 컨퍼런스에서 보다 심도 있게 다뤄져야 하는 주제들이라고 생각합니다. 최근 들어 글로벌 지정학 및 지경학적 지형에 상당한 변화가 있었고, 특히 러시아와 미국을 중심으로 하는 서방 진영 간의 대립이 다시 격화됐습니다. 따라서 정치적, 경제적, 재정적 관점에서 볼 때 작금의 상황은 경기순환주기 상 주기적으로 발생하는 경기침체 기간으로 볼 수도 있지만 보다 근본적인 관점에서 새로운 패러다임 전환기의 시작점이 될 수 있다고 생각됩니다. 이에 최근 IMF와 세계은행을 비롯한 주요 기관들은 내년도 경제성장률 전망치를 2.7%로 큰 폭 하향 조정했고 제가 최근에 만났던 시티그룹의 경우 내년 세계 경제가 2.5% 성장하는 데 그칠 것이라고 내다보고 있습니다.

그러나 주목해야 할 점은 제가 다양한 전문가들에게 글로벌 경제 불황의 정확한 정의가 무엇인지 물었을 때 대부분의 경우에는 1% 혹은 그 이하에 그치는 성장률이라고 답변했다는 것입니다. 또한 기본적으로 대다수 기관이 제시하고 있는 2.5% 전망치는 중국을 포함하고 있었기 때문에 중국을 제외할 경우 해당 수치는 1% 미만으로 급격히 낮아질 것입니다. 이 같은 내용이 내년 세계 경제 전망에 반영되어 있으며 이에 따른 본격적인 여파는 모든 유형의 금융자산 및 상품시장에 반영되기 시작할 것입니다.

전광우 이사장: 간결하면서도 깊이 있는 답변 정말 감사합니다. 며칠 전 미국의 연준은 다시 한 번 자이언트 스텝을 단행했습니다. 사상 첫 4연속 자이언트 스텝이고 기준금리는 4%대까지 높아졌습니다. 이는 분명 경제 성장에 상당한 압력으로 작용하는 한편 외환시장에도 중대한 영향을 초래할 것입니다. 미국 경제가 상대적으로 견조하다는 평가와 연준의 공격적인 금리 인상으로 소위 '킹달러' 흐름이 당분간 이어질 가능성이 높습니다. 달러를 비롯한 외환시장과 금융시장의 전반적인 흐름에 대해서 어떻게 전망하고 계신가요? 특히 경기침체 압력이 고조되고 있는 작금의 고금리 환경에서 주식과 채권시장이 어떻게 반응할 것으로 보시나요?

헨리 페르난데즈 회장: 지금까지 미국 경제는 상당히 강한 회복력을 보였지만 역으로 보면 사실 그렇지 않을 이유가 전혀 없었습니다. 먼저 수요 측면에서는 지난 2년간 제로 금리와 5조달러에 달하는 정부 차원의 대규모 재정 부양책이 있었고, 공급 측면에서는 코로나19 팬데믹으로 인한 노동 공급의 제한과 더불어 트럼프 행정부 이후 급격히 축소된 이민 등의 복합 요인이 강한 노동시장을 견인해 왔습니다. 또한 팬데믹 기간 중에는 필수 품목 조달에 있어서 광범위한 공급병목 현상을 경험했습니다. 따라서 모든 경제학자들이 공통적으로 언급하는 사실은 공급이 극도로 제한되어 있는 상태에서 수요를 강하게 자극

할 경우 물가는 높은 상승 압력을 받게 된다는 것입니다. 1970년대 후반과 1980년대 초 과거 세계 경제가 높은 인플레이션을 경험했던 시기 대부분을 거시경제와 통화정책을 연구하는 데 보냈던 경제학자로서 확신을 가지고 말씀드릴 수 있는 것은 기본적으로 한 번 자리잡은 인플레이션과 인플레이션에 대한 기대는 바꾸기 매우 어려운 성질을 가지고 있다는 것입니다. 매우 어렵습니다. 래리 서머스 전 재무장관은 1950년대 이후 경험에 근거하여 줄곧 그렇게 지적해 왔는데 최근에는 미국 경제가 과거 4% 이상의 인플레이션과 5% 미만의 실업률을 겪었을 당시 거의 예외 없이 향후 2년내 경기침체에 진입했다고 강력히 주장하고 있습니다.

현재 미국의 물가상승률은 8.2%이고 실업률은 3.5%입니다. 이러한 관점에서 볼 때 연준은 상당한 도전에 직면해 있다고 생각합니다. 또한 더 이상 늦장 대응이라는 비판과 정책 신뢰도를 잃지 않기 위해서라도 연준은 향후 몇 년간 보다 절제된 깊은 통화정책 운용을 이어갈 것이라 예상됩니다. 따라서 저는 향후 수년 내 미국 경기의 연착륙 가능성은 상당히 낮다고 보고 있습니다. 이미 전 세계 대다수 국가들이 경기침체 혹은 불황의 초입에 와 있는 가운데 연준의 공격적 긴축에 따른 고금리가 유발된다면, 이미 상당히 높아져 있는 달러 가치를 더욱 상승하도록 부추길 가능성이 높습니다. 또한 전례 없는 일련의 정책적 조치들은 미국의 동맹국들을 포함한 전 세계 주요 수출 생산국들에게 엄청난 파급효과를 초래할 것입니다. 이에 미국의 높은 인플레이션을 흡수해야 하는 처지에 놓이게 될 것이고, 이로 인해 가장 심각한 타격을 입을 국가는 신흥국이라고 생각합니다. 미국이 향후 기대 인플레이션을 완화 혹은 효과적으로 억제하는 데까지는 상당한 시간이 소요될 것으로 전망됩니다.

전광우 이사장: 훌륭한 답변입니다. 달러 전망에 관하여 한가지 추가 질문을 드리겠습니다. 회장님께서는 글로벌 강달러 기조가 당분간 지속될 것이라고 하셨는데 최근 저희 연구원에서 진행한 웨비나에서 대담을 나눴던 하버드 대학교의 케네스 로고프 교수는 향후 달러가 10~15% 정도 추가적인 강세를 보일 여지가 있다고 말했습니다. 이 전망에 회장님도 동의하시나요?

헨리 페르난데즈 회장: 더 이상 현직 이코노미스트는 아니지만 저는 주로 전반적인 거시경제적 흐름과 상황을 MSCI의 사업적인 관점에서 파악하려고 합니다. 저희 MSCI가 영위하고 있는 사업은 기본적으로 글로벌 투자와 경제 그리고 글로벌 거시경제 정책의 복합적인 유기체라고 할 수 있습니다. 그리고 이러한 관점에서 봤을 때 저는 향후 유로화가 달러 대비 대략 90 수준에 도달할 수 있는 가능성도 상당히 높다고 보고 있습니다. 일본 엔

화의 경우 최근 까지도 완화적 통화 정책 입장을 고수하고 있는 일본은행(BOJ) 구로다 총재의 내년 4월 임기 종료를 앞두고 후임 지도부와 관련해 어떠한 결정이 있을지에 대해 주의 깊게 살펴봐야 한다고 생각합니다. 한편 영국의 경우에는 높은 물가와 낮은 성장이 국가 경제에 어떠한 중대한 영향을 초래할 수 있는지 여실히 보여줬던 유럽의 첫 번째 주요국이었습니다. 즉, 저는 향후 몇 년간 주요 통화들이 유의미한 재조정을 겪게 될 것이라고 생각하고 이와 동시에 글로벌 강달러 기조도 상당 기간 지속될 것이라고 보고 있습니다. 그렇기 때문에 현재 달러 약세에 베팅하고 있는 분들은 조금 더 신중한 접근이 필요하다고 생각합니다.

전광우 이사장: 감사합니다. 그럼 이제 논의의 초점을 세계 경제의 또 다른 중요한 축인 중국 경제로 전환해 보겠습니다. 최근 시진핑 국가주석의 3연임을 확정한 제20차 공산당대회를 기점으로 중국의 자본시장이 대내외적으로 상당한 압력에 직면했는데 이에 시장은 기본적으로 부정적 반응과 함께 엄청난 변동성을 보였습니다. 특히 이번 당대회에서 구체화된 새로운 리더십 하에서 중국 경제와 미래에 대한 비관적인 여론과 전망이 부각됐습니다. 뿐만 아니라 중국의 전반적인 경제성장 모멘텀 둔화도 본격적으로 가시화됐습니다. 회장님께서는 전반적으로 중국 경제가 당면할 미래에 대해 어떠한 전망을 가지고 있으신가요? 시진핑 3기 집권기 향후 5년간의 전망에 대한 고견을 나눠 주시면 감사하겠습니다. 특히 구조적인 측면에서 중국 경제는 높은 수준의 정부 부채와 급속하게 진행 중인 고령화 등의 인구구조적 측면의 변화 외에도 국가 경제의 30%가량을 차지하는 부동산 부문 침체 장기화 등 심각한 경제적 도전 과제를 안고 있습니다. 그럼에도 불구하고 투자자 입장에서 중국에 투자할 만한 유인을 제공하는 긍정적인 요소들이 있다면 어떤 것들이 있을까요?

헨리 페르난데즈 회장: 우리는 1978년 덩샤오핑이 중국의 현대화를 추진한 이래로 정치적, 경제적, 재정적으로 중국 지도부의 통치에 있어 중대한 변화를 목격해오고 있습니다. 다양한 측면들이 영향을 받게 되겠지만 무엇보다 경제의 중심이 민간 기업에서 국영기업으로 이동하는 변화가 있을 것이고, 이는 경제 전반에 걸쳐 중국 정부의 통제력을 강화하는 한편 엄청난 비효율성을 야기할 것입니다. 또한 부동산 및 건설 부문은 중국 전체 경제 활동의 1/4가량을 차지하고 있는데 최근 부동산 부문 침체로 인한 성장둔화의 영향도 가시화되고 있습니다. 뿐만 아니라 중국의 인구 증가세가 둔화되고 있다는 것은 반박 불가능한 사실이며, 이로 인한 노동력 감소도 이미 본격화되고 있습니다. 저는 이러한 복합적 요인들이 중국 경제의 대대적인 재편을 초래할 것이라고 보고 있습니다. 따라서 향후 5~10년 내 중국 경제는 기존의 투자중심 경제로부터 소비중심 경제로의 전환을 달성해야 할 것입니다. 이러한 변화는 중국으로 수출하는 국가 및 기업 입장에서는 오히려 경제적 이점을 제공하는 긍정적 요인으로 작용할 것입니다. 왜냐하면 투자 측면에서는 엄청난 양의 원자재가 중국으로 유입되는 것이고 소비 측면에서는 한국과 일본을 비롯해 서구권의 기업들이 생산하는 상품들의 중국 내 소비가 증가하는 것을 의미하기 때문입니다. 따라서 이러한 경제 구조 상의 대대적인 변화는 향후 신 성장동력과 더불어 거대한 기회를 창출할 것이라고 생각합니다.

하지만 우리가 중요하게 짚어봐야 할 문제는 중국의 경제성장률이 거의 절반 수준으로 급감한 상황에서 중국 공산당이 인민들을 상대로 그동안 맺어왔던 사회적인 계약을 계속해서 유지해 나갈 수 있을지에 대한 것입니다. 왜냐하면 중국 전체 인구의 상당수는 여전히 빈곤에서 탈피하고 있지 못하고 있기 때문입니다. 최근 많은 전문가들이 미중 간의 전략적 경쟁을 포함해 서구 사회와 중국의 디커플링 현상에 대해 과거 냉전 기간 동안 러시아와 소비에트 연방 사이에서 일어났던 일들에 대해 언급하지만, 제가 강조하고 싶은 요점은 현재 우리가 처해 있는 상황은 과거와는 전혀 다르다는 점입니다. 물론 지정학적으로나 군사 기술 등의 특정 분야에서는 많은 마찰이 예상되지만 그럼에도 다른 많은 분야에서는 오히려 보다 많은 협력이 이뤄질 것이라고 생각합니다.

전광우 이사장: 깊이 있는 답변 감사합니다. 그럼 이제 오늘 컨퍼런스에서 가장 핵심적인 의제로 다뤄질 대주제인 기후변화에 관한 논의로 넘어가겠습니다. 제가 기억하기로 지난 봄 무렵 회장님께서는 현재 세계 경제가 직면해 있는 러-우 전쟁發 에너지 위기가 장기적 관점에서는 오히려 기후 전환 작업을 가속화하는 데 긍정적 동력을 제공할 것이라는 내용이 담긴 훌륭한 논설을 발표하셨는데, 여전히 그러한 관점을 유지하고 있으신지 궁금합니다. 혹시 생각에 변화가 있으신가요? 또한 이것은 특별히 제가 강조하고 싶습니다만, 단순히 재생 에너지 부문의 성장을 넘어 에너지 안보 관점에서 향후 원자력 발전 분야가 르네상스를 보게 될 수 있을까요? 이에 대한 회장님의 견해가 궁금합니다.

헨리 페르난데즈 회장: 최근 저탄소 경제로의 구조적 전환에 대해 다소 우울하고 비관적인 전망을 제시하는 많은 분들과는 달리 저는 조심스럽지만 보다 낙관적인 견해를 가지고 있습니다. 분명 우리가 향후 15~20년에 걸쳐 추진해야 하는 에너지 전환 작업은 인류 역사상 최대 규모의 경제적 재건이라고 할 수 있습니다. 이를 위해 90조 달러 규모의 세계 경제는 화석연료에 대한 과도한 의존에서 벗어나 재생가능 에너지로의 전환을 달성해야 합니다. 오늘 이 자리에 계신 청중 여러분들 가운데는 경제사학자 분들도 계시겠지만 과거 1000년이 넘는 세월 동안 세계 경제는 50bp(0.5%p) 이상의 연간 성장을 달성했던

적이 없었습니다. 그러나 지난 두 세기 동안 석탄을 시작으로 석유와 가스에 이르는 화석연료 기반의 생산 및 소비를 통해 해마다 한 자릿수 이상의 성장을 구가해 왔습니다. 그런데 우리는 그동안 세계 경제 성장의 근간을 이뤄왔던 핵심 동력을 대체해야 하는 상황에 와있습니다. 이는 우리 세대에게 주어진 중요한 도전 과제이고 따라서 이에 부응해야 하는 책무를 안고 있지만, 저는 기본적으로 이러한 전환 작업이 금융자본에 의해 뒷받침될 것이라고 생각하고 있는 만큼 낙관적인 전망을 가지고 있습니다.

자본과 금융의 역할은 앞서 이사장님께서 개회사에서 강조하셨던 것처럼 저탄소 경제로의 전환에 있어 절대적으로 필수적인 요소라고 할 수 있습니다. 몇 년 전 까지만 하더라도 기후위기와 기후위험 문제에 대해 MSCI가 보유한 90여개국의 1만여명의 기관투자가들을 상대로 진지한 논의를 나누는 것이 어려운 일이었습니다. 그러나 최근 제가 고객사와 나눴던 논의의 절반가량은 기후위기로 인해 초래될 투자 포트폴리오 위험과 이익에 관한 것이었습니다. 특히 대출을 제공하는 금융기관들의 경우 더더욱 그렇습니다.

물론 이러한 작업은 쉽지 않을 것이고 매우 어려운 전환이 될 것임이 분명합니다. 그럼에도 불구하고 전 세계에서는 저탄소 기업의 자본비용은 낮추는 한편 화석연료에 기반한 일명 '고탄소 기업'의 자본비용을 높이기 위한 가격 재조정과 자본의 대규모 재배치가 이뤄지고 있습니다. 저희는 고객과 함께 이러한 작업을 추진하고 있으며 특별히 작년 글래스고에서 개최된 COP26가 중요한 추동력을 제공했다고 생각합니다. 올해는 경제적 이익을 본격적으로 수확할 수 있을 것이라 예상됩니다. 자본의 이동은 이미 시작됐습니다. 단, 앞으로 우리가 필요로 하는 녹색 에너지를 비롯한 혁신기술에 대한 투자 및 자본의 재배치는 아직 충분하지 않습니다. 물론 엄청난 잠재력을 가지고 있는 유망한 분야들이 많지만 그렇다고 해서 우리가 지금 상황에서 안심할 수 있는 것은 아닙니다. 오히려 이러한 사실은 우리가 앞으로 추진해야 하는 작업들에 더욱 집중해야 한다는 사실을 시사합니다.

다시 처음에 주셨던 질문의 내용으로 돌아가서 답변을 드리자면, 올해 러-우 전쟁으로 인해 초래된 유럽과 여타 지역의 에너지 위기, 이를 타개하기 위한 다방면의 노력들로 인해 전환 작업의 속도가 지연되고 있고 과거에 비해 탄소배출이 오히려 증가했습니다. 치솟는 유가와 러시아의 천연가스 공급 중단 등으로 인한 대체 에너지원 확보로 오히려 석탄 사용이 극적으로 늘었습니다. 별다른 대안이 없었기 때문입니다. 국가 입장에서 동절기 가스공급 확보 실패로 인해 무고한 시민들이 고통받도록 내버려둘 수 없고 에너지 부족 사태로 기업의 사업운영 중단을 명령할 수도 없는 상황입니다. 따라서 우리는 러시아가 자국의 천연가스와 석유수출을 자원무기화 함으로써 야기한 작금의 에너지 위기를 극복하기 위해 모든 가용 조치를 적극적으로 활용해야만 합니다.

그런데 이번 에너지 위기 사태로 인해 전 세계 주요국의 정책 입안자들이 깨달은 한 가지 중요한 사실이 있습니다. 바로 에너지 안보와 독립이 자국의 국가 안보를 구성하는 필수 요소라는 것입니다. 석유, 가스, 석탄은 모두 이동성이 높은 형태의 에너지로써 지금껏 한 지역으로부터 다른 지역으로 비교적 쉽게 운반할 수 있었습니다. 그러나 이번 사태를 계기로 대다수 사람들은 이제 에너지 안보와 독립을 위해 자국 내에 존재하는 풍력 에너지와 태양열 에너지 등 대체 에너지원에 집중하고 있습니다. 뿐만 아니라 원자력에 대한 국제사회의 관심도 크게 고조됐습니다. 물론 아직까지 원자력은 사회적으로 분열된 담론을 야기하는 주제라고 할 수 있고 상대적으로 덜 안전하다는 측면이 있기는 하지만 원자력 없이는 미래도 없다는 것이 저의 기본적인 입장입니다. 그렇기에 모든 가능한 기회를 적극 활용해 이에 대해 활발한 논의를 나누는 것이 매우 중요하다고 생각합니다. 물론 현재 보유한 원자력 기술도 상당히 우수하고 특히 한국은 이 분야에서 전 세계적으로 선도적인 역할을 담당하고 있습니다. 규모 측면에서 국가 전체 에너지의 27%가량을 원자력 발전을 통해 공급하는 등 최대 시장을 보유하고 있다고 생각합니다. 또한 정부 차원에서 2030년도까지 해당 비율을 30%까지 높이기 위해 관련 정책을 적극적으로 추진하고 있는 것으로 알고 있습니다. 따라서 한국은 원자력 기술 부문에 있어서 주요 수출국이고 아랍에미리트를 포함한 여러 국가의 원자력 시설 건설 작업을 돕고 있습니다. 그렇기 때문에 저는 향후 한국이 이 분야에서 진정으로 세계 시장을 선도해 나갈 수 있는 커다란 기회를 맞고 있다고 생각합니다.

전광우 이사장: 매우 고무적인 이야기로 마무리해 주셔서 대단히 감사합니다. 탄소중립을 달성하기 위해서는 무엇보다 여러 재생가능 에너지 간의 적절한 균형을 달성하는 것이 절대적으로 중요하다는 사실이 매우 분명해지고 있고, 특히 최근 일련의 상황들로 인해 유럽을 비롯한 몇몇 국가에서는 이미 그러한 사실이 현실화되고 있습니다. 그럼 시간 관계상 이제 마지막 질문으로 넘어가겠습니다. 이번 컨퍼런스 이후에 개최될 예정인 COP27 참석을 위해 바로 이집트로 출국하시는 것으로 알고 있는데, 이번 COP27에서 가장 기대하시는 것은 무엇인가요?

헨리 페르난데즈 회장: 네, 사실 대담을 마친 직후 몇 시간 내로 이집트로 출국할 예정입니다. 일정상 이번 서울 방문이 제가 바랬던 것보다 짧아져서 다소 아쉬움이 남지만 그렇기 때문에 다음 번 개최하시는 컨퍼런스를 다시 찾겠다는 것을 이 자리를 빌려 약속 드립니다. 전광우 이사장님과 저는 지난 15년이라는 오랜 시간 동안 막역한 우정을 이어 오면서 세상을 바라보는 비슷한 관점을 공유해 왔습니다. 오늘과 같은 특별한 자리에 저를 초대해 주신 데 대해 다시 한 번 감사의 말씀을 드립니다.

다시 질문으로 돌아가 답변을 드리면 이번 COP27 에서는 매우 도전적인 논의들이 다뤄질 것이라 예상됩니다. 특히 기후문제 해결을 위해 금융과 자본이 담당해야 하는 중요한 역할과 이에 관한 핵심적인 논의들이 이뤄질 것입니다. 그러나 정치적인 측면에서 보자면 세계 경제가 지난해와는 전혀 다른 과제와 역풍에 직면해 있기 때문에 그에 대한 구체적인 논의들이 나올 것으로 보입니다. 한편 이번 COP27은 이집트에서 개최되는 만큼 신흥 시장의 역할과 영향에 상당수 논의의 초점이 맞춰지게 될 것입니다. 현재 전 세계적으로 전체 탄소 배출량의 2/3가 시장과 개도국으로부터 나오고 있지만 이를 해결하기 위한 자원이나 대비는 매우 부족한 상황입니다. 그렇기 때문에 과거 선진국들이 개도국에게 약속했던 1000억 달러의 지급 여부가 논의의 핵심으로 부상할 것입니다. 왜냐하면 올해 들어 대다수 선진국들이 예외 없이 심각한 도전에 직면해 있기 때문인데 특히 유럽의 선진국들은 자국민의 동절기 난방 수요를 충당할 에너지 확보조차 불확실한 상황에서 신흥국에 200억달러의 추가 자금을 지급해야 한다는 이야기를 꺼내는 데 상당한 부담을 느낄 것이기 때문입니다. 따라서 이러한 논의가 정치적 영역에서 주요 쟁점으로 다뤄질 수 있겠습니다.

또한 금융과 투자 측면에서 COP27을 통해 달성 가능한 가장 바람직한 결과는 탄소가격에 대한 국제적 합의라고 생각합니다. 물론 이번 회의에서 최종적인 합의에 도달할 것이라는 낙관적 전망을 가지고 있지는 않습니다. 다만 이를 위한 논의가 이뤄지는 과정에서 보다 많은 국가들이 탈탄소화를 위한 대응 노력에 적극적인 동참에 나서기를 기대하고 있습니다. 이와 함께 이번 COP27에서 제가 기대하는 것은 금융 투자 부문에서 더 많은 시장 참가자와 이해 관계자들이 지구환경기금(GEF)가 지원하는 협력체 혹은 동맹의 일부가 되는 것입니다. 금융투자 업계는 2021년 글래스고에서 약속했던 것에서 이제 측정의 단계로 나아가고 있습니다. 이와 관련해 GEF 기금과 MSCI 그리고 블룸버그 자선단체가 구체적인 내용을 공개할 예정입니다. 오늘 컨퍼런스 후반부에 연설을 하게 될 마크 카니 UN기후특사와 마이클 블룸버그 회장도 탄소중립을 위한 공개 데이터 유틸리티에 관한 내용을 발표할 것입니다. 공유 목적의 기술 기반 포털을 설립해 모든 채권 및 주식 발행자들이 자신들의 대략적인 탄소배출 측정치를 등록하도록 하고, 관련 정보를 확인 가능하도록 하는 것이 목표인 셈이죠. 이를 통해 적절한 관리 도구를 마련하고 투명성을 확보한 정보 체계를 수립해 나가기를 기대하고 있습니다.

전광우 이사장: 훌륭한 답변 정말 감사합니다. 아쉽지만 시간 관계상 이로써 오늘 대담을 마무리하도록 하겠습니다.

헨리 페르난데즈 회장: 뜻깊은 자리에 저를 초대해 주셔서 다시 한 번 감사드리며, 남은 컨퍼런스 일정도 원활히 진행되길 기원합니다.

전광우 이사장: 감사합니다. 이집트까지 안전한 여행이 되시고 다음 기회에 회장님을 다시 한국에 모실 수 있기를 기대하겠습니다. 대단히 감사합니다.

세션1

ESG경영 확산 및 금융혁신을 통한 금융산업의 도약

좌장
헤니 센더 Managing Director, BlackRock/前 파이낸셜타임스 수석칼럼니스트

기조연설
진승호 한국투자공사(KIC) 사장
마크 매콤 CCO & Senior Managing Director, BlackRock

패널
클레이 로워리 Executive Vice President, IIF
케빈 봉 Managing Director, GIC
레베카 추아 Founder & Managing Partner, Premia Partners
류영재 서스틴베스트 대표이사
송수영 우리금융그룹 ESG경영위원회 위원장/법무법인(유) 세종 파트너 변호사

기조연설

[Highlight]

오히려 ESG는 짧은 순간에 노력을 집중하는 단거리 달리기가 아닌 꾸준히 페이스를 유지하며 달려가는 마라톤에 가깝다고 생각합니다. 당장의 어려움으로 인해 주저앉는다면 결코 지속가능한 성장이라는 목표에 도달하지 못할 것입니다.

진승호
한국투자공사 사장

진승호 사장: 안녕하십니까? 한국투자공사 사장 진승호입니다. 2022년 세계경제연구원과 우리금융그룹이 주최하는 국제컨퍼런스 개최를 축하드리며 뜻깊은 자리에 초대해주신 세계경제연구원 전광우 이사장님과 우리금융그룹의 손태승 회장님을 비롯한 여러 관계자 분들께 진심으로 감사의 인사를 드립니다. 또한 오늘 행사를 빛내기 위해 참석해 주신 김주현 금융위원장님을 비롯한 내외귀빈 여러분 모두를 만나 뵙게 되어 반갑습니다. 오늘날 글로벌 경제는 유럽의 지정학적 위기 속 에너지 공급난 등으로 인한 인플레이션, 금리 인상이 가져온 금융시장 불안과 전례 없는 불안정성에 노출되어 있습니다. IMF, 세계은행, OECD 등 주요 기관들이 잇따라 성장률 전망치를 하향함에 따라 경기침체 우려가 높아지고 있으며, 이로 인해 ESG와 지속가능한 투자에 대한 회의론이 대두되는 것도 사실입니다. 그러나 ESG와 지속가능한 투자는 미래세대를 위해 반드시 추구해야 할 과제라는 점을 절대 간과해서는 안 된다고 생각합니다. 오히려 ESG는 짧은 순간에 노력을 집중하는 단거리 달리기가 아닌 꾸준히 페이스를 유지하며 달려가는 마라톤에 가깝다고 생각합니다. 당장의 어려움으로 인해 주저앉는다면 결코 지속가능한 성장이라는 목표에 도달하지 못할 것입니다.

KIC는 대한민국 국부펀드로서 국내 기관투자자 중 선도적으로 지난 2018년 12월 글로벌 스튜어드십 원칙을 수립해 공표한 바 있으며, 전체 투자자산의 투자 의사결정 과정에 환경, 사회, 지배구조 요인을 고려해 판단하는 ESG 통합 체계(Integration)를 2020년 1월부터 운영 중입니다. 이를 통해 ESG를 통한 수익률 제고는 물론 지속가능한 투자 확산에도 많은 노력을 기울이고 있습니다. ESG 우수기업을 선정해 적극 투자하는 ESG 전략 펀드를 운용하고 정부의 녹색 및 지속가능 채권 발행에 참여해 환경 및 사회적 측면에서 실질적인 변화를 이끌어낼 수 있는 투자 발굴에도 힘쓰고 있습니다. 작년 3월에는 일명 투자배제 전략을 도입하여 석탄, 대마, 대량살상무기 등 ESG 측면에서 이슈가 되는 테마에 대한 리서치를 수행하고 이에 해당하는 업종 및 기업들을 투자 포트폴리오에서 제외하는 등 포괄적인 투자 전략을 확보하였습니다.

인류가 당면한 기후위기의 효과적 대응을 위해 기후변화 대응모델을 구축하고 KIC 주식 및 채권 포트폴리오의 탄소배출량 측정과 기후 시나리오 분석도 수행 중입니다. 이외에도 기후관련 재무공시를 위한 가이드라인인 TCFD(Task Force on Climate-Related Financial Disclosure) 지지를 선언했으며, 이를 반영한 기후분석 결과를 KIC 지속가능투자 보고서를 통해 최근 공시한 바 있습니다. 또한 세계 최대 책임투자 협의체인 UN PRI의 (Principles for Responsible Investment) 가입 절차를 현재 진행 중에 있습니다. 지금까지 KIC의 ESG 추진 방향을 큰 차원에서 말씀드렸습니다만 오늘 이 자리에서 강조하고 싶은 메시지는 ESG는 지속 추진되어야 할 핵심 과제로서 저희 KIC는 앞으로도 ESG 투자 비중을 꾸준히 늘리고 ESG 투자 고도화를 위해 최선을 다할 것이라는 점입니다.

단순히 투자 금액만을 확대하는 것을 넘어 신재생 에너지, 그린 테크, 임팩트 투자 등 자산 별 특성과 ESG 트렌드를 감안한 다양한 ESG 전략이 핵심이 될 것입니다. KIC의 ESG 투자 고도화는 크게 주주 활동 강화와 파트너와의 협력 확대에 방점을 두고 있습니다. 대표적 주주권리 전문 기관과의 협력을 강화해 최신 주주권리 안건(Agenda)을 능동적으로 반영하면서, 장기적으로는 주요 안건에 대한 기관 투자자들과 긴밀한 연대를 추진해 나가겠습니다. PRI를 비롯한 책임투자 협의체 활동을 통해 녹색 투자기회를 적극 발굴하고, ESG 컨퍼런스를 통한 국내 투자자과의 정보 공유 등 다양한 방법을 통해 국내외 책임투자 확산에도 기여하겠습니다.

내외 귀빈 여러분! 최근 몇 년간 국제사회가 ESG 기업경영 및 투자 트렌드 정착과 제도화에 많은 진전을 이뤘음에도 불구하고 아직 여러 난관이 산재해 있는 것도 엄연한 현실입니다. 최근 미국 일부 주에서 관찰된 에너지 기업 투자 배제에 대한 집단적인 반발이나 투자 의사결정시 ESG 요소 반영을 금지하는 결의안 통과 등은 이러한 어려움을 단적으로 보여주는 사례라고 할 수 있습니다. ESG 투자가 당면 과제를 해결하고 지속가능한 성장을 달성하기 위해 우리 모두의 지혜를 모아야 할 시기입니다. 모쪼록 오늘 컨퍼런스를 통해 지속가능한 금융을 위한 소중한 아이디어와 토론, 그리고 아낌없는 제안과 조언을 나눠 주시기를 부탁드립니다. 끝으로 오늘 훌륭한 자리를 마련해 주신 전광우 이사장님, 손태승 회장님을 비롯한 세계경제연구원 및 우리금융그룹 관계자 여러분께 다시 한 번 감사의 말씀을 드립니다. 대단히 감사합니다.

기조연설

> [Highlight]
>
> 질서정연한 탄소중립으로의 전환은 경제 전반과 고객사 모두에게 이익을 안겨줄 것입니다. 이는 비단 가치와 규범의 문제가 아니라 물리학적이며 경제학적인 관점에서 접근해야 하는 문제라고 할 수 있습니다. 따라서 만약 질서정연한 전환에 성공한다면 아무런 행동에 나서지 않고 방관했을 때의 시나리오에 비해 향후 20년간 25%에 달하는 높은 수준의 GDP 성장률을 달성할 수 있을 것으로 예상됩니다.
>
> 마크 매콤(Mark McCombe)
> CCO & Senior Managing Director, BlackRock

마크 매콤 CCO: 청중 여러분 안녕하십니까? 뉴욕에서 드립니다. 저는 블랙록에서 CCO(Chief Client Officer)겸 시니어 매니징 디렉터를 맡고 있는 마크 매콤입니다. 시작에 앞서 오늘과 같이 뜻깊은 자리에 저를 초청해 주셔서 대단히 감사하다는 말씀을 전하고 싶습니다. 특별히 오늘 컨퍼런스를 공동 주최하는 세계경제연구원과 우리금융그룹에도 진심 어린 축하의 말씀을 드립니다. 또한 모든 블랙록 임직원을 대표해 지난 주말 서울 이태원에서 발생했던 안타까운 사고에도 깊은 애도와 조의를 표하며 이번 사건으로 사랑하는 가족과 친구를 잃은 모든 분들께 위로를 전합니다. 이러한 어려운 시기에 개최되는 오늘 컨퍼런스 참석을 위해 한국을 직접 방문해 청중 여러분과 함께하지 못하게 된 것이 무척 아쉽지만 이렇게 영상을 통해서나마 여러분과 함께 세계 경제와 글로벌 금융시장을 바라보는 저희 블랙록의 독특하고 고유한 관점에 대해 말씀드릴 수 있게 되어 무척이나 기쁘게 생각합니다. 무엇보다 CCO라는 직책을 맡고 있는 저는 블랙록의 최대 클라이언트사와의 관계를 관리하는 한편 글로벌 에너지 대전환을 위해 블랙록이 선도하고 있는 다양한 이니셔티브들에 대해 소개하고 논의할 수 있는 적절한 기회를 마련하기 위해 노력하고 있습니다. 과거 한국을 자주 방문했던 경험이 모두 좋은 기억으로 남아 있는 만큼 여러분을 한국에서 직접 뵙지 못해 아쉬움이 크지만 머지않아 내년 혹은 내후년 무렵에는 직접 뵐 수 있게 되길 바랍니다.

올 한 해를 되돌아보면 투자자에게 있어 유난히 다사다난한 한 해였습니다. 투자자들은 유례없는 시장 변동성과 지정학적 불확실성을 끊임없이 헤쳐 나가야 했습니다. 2022

년을 기점으로 지난 수십년간 지속돼 왔던 저금리와 저물가의 시대는 막을 내렸습니다. 이제 세계 경제는 고금리, 고물가, 그리고 높은 변동성을 주요 특징으로 하는 새로운 시대에 진입했습니다. 불과 지난 수개월 사이 세계 경제는 러-우 전쟁 등의 여파로 인해 초래된 거대한 정책적 혹은 정치적 불확실성 그리고 글로벌 에너지 대란 등 1970년대 이래 볼 수 없었던 이례적인 상황들을 연속적으로 겪어야만 했습니다.

이에 저희 고객사들을 포함한 모든 투자자들은 향후 상당 기간에 걸쳐 어려움이 가중될 것으로 예상하고 있습니다. 전 세계 주요국 정책 입안자들이 직면하고 있는 경제성장과 물가상승 억제라고 하는 두 가지 목표의 상충 관계가 투자에 영향을 미칠 것이기 때문입니다. 특히 경제성장과 고물가 억제 사이에서 어떻게 균형을 이뤄야 할 지에 대한 정책 입안자들의 고민이 깊어지고 있는 만큼 2023년은 글로벌 경기 침체 리스크, 높은 불확실성과 함께 출발할 것이라 전망하고 있습니다.

불과 2년 전 까지만 하더라도 투자자들이 지속가능 투자자산에 대한 포트폴리오 비중을 크게 확대함으로써 금융시장 내 자본 흐름에도 대대적인 변화가 야기됐고, 이로 인해 역사적으로 전례 없는 대규모 투자기회가 창출될 것이라는 전망이 강화됐었습니다. 여전히 변화의 초기 단계에 있지만 지난 2년간 이러한 변화가 순조롭게 진행돼 왔을 뿐만 아니라 지속가능 부문으로의 투자 흐름과 속도도 크게 가속화되었습니다. 물론 전 세계적으로 살펴볼 경우 개별 지역 및 국가마다 전환 속도가 불균형적으로 나타나고 있고 그로 인해 글로벌 경제에 핵심적인 서비스를 제공하고 있는 일부 자본집약형 산업들이 전환을 달성하는 데는 상당 시간이 소요될 것으로 예상하고 있습니다.

청중 여러분께서도 주지하고 계시다시피 전 세계적으로 경제 전반에 걸쳐 화석연료에서 청정 에너지로의 단계적인 에너지 전환이 광범위하게 요구되고 있습니다. 일례로 에너지 전환 과정에서 에너지를 합리적인 가격으로 안정적으로 공급하기 위해 일부 지역에서는 석유, 가스, 천연가스 등이 전력발전과 난방에 있어 중요한 역할을 담당하게 될 것입니다. 저희 블랙록은 기본적으로 고객 자금을 운용하고 관리하는 자산 수탁자로서 고객을 위한 신의성실 의무를 충실히 이행해야 하고 고객들이 부과하는 투자운용 원칙에 입각한 투자 행동에 나서야 합니다. 그렇기 때문에 만약 저희 고객들이 에너지 전환에 대한 투자 의사를 밝힌다면 저희는 고객과의 적극적인 소통하고 협력을 통해 에너지 전환의 구체적인 내용과 방향에 관한 충분한 정보를 제공하는 한편 이를 실제 추진하기 위한 충분한 실행력과 원동력을 제공할 것입니다.

동시에 탄소집약적 산업은 여전히 경제의 주축을 담당하고 있고 따라서 에너지 전환을 위해 필수적이기에 저희는 해당 부문에 대해서도 장기투자를 지속할 계획입니다. 다만 이를 위해 혁신적인 데이터 분석 기법과 펀더멘털 분석에 기초하며 에너지 전환에 보다 잘 대비된 기업 및 발행자들을 선별해낼 것입니다. 왜냐하면 모든 투자기회가 그러하듯 승자와 패자를 가려내 궁극적으로 성공할 기업에 투자해야 하기 때문입니다. 분명하게 강조해서 말씀드리고 싶은 점은 블랙록은 특정 산업과 섹터에 대한 지분을 포괄적으로 매각하는 정책을 지향하고 있지 않다는 것입니다. 저는 이러한 포괄적 매각 방식이 저희가 궁극적으로 기대하는 결과를 달성할 수 있는 적합한 방법이 아니라고 생각합니다. 고객사에 따라 이러한 접근법에 동의하는 분도 있고 또는 이를 완강히 거부하는 분도 있습니다. 그러나 탄소집약적 기업에 대한 단기적 투자를 완전히 배제한 포트폴리오는 장기적 관점에서 오히려 탄소중립 경제를 위한 질서정연한 전환을 달성하는 것에 배치될 가능성이 있습니다. 예를 들어 동종업계 대비 탈탄소화에 대한 대비가 잘 되어 있는 탄소집약적 기업을 효과적으로 선별해내는 것은 저희 블랙록이 추구하는 액티브 투자 전략의 핵심이며 이는 저희 고객을 위해 보다 많은 가치창출을 가져올 수 있는 방법이기 때문입니다.

잠시 ESG와 지속가능성에 대한 블랙록의 미션과 목표에 대해 말씀드리겠습니다. 앞서 말씀드린 것과 같이 기후변화와 관련해 블랙록에서 추진하고 있는 모든 노력의 근간을 이루고 있는 것은 수탁자로써 이행해야 하는 신의성실의 의무라고 할 수 있습니다. 자산운용사로서 고객사의 투자수익을 개선하고 극대화하는 것이야말로 저희 블랙록이 추구해야 하는 가장 중요한 의무이자 책임입니다. 따라서 저희가 기후변화에 주목하는 이유는 환경운동가들이 추구하는 동기나 목적 보다는 자본가로서 고객이 저희에게 수탁한 자금에 대한 신의성실의 의무를 다하기 위함에 있다고 할 수 있습니다. 여기에는 경제 및 에너지 대전환 속에서 클라이언트가 적절한 방향을 설정해 나가도록 옆에서 적극적으로 조력하는 역할이 포함되어 있고 이러한 블랙록의 전략적 우선순위에는 변함이 없습니다.

한편 저희 고객사들이 직면하고 있는 도전과제는 크게 세 가지로 나눠볼 수 있습니다. 가장 첫 번째 항목은 바로 실행에 관한 것입니다. 최근 저희가 실시한 설문조사 결과에 따르면 저희의 최대 고객사 가운데 60%는 이미 탄소중립 목표를 선언했습니다. 따라서 저희는 고객사가 탄소중립 목표를 실제로 추진하는 데 있어 필요한 다양한 실행 전략을 적극적으로 마련하고 지원해야 합니다. 구체적으로 적절한 시작지점을 파악해 제시하고, 전환 가능한 자산에 대한 대안을 마련하는 한편 탄소중립의 진척도를 측정하는 방법을 제공해야 합니다. 그런데 이때 개별 기업에게 적용되는 정보공시에 관한 규제환경과 법적 관할권이 다를 경우 탄소중립 이행은 더욱 어려워지게 됩니다. 특히 탄소배출량 공시와 관련해 아직까지 국제적 합의 혹은 기준이 마련되지 않은 상황이기 때문에 저희 고객사 입장에서는 실제 탄소중립 과제 실행에 있어 상당한 복잡성과 어려움이 있는 것이 현실입니다.

이는 자연스럽게 두 번째 도전과제로 이어지게 되는데 바로 데이터 측정과 정보 공시에 관한 것입니다. 일관되고 합리적 방식에 근거한 탄소배출 관련 측정과 정보공시는 저희 고객사들이 공통으로 언급하는 최대 도전과제 이기도 합니다. 앞서 언급했던 것처럼 과도하게 다양한 정보 집합들과 새롭게 추가되는 규제 사항, 일관성이 결여된 공시 체계, 그리고 점증하는 거시 경제적 불확실성 등은 모두 탄소배출에 관한 정보의 측정과 공시를 어렵게 만드는 요인들입니다. 그러나 다행히도 최근 들어 전 세계적으로 투명성이 증진되는 방향으로 측정방법이 개선되고 있습니다. 이를 통해 자산 소유자와 투자자들은 자신들의 투자 포트폴리오를 종합적 관점에서 들여다보고 분석할 수 있게 됨에 따라 보다 효과적으로 에너지 전환을 달성할 수 있게 될 것입니다.

마지막으로 세 번째 도전과제는 포트폴리오 솔루션에 관한 것입니다. 고객사들은 보다 친환경적인 방식으로 주식과 채권에 대한 투자 비중을 관리해 나갈 수 있는 맞춤형 솔루션을 원하고 있습니다. 이와 동시에 알파투자 및 대체투자 포지션에 기후변화에 대한 인식을 적극적으로 반영하길 원합니다. 그러나 이는 말처럼 간단하지 않습니다. 백지가 아닌 상태에서 그림을 그리는 것이 애초에 쉬운 일은 아니기 때문입니다. 대부분의 고객사들이 이미 다양한 자산군에 걸쳐 대규모 장기투자를 집행해 온 투자이력을 보유하고 있어 더욱 어렵습니다. 따라서 모든 여정에 있어 출발점이 가장 중요한 것과 마찬가지로 투자 포트폴리오를 수립함에 있어서도 기대 목표치를 달성하기 위해 과연 어느 지점에서부터 출발해야 하는지를 면밀히 살펴볼 필요가 있습니다. 기업들이 기후변화와 관련한 물리적 및 이행 위험 모두를 관리해 나가고 있기에 기후변화 리스크가 불가피하게 투자자의 포트폴리오 수익률에 상당한 영향을 줄 중대한 투자 리스크라는 점에 대해서는 모두가 잘 이해하고 있습니다. 향후 수십년에 걸쳐 전 세계적으로 에너지의 생산과 소비, 운송 및 이동, 건설 방식 등에 있어서 대대적인 변혁이 있을 것이고 이에 따라 실물경제와 재무적인 포트폴리오가 광범위하게 재편되는 현상을 목격하게 될 것입니다.

질서정연한 탄소중립으로의 전환은 경제 전반과 고객사 모두에게 이익을 안겨줄 것입니다. 이는 비단 가치와 규범의 문제가 아니라 물리학적이며 경제학적인 관점에서 접근해야 하는 문제라고 할 수 있습니다. 따라서 만약 질서정연한 전환에 성공한다면 아무런 행동에 나서지 않고 방관했을 때의 시나리오에 비해 향후 20년간 25%에 달하는 높은 수준의 GDP 성장률을 달성할 수 있을 것으로 예상됩니다. 이는 정치적 선언이 아니라 경제적 선언이며 자산운용사로서 고객사가 원하는 투자수익을 달성하고 투자자들이 요구하는 사항을 충족하기 위한 수탁자의 신의성실의 의무 일부를 이루는 정언명령이라고 할 수 있습니다. 또한 기후변화에 대응하고 질서정연한 전환을 달성하기 위한 노력은 현재 국제사회가 직면해 있는 가장 중대한 실존적 위기라는 사실에는 여러분 모두가 동의하시리라고 생각합니다.

마지막으로 저희 블랙록은 선택이라는 개념에 대해 굳은 확신을 가지고 이를 구체적으로 실행하기 위해 전념하고 있다고 말씀드리고 싶습니다. 개별 국가와 지역에 따라 자본배분 방식이 다를 것이고 투자수익을 측정하는 기준과 잣대가 다를 것이라고 생각합니다. 그러나 고객의 특성과 요구에 기반한 신의성실의 의무를 다하는 것은 30년 전 회사 창립 시점부터 현재에 이르기까지 자산운용사로서 저희에게 주어진 가장 중요한 본질적인 임무라는 사명감과 함께 모든 투자결정에 임해 왔습니다. 뿐만 아니라 이는 앞으로 저희의 모든 결정과 행동을 이끌어 갈 중요한 기준점이 될 가치이기도 합니다. 지금까지 경청해 주셔서 대단히 감사합니다.

패널토론

> [Highlights]
>
> 새롭게 직면한 도전들로 인해 가장 어려움을 겪는 사회계층을 돕기 위한 요구와 본연의 이익창출 의무 사이에서는 어떻게 적절한 균형을 달성해 나갈 수 있을까?
>
> 헤니 센더(Henny Sender)
> Managing Director, BlackRock
>
> ---
>
> 실제로 신흥시장과 이보다 규모가 작은 프런티어(frontier) 시장의 경우는 상황이 더 심각합니다. 시장에서 대출을 받기가 극도로 어려워졌고 이로 인해 재정여건도 빠르게 축소되고 있습니다. 그러나 ESG 산업의 경우는 좀 다릅니다. 관련 수치를 살펴보면 ESG 관련 분야에서는 오히려 투자 규모가 증가했습니다.
>
> 클레이 로워리(Clay Lowery)
> Executive Vice President, IIF

헤니 센더 Managing Director: 매우 훌륭한 발표였습니다. 다시 한 번 감사합니다. 또한 앞선 발표에서는 탄소중립 전환 달성에 있어서 한국에게 주어진 일정 분의 책임에 대한 언급이 있었는데, 오늘 저희 세션의 패널분들께서는 앞서 저에게 보다 긍정적인 전망을 가지고 토론을 마칠 수 있기를 희망한다고 당부하셨습니다. 저는 적어도 한국에서는 녹색성장이 결코 둔화된 성장을 의미하지 않는다고 생각합니다. 전 세계적으로는 비록 탄소중립 전환 과정에서 성장 속도가 둔화되는 흐름이 일부 관찰될 수 있겠지만 한국만큼은 충분히 예외가 될 수 있기 때문입니다. 물론 이러한 우려에 대해서는 추후 다시 논의하도록 하겠습니다.

이제 패널토론 첫 번째로 발표를 진행해 주실 류영재 대표께서는 금융업계에서 수년간 직접 투자를 수행해 오신 분으로 탄소중립 전환 달성 과정에서 금융이 수행할 수 있는 역할에 대한 긍정적인 이야기를 전해주실 수 있을 것으로 생각됩니다. 금융이 그 자체로서 목적이 되기 보다는 효과적인 수단으로서 기능하는 것과 관련해 몇 가지 희망적인 내용을 나눠주실 것으로 기대됩니다. 만약 우리가 충분히 효과적이고 생산적인 방법을 통해 금융을 적극 활용한다면 녹색성장은 충분히 빠른 속도의 성장을 통해 뒷받침될 수 있습니다. 제가 오늘 류영재 대표님께 첫 발표 순서를 부탁드린 이유도 바로 이러한 기본적인 인식을 공유하고 있다는 점을 확인했기 때문입니다. 금융의 역할과 더불어 금융업계가 직면하고 있는 도전들에 대해 다양한 말씀을 나눠주실 예정입니다. 그럼 먼저 대표님께서 운영하고 계신 서스틴베스트(Sustinvest)에 대한 간략한 소개와 함께 금융의 관점에서 단기적 인센티브와 장기적 필요 사이에 존재하는 충돌 및 도전들에 대한 전반적인 로드맵을 제시해 주시기를 부탁드립니다.

류영재 대표: 네, 감사합니다. 저는 서스틴베스트의 창립자이자 대표이사를 맡고 있는 류영재입니다. 저희 서스틴베스트는 16년 전부터 한국에서 최초로 기업의 성과를 평가분석해 연기금 등을 위시한 여러 기관투자자들에게 제공하는 일을 하고 있습니다. 저는 먼저 제가 맡은 패널토론을 투자에 대한 기본개념 정의부터 내리면서 시작하도록 하겠습니다. 저는 지난 35년간 동안 자본시장에서 일을 해왔는데, 투자라는 것은 결국 시대정신을 잘 읽고 그 시대정신과 관련된 산업이나 기업 프로젝트에 장기적으로 자본을 배분하고 인내하며 기다리는 것이라 생각합니다. 만약 우리가 타임머신을 탈 수 있다고 가정하고 과거 20년 전으로 한 번 가봅시다. 당연히 저평가된 주식을 매입해서 20여년간 장기투자를 할 것입니다. 그렇다면 수십 배 혹은 경우에 따라서는 수백 배 이상의 수익이 낼 수 있었을 겁니다. 왜냐하면 지난 20여 년간 시대정신의 핵심을 이루고 있는 것은 인터넷 혹은 플랫폼 정도로 규정될 수 있다고 생각하기 때문입니다.

그럼 그처럼 향후 20~30년을 내다본다면 핵심적인 시대정신은 무엇일까요? 저는 그것이 탄소중립 혹은 ESG 라고 생각합니다. 여러 유수의 연구 결과를 살펴보면 인류가 2050 탄소중립을 달성하기 위해선 향후 30여년간 150조달러에서 400조달러 이상의 투자가 이뤄져야 한다고 합니다. 사실상 인류 역사상 최대 규모의 시장이 새롭게 형성되는 것이라 해도 과언이 아닌 것이죠. 저는 우리가 이렇듯 새롭게 펼쳐지는 거대한 시장에서 투자와 성장 기회를 적극적으로 발굴하고 모색해야 한다고 생각합니다

따라서 향후 30여년을 내다본다면 탄소중립과 ESG는 금융시장의 판도를 완전히 재편할 세계적인 트렌드가 될 것입니다. 앞서 블랙록의 마크 매콤 COO께서도 비슷한 말씀하셨습니다만 저는 미래의 어느 시점에서는 ESG 투자라는 용어가 없어지고 투자와 금융이라고 한다면 당연히 환경적 측면을 고려해서 투자하는 관점으로 개념이 완전히 재정립될 것이라고 생각합니다.

이런 면에서 저는 세 가지 요점에 대해 간단히 말씀드리겠습니다. 우선 첫 번째로 좌장

께서도 말씀하셨던 것처럼 장기투자가 무엇보다 중요합니다. 탄소중립과 ESG 투자를 달성하기 위해서는 '장기주의(Long-termism)'를 기본 대전제로 해야 하며, 이는 곧 장기투자를 의미합니다. 만약 이를 고려하지 않고 단지 단기적 성과만을 추구한다면 그러한 투자 주체의 ESG 투자는 구두선(口頭禪)에 불과할 것입니다. 특히 한국처럼 단기투자가 횡행하는 나라에서는 진정성 있는 투자자 혹은 투자자금을 찾는 것이 매우 힘듭니다. 그렇기 때문에 한국은 아직까지는 탄소중립 경제 보다는 탄소중심 경제에 가깝다고 볼 수 있습니다. ESG 투자를 통해 탄소중심으로부터 탄소중립으로의 경제구조 대전환을 이루기 위해서는 정부가 지난 정권의 그린뉴딜펀드 등 각종 신종 펀드를 만드는 방법을 추구했던 것을 답습하기 보다는 기존에 장기운용자금을 갖고 있는 국민연금 등과 같은 공적 연기금들이 나서도록 적극 지원해야 한다고 생각합니다. 이들이 한국 기업의 탄소중립 경영을 지지하며 자금을 배분해줄 때 한국의 저탄소 경제로의 패러다임 전환이 가능할 것입니다. 아울러 이러한 투자를 실제 수행했을 때 공적 연기금들의 장기 투자성과도 크게 개선될 것으로 보입니다.

두 번째로, 한국의 금융산업은 이른바 규제 주도형(Regulator-driven) 산업이라고 볼 수 있습니다. 기업들을 통제하는 시장구조와 규제 기관들의 목소리가 굉장히 큰 것이 특징입니다. 사실 정부나 국회 등은 ESG 시장 메커니즘이 잘 작동될 수 있도록 해야 합니다. 시장을 주도하기보다는 규칙과 규정을 적절하게 설정해 기본 생태계를 구축하고 그것이 공정하게 잘 작동되고 있는지 확인하는 심판 역할을 하는 선에서 그쳐야 한다는 뜻입니다. 그것이 정부에게 요구되는 역할이라고 저는 생각합니다. 하지만 한국 경제는 과거 개발경제의 정부 주도적 사고방식의 연장선 하에서 정부와 당국이 K-ESG와 같은 정부 주도형 가이드라인을 마련하거나 앞서 금융위원장님께서 말씀하신 것과 같이 금융위원회가 특정 플랫폼을 만들어 ESG 관련 정보 공개를 하는 방식 등을 채택하고 있습니다. 또한 만약 법적 규제 측면을 중심으로 ESG 수준을 제고하고자 한다면 ESG의 순기능보다 역기능이 더욱 강화될 가능성이 있습니다. ESG가 기업에게 강제적 규제 혹은 획일적 정책 주입으로 흐를 수 있기 때문입니다. 법적 규제 측면만 지나치게 강조될 경우, 기업들은 ESG를 통해 실질적으로 자사에 최적화된 유연한 경영 패러다임 혁신이나 미래 신사업 및 신시장 창출의 기회로 삼기보다 법적 정책적 최소 요건만 충족시키는 것으로 만족하는 형식적 위험관리로 변질될 수 있습니다.

마지막으로 금융과 평가에 있어서 ESG의 가장 중추적인 요소는 바로 평가 인프라라고 생각합니다. 국제회계기준(IFRS) 재단 소속 국제지속가능성기준위원회(ISSB)에서 공시기준 등을 제시할 예정이시만, 국가마다 서로 다른 고유 맥락과 특수성을 충실히 고려하지 않고 단일화된 평가 기준이나 공개 가이드라인을 만든다면 그야말로 유명무실이 될 것이라 생각합니다. 이는 "One Size Does Not Fit All"에 해당하는 사례라고 볼 수 있습니다. 재무 평가는 가능할지 모르지만 ESG는 특히 S와 G 부분에 있어 국가마다 기업문화 등이 서로 다르기 때문에 이 부분에 유의해야 합니다. 블랙록에서도 기업문화를 중요하게 보는 것 같습니다. 각 국가마다 기업 문화와 규제, 경제발전 단계가 다르고 산업구조 등이 모두 상이한데 단일한 평가모델로 한다는 것은 성립할 수 없습니다. 따라서 나라별 특수성과 함께 보편성도 절충된 이른바 '글로벌 ESG 평가모델'이 우선적으로 개발돼야 한다고 생각합니다.

특히 한국의 ESG 평가 인프라가 적정 수준으로 발전하기 위해서는 크게 다음의 세 가지의 요건을 구비하는 것이 필수적입니다. 첫 번째로 독립성 요건을 갖춰야 합니다. 무엇보다 평가회사는 평가대상 기업으로부터 독립돼야 하고 상호 간 이해상충 문제가 없어야 합니다. 한국에서는 여전히 독립성이 결여된 사례들이 다수 존재하고 있습니다. 두 번째로는 충분한 전문성을 갖춰야 할 것입니다. 그러기 위해서는 인정 요건 혹은 자본금 요건 등 자원 측면에서 최소 요건을 갖춰야 합니다. 마지막으로 대부분의 평가 방법론들이 블랙박스화 되어 있는데 이를 투명하게 공개함으로써 피평가기관들도 스스로를 적절히 평가하는 한편, ESG 관련 성과를 효과적으로 예측 및 관리해 나갈 수 있는 환경이 마련돼야 할 것입니다. 이로써 제 발표를 마치도록 하겠습니다.

헤니 센더 Managing Director: 현재 우리가 직면해 있는 다양한 도전들을 잘 보여준 멋진 말씀이었습니다. 국제적 이익과 국가적 이익 간의 충돌에 관해서도 언급해 주셨는데, 정말 빈번하게 다뤄지는 핵심 주제라고 할 수 있습니다. 저는 미국인입니다만 지난해까지 수년간 홍콩에서 근무 하고 다시 뉴욕으로 이주했습니다. 미국으로 돌아와 발견했던 흥미로운 사실은 워싱턴 정가에서는 최근 바이든 행정부에서 새롭게 발표한 인플레이션감축법(Inflation Reduction Act)을 두고 예상외로 자축하는 분위기에 휩싸여 있었다는 점이었습니다. 그러나 대부분의 미국인들과 마찬가지로 저는 IRA가 환경친화적 정책이라는 명분 속에 보호주의적 요소들을 내포하고 있다고 생각합니다. 물론 이는 블랙록의 견해와는 전혀 관계없는 저의 개인적인 의견입니다. 앞서 기조연설 대담에서 헨리 페르난데즈 회장께서는 최근 에너지 안보 중요성이 부각됨에 따라 이로 인해 자국우선주의 강화가 어느 정도 불가피한 측면이 있다는 점에 대해 언급해 주셨습니다. 이번 세션의 남은 시간 동안에는 이러한 도전과제들에 대해 패널 분들과 심도 깊은 논의를 나눠 보도록 하겠습니다.

또한 류영재 대표님을 통해 정부와 시장으로 대변되는 공적 부문과 민간 부문이 각자

지닌 적절한 역할은 무엇이고 이들이 어떻게 조화롭게 균형을 이룰 수 있는지에 대해 흥미로운 관점에서 들을 수 있는데요. 그렇다면 공적 연기금과 국부펀드 등의 장기 자금은 과연 구체적으로 어떤 방식을 통해 민간 부문에 자금 배분을 집행할까요? 나아가 새롭게 직면한 도전들로 인해 가장 어려움을 겪는 사회계층을 돕기 위한 요구와 본연의 이익창출 의무 사이에서는 어떻게 적절한 균형을 달성해 나갈 수 있을까요? 오늘 컨퍼런스의 마지막 순서로 마크 카니 UN 기후변화 특사께서 특별연설을 진행해 주실 예정으로 알고 있는데 최근 제가 참석했던 홍콩의 금융 당국 포럼에서 만났을 때 "금융은 변화를 가능하게 할 뿐이지 이를 지시할 수는 없다"는 중요한 발언을 하셨던 바 있습니다.

그럼 이제 클레이 로워리 IIF 부회장께 발언 기회를 드리겠습니다. 우리는 종종 금융이 마치 거대한 단일 조직이라도 되는 것처럼 말하지만, 사실 은행과 보험회사 그리고 자산관리자들은 모두 서로 간 상충되는 복잡한 이해관계를 지니고 있고 서로 다른 도전들에 직면해 있습니다. 현재 다양한 금융사들이 안고 있는 여러 도전과제들에 대해 보다 자세히 설명해 주실 수 있을까요? 이번 패널토론을 준비하면서 저희가 사전에 이야기를 나눴던 것 중 하나는 바로 기후 및 에너지 전환에 효과적으로 대응하기 위해서는 충분한 데이터와 기준 그리고 정보공시 체계가 마련되야 한다는 것이었습니다. 그렇다면 이러한 어려운 문제들에 대해 적절한 합의에 도달하는 데 있어 과연 어느 정도의 낙관적인 전망을 가지고 있으신가요?

클레이 로워리 부회장: 감사합니다. 먼저 질문에 답변을 드리기에 앞서 몇 가지 말씀을 드리겠습니다. 무엇보다 저를 오늘 이렇게 뜻 깊은 자리에 초대해 주신 세계경제연구원과 우리금융그룹에게 감사의 마음을 전하고 싶습니다. 한국에 도착한 이후 제게 더 없는 환대를 베풀어 주신 점과 더불어 훌륭한 컨퍼런스를 마련해 주심에도 진심으로 감사드립니다.

그러나 너무나 슬프게도 제가 비행기에 막 탑승하려던 시점에 지난 주말 동안 이곳 한국에서 일어난 비극적인 사고에 대해 접하게 됐습니다. 한국으로 오는 긴 비행 시간 내내 희생자 대부분과 비슷한 나이대인 제 두 아이들에 대해 생각하게 됐습니다. 희생자 가족분들의 감히 가늠할 수 없는 슬픔과 아픔에 대해서는 짐작할 수밖에 없을 뿐이지만 진심 어린 애도와 깊은 조의를 표하고 싶습니다.

그럼 이제 질문들에 대한 답변을 드리도록 하겠습니다. 저희 IIF는 전 세계에 포진한 다양한 회원사를 확보한 글로벌 기관으로서 글로벌 차원의 문제와 기준 등에 대해 다루고자 노력하고 있습니다. 저희는 은행과 보험회사, 자산관리사 및 금융서비스 제공사 등 전 세계적으로 다양한 주체들과 함께 적극적으로 협력하고 있습니다. 또한 최근에는 각 기관들의 최고 지속가능성 책임자(CSO)들을 대상으로 설문조사를 진행한 결과 방금 전 헤니 센더 좌장께서 언급하셨던 것처럼 각자가 서로 다른 생각과 견해를 가지고 있다는 사실을 확인할 수 있었습니다. 그런데 그들이 공통적으로 직면한 주요 도전과제는 결국 ESG 투자 관련 문제들과 기후위기로부터 비롯되는 다양한 위험을 어떻게 하면 보다 효과적으로 통합할 수 있을까 하는 것이었습니다. 현재로서는 이러한 내부적 통합 과정이 다소 미미하거나 중간 수준의 단계에 머물고 있지만 점진적으로 개선되고 있다고 생각합니다. 무엇보다 발전하고 있다는 사실이 중요합니다. 이미 앞선 몇몇 연사분들의 발언과 연설을 통해서도 이를 확인할 수 있었습니다.

전반적으로 저는 현재 우리가 직면해 있는 가장 큰 어려움과 도전은 크게 세 가지 차원으로 나눠볼 수 있다고 생각합니다. 우선 첫 번째로는 데이터입니다. 투자결정과 위험평가 등을 수행하기 위해서는 서로 다른 법적 관할권 하에서 일관성을 갖춘 정보가 필수적이며, 또한 보다 정교하고 구체적인 정보가 필요합니다. 이는 향후 우리가 상당한 시간과 노력을 투입해 나가야 하는 부분입니다. 다행히 이 부분에 있어서 충분한 노력이 이뤄지고 있고 민간 부문에서 나아가 공공 부문까지도 적극적으로 나서고 있습니다만 향후 보다 많은 진전이 요구되는 것도 사실입니다.

두 번째로는 정보공시와 관련해서 보다 개선된 조화 혹은 일관성의 문제가 존재합니다. 앞서 좌장님께서 언급해 주셨듯이 마크 카니 UN 특사와 그의 동료들은 TCFD의 설립을 돕는 한편 저희에게 관련 서비스를 제공했습니다. TCFD는 기본적으로 전 세계적으로 보다 나은 공시요건과 국제표준을 마련하기 위해 노력하는 협력체입니다. 그렇다면 지금까지 이러한 목표는 완벽하게 달성됐을까요? 아쉽게도 제가 드릴 수 있는 답변은 그렇지 않다는 것입니다. 왜냐하면 우리는 여전히 서로 다른 제도를 가지고 있는 법적 관할권들의 규제 적용을 받고 있고 그에 따라 이러한 상이한 체계 하에서 공시체계가 조화롭게 작동하도록 할 방법을 모색해야 합니다.

세 번째로는 분류체계에 관한 것입니다. 이는 앞선 두 가지 문제에 비해 낙관적인 전망을 갖는 것이 훨씬 어려운 영역이기도 합니다. 이미 다른 연사분께서 말씀하셨던 것처럼 투자결정에 있어 갈색 투자로 대변되는 화석연료에서 지속가능성 부문의 녹색 투자로 전환하는 것이 매우 중요합니다. 예를들어 정확히 무엇이 갈색에 해당하고 무엇이 녹색에 해당하나요? 또한 노란색은 무엇인가요? 이는 상당히 복잡미묘한 질문이라고 할 수 있는데 그 이유는 개별 국가 및 지역마다 이에 대해 서로 다른 관점을 가지고 있기 때문입니다. 따라서 국제적 운영자뿐만 아니라 지역 운영자들 모두에게 상호간 어느 정도 일치하고 일관된 분류법을 마련하고 제시하는 것은 향후 지속적인 노력이 요구되는 영역이라고 할 수 있습니다.

앞서 제가 세 가지 문제가 있다고 말씀을 드렸는데 한 가지 문제를 추가해 총 네 개의 주요 문제로 정리하겠습니다. 네 번째 문제는 정보와 공시 그리고 분류체계 등을 포괄하는 영역을 둘러싼 보다 신중한 규제가 무엇인지를 구별하고 파악하는 작업이라고 할 수 있습니다. 이는 아마도 자산관리 분야보다 은행 시스템에 많은 영향을 초래하겠으나 앞서 좌장님께서 오늘 특별히 낙관론을 요청하셨기에 반드시 들여다봐야 하겠습니다. 사실 규제 영역은 파편화에 관한 비관론이 점증하고 있는 분야입니다. 왜냐하면 현재 유럽에서 일어나고 있는 일은 미국에서 발생한 일들과는 다르고 또한 한국과 일본에서 전개되고 있는 상황과도 전혀 다릅니다. 이들 모두를 하나로 엮을 수 있는 통합된 체계를 마련하는 작업은 앞으로 우리가 계속 노력해야 할 부분입니다.

그럼에도 낙관적인 부분은 앞서 말씀드렸던 TCFD에 관한 것인데 이와 더불어 최근 ISSB에서 추진하고 있는 작업도 긍정적인 기대를 모으고 있습니다. 앞서 몇몇 연사분들께서 이 부분에 대해 언급해 주셨는데 이는 기본적으로 회계 평가에 있어 책임성과 일관성을 제고하기 위한 통합적 접근법이라고 할 수 있습니다. 이러한 노력이 성공할 수 있을까요? 저는 그러길 바랍니다. 아직까지는 금융기관과 각 기관의 실무진들이 이를 실제로 수행하기 위해 노력하고 있는 단계이기는 합니다. 하지만 그들은 아주 고지식하지만 합리적이죠. 화려하게 신문의 헤드라인을 장식하기보다 매우 실용적이고 깊이 있는 사고력과 접근법 그리고 효율적인 업무방식을 지닌 사람들입니다. 제 발언은 여기서 마치도록 하겠습니다.

헤니 센더 Managing Director: 훌륭한 답변 정말 감사합니다. 오늘 패널토론은 거시적 측면에서 미시적 측면으로 이동하는 순서로 진행될 것입니다. 공교롭게도 제 자리를 기준으로 양측에 나눠서 앉아 계십니다. 그럼 이제 우리금융그룹의 ESG경영위원회를 이끌고 있 송수영 위원장님께 발언 기회를 넘겨 드리겠습니다. 지난 6월 한국을 방문했을 때 우리은행 관계자 분들을 만났었는데 이렇게 다시 한국을 찾아 여러분과 더 깊이 교류할 수 있게 되어 매우 기쁩니다.

제가 위원장님께 드리고 싶은 질문은 자본할당 측면에서 일정 수준 이상의 수익성을 주주들에게 제공해야 할 의무와 고객에게 적절한 인센티브를 제공해야 하는 의무 간에 존재하는 상충관계에 관한 것입니다. 이에 대해 보다 자세히 설명해 주실 수 있을까요? 감사합니다.

송수영 위원장: 먼저 따뜻한 소개의 말씀을 해 주신 헤니 센더 좌장님께 감사드립니다. 또한 오늘 뜻깊은 자리를 마련해주신 여러 후원자 분께도 감사의 말씀을 드립니다. 제가 우리금융지주 사외이사로 올해 3월 선임되면서 국내 금융기관들이 그동안 ESG와 관련해 지난 2-3년 동안 어떤 활동들을 해왔는지를 종합적으로 검토하고 동시에 향후 자산배분 전략을 포함해 구체적으로 어떤 활동들을 전개해야 할지에 대해서 고민하게 되는 부분이 많았습니다.

사실 ESG 가치를 달성하기 위해서는 관련 자산배분 등과 같은 기업의 중요 전략들이 장기적 관점에서 이뤄져야 합니다. 하지만 국내 금융기관을 비롯한 자산관리자들의 투자실적은 단기성과를 기준으로 평가되는 측면이 있습니다. 일례로 국내 탄소중립 계획의 경우 2050년까지 탄소중립을 달성하는 것을 목표로 하고 있고, 또 다른 국가 차원의 탄소 감축목표인 NDC를 2030년까지로 정하고 있습니다. 즉 연간 기준으로 매년 전체 연간 탄소 배출량의 4.3%가량을 감축해야 하는데, 이를 위해선 한국 정부의 막대한 규모의 금융지원이 요구됩니다. 또한 이렇게 배분된 금융자본들이 성과를 나타내기까지도 상당한 시간이 소요되기에, 성과 평가도 장기에 걸쳐 이뤄져야 하지만 현실적으로 이를 적용하는 데에는 여러 어려움이 존재합니다. 이사회를 비롯해 기업 차원의 중요 의사결정을 내리는 각 금융기관의 실무인력들이 세부적인 어려움을 겪고 있고 특히 올해가 그런 시기였던 것 같습니다. 작년까지 만하더라도 ESG 관련 투자에 대해서 낙관적인 시각이 지배적이었는데 올해 들어 러-우 전쟁에 따른 에너지 가격 상승 등 여러 복합요인들이 금융기관의 주가 하락과 채권수익률 악화 등 부정적 여파를 초래했습니다. 이때문에 많은 금융기관이 새로운 고민을 떠안게 된 상황입니다.

그렇지만 블랙록에서 언급하셨던 것처럼 ESG와 탄소 감축 흐름은 앞으로 거스를 수 없는 시대적인 요구이자 흐름입니다. 새로운 에너지 및 경제 시스템으로의 전환을 위해 ESG 선도 기업에 대한 적극적인 금융지원이 필수적입니다. 금융기업들은 의사결정에 있어 반드시 ESG를 고려하고 이러한 노력이 결국 장기적으로는 금융기관 자체로의 가치를 높이고 투자 및 지원을 받은 기업들의 가치를 높이며 동시에 주주 이익에도 기여하는 방향이 될 것이라고 믿어야 합니다. 따라서 우리금융그룹에서 이사회활동을 하면서도 이러한 여러 요소들을 회사의 의사 결정을 하는데 반영이 될 수 있도록 여러 이슈들을 제기하는 것이 저의 역할이라고 여기며 책임을 다하고 있습니다.

헤니 센더 Managing Director: 좋은 답변 정말 감사합니다. 한 가지 질문만 더 드리겠습니다. 혹시 ESG 강화를 위해 대출을 받는 고객들에게 인센티브를 제공하는 상품에 대해서도 고려해 보신적이 있나요? 예를 들면 특정 성과를 달성하면 이자율 혜택을 제공하는 방안 등을 적극적으로 검토하셨는지 궁금합니다.

송수영 위원장: 오직 ESG 성과를 위해서 인센티브를 제공한 바는 아직까지는 없습니다. 하지만 비슷한 연장선 상에서 제가 자문했던 해외 금융기관들의 경우 ESG 성과를 낼 수 있는 지속가능성을 골자로 하는 금융 상품의 이자율을 일부 인하해 주기도 했습니다. 사실 방금 말씀해 주신 것처럼 금융기관 관점에서 보면 어떤 기준을 설정하고 그에 따라서 이자율을 경감해 주는 등 이러한 방안들은 기업 이익 감소를 초래하는 측면이 있습니다. 또한 이익 극대화라는 기업의 본질적이고 궁극적인 목적을 달성하는 데 있어 결국 그와 같은 금융상품을 적극적으로 홍보하고 판매하는 것이 과연 주주 이익에 부합하는 결정인가에 대해 고민되는 부분은 있었습니다. 하지만 ESG 목표를 달성하기 위함에 있어서 이러한 노력들이 중요한 것은 분명한 사실입니다. 현재까지 우리금융그룹에서 해당 사안을 놓고 적극적으로 논의한 적은 없었지만 앞으로는 금융상품의 프리미엄이 적정한 상태에서 이와 유사한 상품이 형성되고, 그에 따라 ESG를 홍보할 수 있는 방안을 모색하기 위해 힘쓸 것입니다. 이것이 저희에게 주어진 중요한 책임과 역할이 아닌가 생각하고 있습니다.

헤니 센더 Managing Director: 대단히 유익한 답변이었습니다. 감사합니다. 방금 말씀하신 내용은 앞으로 전환 과정을 지속해 나감에 있어서 궁극적으로 누가 비용을 부담하고 또한 어떻게 비용을 배분해야 하는지에 관한 논쟁과 더불어 다양한 상충관계에 대해 보다 정확하게 느낄 수 있는 기회가 됐습니다. 그럼 이제 패널 분들 중에 두 분의 투자자에게 발언 기회를 드리려고 합니다. 지금까지는 은행의 관점에서 이야기를 나눴는데 이제 자산관리자로 논의의 초점을 전환해 보겠습니다. 앞서 류영재 대표님께서는 장기 투자의 중요성에 대해 말씀해 주셨는데 이제 발표를 진행해 주실 두 분은 상당히 다른 관점을 가지고 있으리라고 생각됩니다. 싱가포르국부펀드(GIC)의 케빈 봉 매니징 디렉터께서는 무엇보다 국부펀드 투자자로서 장기적인 책무를 가지고 민간 부문에서 활발한 투자 활동을 이어가고 있습니다. 한편 지난 수년간 저와 가깝게 교류해 왔던 레베카 추아 대표는 현재 홍콩 상장지수펀드(ETF) 운용사인 프리미아 파트너스라고 하는 훌륭한 회사를 운영하고 있으며 홍콩 증권거래위원회의 일원으로도 활동 중입니다. 먼저 레베카 추아 대표께서 최근 ESG가 금융투자 부문에서도 점차 중요한 고려 요소로 부상함에 따라 홍콩주식거래소는 이에 어떻게 대응해 왔고 홍콩증권거래위원회는 이에 대해 이른바 당근과 채찍의 관점에서 어떠한 견해를 가지고 있는지에 대한 견해를 말씀해주시기 바랍니다. 감사합니다.

레베카 추아 대표: 따뜻한 소개 말씀 정말 감사합니다. 또한 저를 오늘 자리에 패널로 초대해 주신 세계경제연구원과 전광우 박사님께도 깊이 감사드립니다. 뿐만 아니라 지난주 서울 이태원에서 일어났던 비극적인 사건으로 인해 피해를 입으신 유가족들과 이로 인해 영향을 받으신 모든 분들께 깊은 애도를 전하고 싶습니다. 우선 좌장님께서 말씀해 주신 것처럼 저는 홍콩증권거래소 상장위원회의 일원인 만큼 위원회 내부에서 이뤄지고 있는 중요한 변화들에 대해 중점적으로 말씀드리겠습니다. 최근 ESG의 중요성이 확대됨에 따라 위원회 측에서도 상장 관련 절차를 검토하는 데 있어 ESG과 관련해 세부적인 공시 사항을 다루는 것을 중요 의제사항으로 두고 있습니다. 과거에는 대부분의 논의가 이사회 구성원의 균형 잡힌 대표성 등과 관련해 포괄적 성문화에 초점을 맞춘 경향이 강했는데 최근에는 기업이 비즈니스를 수행하는 방식에 대한 세분화된 정보 공개로 관심이 집중되고 있습니다. 구체적으로는 기업이 사업모델에 ESG 원칙과 요소들을 충분히 통합시키고 있는지 여부입니다. 특히 제조 및 물류 관련 기업들이 관련 공시를 적절히 수행하고, 관련 기업 경영진들이 공정 설계 단계에서부터 ESG 관련 요소들을 포함시키도록 적극적으로 유도하기 위해 많은 노력을 기울이고 있습니다. 전체 기업활동의 상당 비중이 제조업과 물류 부문에 치중돼 있는 중국의 경우 탄소발자국에 초점을 맞춰 온 서구의 기업들과는 달리 오히려 폐기물 관리에 집중해야 할 것입니다. 단연코 유독성 물질의 방류로 인한 수질 오염 등이 중요한 문제로 부각될 것이라고 생각합니다.

또한 최근 몇 년 동안에는 기업의 제품 책임능력에 대한 논의도 있었는데 예를 들어 일부 물류 회사들의 경우 산업 생태계 상에서 고용한 근로자들을 얼마나 잘 관리하고 돌보는지에 대한 부분이 중요하게 다뤄지고 있습니다. 따라서 상장 요건 상 ESG 관련 사항들은 매우 긴 목록을 구성하고 있는데 이에 따라 보다 많은 상장기업들이 ESG 사항에 관심을 가지고 주의를 기울이고 있습니다.

헤니 센더 Managing Director: 좋은 답변입니다. 저는 방금 말씀해 주신 부분들이 여러 중요한 논점을 제공한다고 생각합니다. 모든 일에 있어서 책임의 이행이야 말로 가장 근본이 되어야 한다고 강조하고 싶습니다. 이는 정부 구조와 관계없이 책임의 의무가 무엇보다 중요하다는 것을 시사합니다. 물론 각자의 우선순위에 있어 약간의 재량적인 범위가 허용돼야 한다는 가정에서 말입니다.

오늘 앞서 이뤄진 논의의 대부분이 탈탄소화에 집중돼 있었는데요, 개인적으로 남아시아와 중앙아시아에서 많은 시간을 보내면서 '물' 또한 가장 중요한 문제 중 하나인 것을 발견할 수 있었고 앞으로 깨끗한 물과 식수 확보 문제를 두고 국가간 전쟁 혹은 무력충돌이 발생할 가능성에 대해 우려하게 됐습니다. 모든 기업과 국가는 각자에게 가장 크고 중요한 도전과제가 무엇인지에 대해 다시 한 번 진지하게 재검토해 보는 시간을 가져야 한다고 생각합니다.

그럼 이제 싱가포르투자청(GIC)의 케빈 봉 매니징 디렉터에게 질문을 드리겠습니다. 멋진 도시국가에서 살고 엄청난 규모의 장기 투자금을 운영하고 계신데 이는 대다수 투자자들이 누리지 못하는 특권이라고 할 수 있습니다. 이와 관련해 GIC가 가지고 있는 투자원칙과 철학에 대해 어떠한 관점을 가지고 있는지에 대해 자세히 설명해 주실 수 있을까요? 또한 최근 집행했던 투자결정 등 가운데 과거 10년 전에는 불가능했을 것이라고 생각되는 몇 가지 핵심 사례에 대해 공유해 주실 수 있을까요?

케빈 봉 Managing Director: 물론입니다. 훌륭한 질문과 소개에 감사드리며 오늘 컨퍼런스의 패널로 참여할 수 있는 특별한 기회를 마련해 주신 전광우 박사님과 세계경제연구원에도 감사의 말씀을 드립니다. 오늘 이 자리에 참여할 수 있게 되어 무척이나 기쁘고 영광입니다. 또한 지난 주말 서울 이태원에서 발생한 엄청난 규모의 안타까운 비극과 관련해 모든 분들께 깊은 애도를 전하고 싶습니다.

우선 싱가포르 국부펀드가 가지고 있는 가장 중요한 투자원칙 가운데 한 가지는 기본적으로 싱가포르를 제외한 전 세계 모든 국가에 투자한다는 점일 것입니다. 또한 멋진 도시국가라고 말씀해 주신 것은 분명 기분 좋은 칭찬이지만 사실 싱가포르는 지형적으로 섬이라는 점에서 기후변화는 심각한 실존적인 위기를 야기하고 있습니다.

헤니 센더 Managing Director: 맞습니다. 기후위기는 더 이상 추상적인 먼 미래의 일이 아닙니다.

케빈 봉 Managing Director: 그렇습니다. 분명 기후변화는 이미 우리의 일상생활에도 매우 직접적이고 현실적인 영향을 초래하고 있습니다. 저희의 책무와 권한에 대해 미시적이라고 표현해 주신 점은 다소 생소하게 느껴지는 합니다만 이를 통해 우리가 현재 직면해 있는 도전과제의 규모를 새로운 관점에서 바라보는데 도움이 됐다고 생각합니다. 사실 금융과 투자는 우리가 오늘날 직면해 있는 수많은 도전과제를 해결하기 위한 세 가지 서로 다른 주요 축 가운데 하나에 불과합니다. 다른 두 가지는 각각 정책 결정과 산업 분야라고 생각합니다. 정책 결정은 우리가 희망하는 만큼 효과적이길 기대하는 영역입니다. 한편 산업 분야는 현재 세계 경제가 직면해 있는 여러 과제들을 해결하기 위해 지속적으로 혁신을 달성해 나가야 하는 부문이라고 생각합니다. 사실 자본은 선택 가능한 해결책

중 하나일 뿐입니다. 그런 면에서 보자면 다소 미시적이라고 할 수 있겠습니다. 또한 이러한 해결책의 상당수는 과거 10년전 까지만 하더라도 존재하지 않았던 방법들입니다.

GIC 입장에서는 지속가능한 전환을 추진하고 달성하는 데 기여한다고 판단되는 다양한 프로젝트들에 투자할 기회가 있었습니다. 앞서 블랙록의 마크 매콤 CCO께서 언급한 것처럼 이는 물리학과 경제학의 융합을 통해 달성될 수 있습니다. 우선 적절한 기술이 뒷받침돼야 하고 충분한 자금 지원이 있어야 하며 규제 당국 차원에서도 이를 적극적으로 지원할 필요가 있습니다. 저희는 투자자로서 7.5기가와트(GW) 상당의 전력을 개도국에 공급하는 대규모 프로젝트에 투자하고 있으며 또한 지속가능한 청정 에너지가 단순히 기존의 에너지와 전력망을 대체할 뿐만 아니라 경제발전을 위한 필수 요소라는 확신을 가지고 있습니다. 이를 달성하기 위해서는 기본적으로 에너지 생산과 저장을 위한 적정 기술뿐 아니라 이러한 기술 개발을 촉진하기 위한 정책 입안자 및 규제당국의 적극적인 협력이 필수적입니다. 이외에도 저희 파트너들의 자금 지원과 기업들의 강력한 의지 등 광범위하고 다차원적인 융합이 매우 중요하다고 할 수 있습니다. 그리고 지속가능한 경제로의 전환이 성공하기 위해서는 이 모든 것들이 동시다발적으로 이뤄져야만 가능합니다.

GIC는 일정 수준 이상의 규모를 갖춘 프로젝트들과 재정적으로 충분히 실행 가능하면서도 전체 포트폴리오 상에서 일정 비중을 차지하는 투자안을 선별해 투자하고 있습니다. 저희가 보기에 가장 커다란 잠재적 기회는 녹색 에너지 전환 영역에 있다고 생각되는데 이는 유틸리티 규모의 기회를 실행하기 위해서는 상당한 양의 자본이 필요하기 때문입니다. 만약 이를 실행에 옮기기 위한 기술이 이미 존재하고 규제당국이 저희와 함께 협력할 의지와 의향이 충분하다면 저희는 그들과 함께 녹색 전환을 추진해 나갈 자금을 마련할 수 있을 것입니다.

헤니 센더 Managing Director: 훌륭합니다. 녹색 성장이라고 해서 반드시 더 느린 성장일 필요는 없다는 논점을 재확인시켜 주셨습니다. 또한 순서와 융합의 문제에 대해서도 말씀해 주셨는데 그렇다면 이 모든 것을 가능하게 할 혁신에 대해서는 얼마나 확신하고 계신가요? 예를 들어 일부 국가에서는 모두가 EV(전기차)에 대해 이야기하고 있지만 사실 충분한 배터리 공급과 충전 시설 등이 뒷받침되지 않는다면 이는 결국 '주행거리 불안증(Range anxiety)', 즉 전기 자동차의 배터리가 방전되는 것에 대한 공포증에 그칠 수 있다고 생각합니다. 그렇지 않나요? 동시에 이는 매우 실존적인 문제라고 생각합니다. 따라서 혁신을 추구하고 달성하는 것의 어려움에 대해 조금 더 자세히 말씀해 주실 수 있을까요? 또 자금활용과 배분 측면에 있어서 GIC는 대규모 자금을 활용할 수 있는 기관 투자자로서 투자 집행 시 이에 상응하는 규모의 투자안을 필요로 하기도 하지만 동시에 다양한 규모의 가용자금을 보유하고 있습니다. 바로 그런 점에서 GIC는 매우 훌륭한 투자자이며 전반적으로 규모에 상관없이 자유롭게 투자할 수 있는 엄청난 특권을 가지고 있다고 생각합니다.

그렇다면 이러한 특별한 조건 하에서 다양한 투자기회들을 살펴보셨을 때 과연 혁신은 어디로부터 나오는 것이라고 보시나요? 앞으로 유의미한 혁신이 과연 전통적 대기업으로부터 나올 것인지 아니면 소규모 신생기업으로부터 창출될 것인지에 대한 의견이 궁금합니다. 또한 기존의 전통적인 기업들은 현재 스스로를 어느 수준까지 혁신하고 있다고 생각하시나요?

케빈 봉 Managing Director: 사실 혁신은 어디서든 가능합니다. 저는 그것이 절대적 진실이라고 생각합니다. 기업들은 당면한 과제의 시급성과 그에 적절히 대처하지 않을 경우 감당해야 할 상업적 결과 때문에라도 기존의 비즈니스 모델을 혁신해야 한다는 사실을 이미 인지하고 있습니다. 또한 스타트업 기업들의 경우에는 엄청난 성장의 기회가 있기 때문에 혁신하려는 충분한 의지를 가지고 있습니다. 오늘 저희가 이야기를 나눴던 모든 도전과제들은 전 세계적인 차원에서 이뤄지고 있는 것들입니다. 따라서 만약 적절한 해결책을 가지고 있기만 하다면 여러분이 추진하고자 하는 일에 대한 수요가 부족한 경우는 거의 없을 겁니다. 저는 이것이 현재 우리가 추구하고 달성해야 하는 전환의 이면에 놓여 있는 핵심 메시지라고 생각합니다. 사실 일생일대의 기회인 것이죠. 동시에 만약 이를 충족시키는 데 실패할 경우 우리에게 주어진 소중한 기회 자체가 사라질 수도 있다는 것에 대해 우려해야 한다고 생각합니다. 따라서 혁신은 절대적으로 필요합니다. 잘 아시겠지만 혁신은 모든 발명의 어머니이기도 합니다. 사실 우리가 다 알거나 파악하고 있지 않은 영역에서도 혁신이 계속 이뤄질 것이라고 생각합니다. 따라서 우리는 실제 밖으로 나가 혁신의 기회를 발굴해 이를 자본의 원천으로 적극적으로 활용해야 한다고 생각합니다. 한편 규제당국과 산업계 리더들도 혁신을 촉진할 수 있는 다양한 방법을 지속적으로 창출해 내야 합니다.

헤니 센더 Managing Director: 인상적인 답변 감사합니다. 그럼 이제 레베카 추아 대표께 질문을 드리겠습니다. 대표님은 제가 아는 사람들 중 가장 분명하고 장기적인 시야를 가지고 있는 투자자이기도 한데 신경제(New Economy) 초창기부터 관련 기업들에 투자하기 위해 자금을 모집해 펀드를 설립했던 것이 지금까지도 매우 인상 깊게 남아있습니다. 사실 과거 4년 전쯤 코로나19 팬데믹 이전 사람들은 기술이 어떻게 세상을 바꾸고 디플레이션을 유도하는지에 대해 앞다투어 이야기했었습니다. 그러나 최근에는 이러한 열기가 약해진 것이 사실입니다. 공유경제는 자동차의 개념이 사물 또는 재화에서 서비스로 이동한다는 것을 의미했습니다. 최근 중국에서 가장 강력한 성장세를 보이고 있는 분야는 바로 전기차 분야인데 제가 방문했던 중국의 전기차 기업은 자사 제품에 테슬라 보다도 높은 가격을 부과하고 있었으며 여러가지 놀라운 일들을 수행하고 있었습니다. 이러한 맥락에서 ESG의 여러 이점을 풍부하게 제공하는 공유경제 기업들에 대해 펀드 자금을 어떤 방식으로 운용하고 있는지에 대해 말씀해 주실 수 있을까요? 이와 더불어 최근 공유경제에 대한 관심이 약화된 이유에 대해서도 설명해 주시면 감사하겠습니다.

레베카 추아 대표: 좋은 질문 감사합니다. 우선 프리미아 파트너스는 ETF 기업으로서 상당히 데이터 중심적이고 규칙 기반의 운영방식을 가지고 있습니다. 따라서 제품 개발에서부터 투자 인덱스 설정에 이르기까지 저희가 하는 모든 일에 있어 기후 및 ESG 관련 데이터를 연구하는 데 많은 시간을 할애하고 있습니다. 예를 들어 방금 말씀해 주신 공유경제 ETF의 경우 저희는 전기차 기업까지는 아니더라도 녹색경제 관련 기업들을 펀드에 다수 편입시킨 선두주자였는데 물론 초기에는 ESG 목적에서 시작한 것 보다는 고령층을 고려해 내린 결정이었습니다. 앞선 패널토론에서는 ESG에 대한 투자자 관심 강화에 대해 많은 논의가 이뤄졌다고 생각하는데, 실제 저희가 경험한 연구결과에 따르면 ESG를 적극적으로 관리하고 탄소발자국을 줄이기 위해 노력하는 기업들의 경우 이익 변동성과 높은 상관관계가 존재한다는 사실을 발견할 수 있었습니다. 그렇기 때문에 저희는 세계 최대 전기차 배터리 제조업체인 CATL과 같은 기업을 투자전략에 포함시켰던 최초의 투자기업 중 하나였습니다. 이후 해당 기업들의 공시 정보들을 깊이 파고들었고 이들이 녹색경제를 대표하는 기업으로서 많은 노력을 프로세스 재설계 투입, 긍정적인 피드백 루프를 만들어 내고 있다는 사실을 발견했습니다. 예를 들어 CATL은 생산 공정과 에너지 소비를 재설계해 전체 전력소비의 80%가 수력발전에서 발생하고 있기 때문에 이미 탄소중립 공장을 갖추고 있다고 할 수 있습니다. 이는 한 가지 예시에 불과하고 이와 유사한 사례들이 무수히 많습니다.

그러나 중국을 비롯해 대다수 아시아 기업들이 겪는 어려움은 대부분의 정보공시가 현지 언어로 이뤄져 있다는 것입니다. 이로 인해 데이터 과학자 혹은 규칙 기반의 투자자들이 필요한 데이터를 수집해 전략 설계에 포함시키기 위해서는 더 많은 시간이 걸릴 것으로 예상됩니다. 인공지능(AI) 머신러닝과 LP(선형계획법) 기술 등은 우리가 보다 많은 데이터를 검토하고 활용하는 것을 가능케 하고 있습니다.

헤니 센더 Managing Director: 말씀 감사합니다. 그럼 이제 다시 류영재 대표님께 질문을 드리고 싶습니다. 사실 GIC의 경우 싱가포르 자국 내에서는 투자를 진행하지 않고 있고 한국투자공사도 한국에는 투자를 하지 않고 있습니다. 그렇게 하는 이유가 아마 GIC에 대해서는 말씀드리지 않겠지만 한국투자공사 같은 경우에는 사실 이러한 장치를 통해 정치적인 압력을 덜 받는 이점을 누릴 수 있다고 생각합니다. 그렇기 때문에 다양한 이해를 지원할 수 있는 것 같은데 우선은 이러한 국부펀드의 선진 사례들에 대해서 말씀을 해 주셨으면 좋겠습니다.

국부펀드가 어떤 역할을 하고 또 어떤 인센티브를 제공할 수 있는지 말씀해 주셨으면 좋겠습니다. 국부펀드는 보다 장기적인 시각을 가져갈 수가 있습니다. 어제 클레이와도 잠시 이 주제에 대한 이야기를 나눴던 것으로 기억하는데 국가 혹은 기업들이 무엇보다 자금이 가장 필요한 시점에서 악화된 거시경제 여건 등으로 인해 자금확보에 어려움을 겪고 있습니다. 그렇기에 다방면에서 더 위험한 투자가 될 수 있겠는데요, 이 부분에 대해서 조금 더 자세히 말씀을 해 주실 수 있을까요?

류영재 대표: 제가 한국의 국부펀드의 운용에 대해서 구체적으로 말씀드릴 입장은 아니지만 앞서 진승호 한국투자공사 사장님께서도 말씀해 주셨습니다만 KIC 에서도 대략 2년 전부터 주식부터 채권, 다른 모든 자산군에 걸쳐 ESG 요소를 통합시킨 투자전략을 개발하기 시작한 것으로 알고 있습니다. 또한 ESG를 전담하는 별도의 팀을 신설해 전문성을 보강하고 있는 것으로 압니다. 사실 KIC는 설립 목적 자체가 국부 증진과 국내 금융산업의 발전입니다. 이러한 두 가지 목표를 달성을 위해 한국을 제외한 해외에서만 투자를 진행하는 것이 아니라 사실 국내 산업 발전에 기여하기 위한 노력도 병행하고 있습니다. 국내 금융기관들에게 적극적인 지원을 제공하고 있으며 특히 ESG 강화 측면에서 해외의 선진적 ESG 금융기관들의 국내 진출을 돕는 한편 국내 기업과의 협력도 촉진하고 있습니다. 따라서 국내 자본시장 플레이어들의 협업을 통해 국내 발전을 도모하고 이를 통해 저탄소 경제로의 이행을 도울 수 있다고 생각합니다.

다시 발언할 기회를 가지게 된 만큼 조금 전 좌장께서 ESG의 혁신은 과연 어디서 어떻게 창출될 수 있는가에 대한 질문을 주셨는데 관련해서 저도 짧게 한 말씀을 드리고 싶습니다. 저는 ESG 투자가 기본적으로 혁신투자라고 생각합니다. 왜냐하면 이제까지 투자업계에서 종사하는 분들은 전통적인 재무분석에 기반하여 관련 산업 혹은 투자업계 내에서만 협력해왔다면 ESG를 확장하기 위해서는 다양한 이해관계자들과 적극적으로 소통해야 하기 때문입니다. 이는 환경단체를 비롯해서 산재 문제 혹은 대기업과 중소기업 간의 공정거래 문제들을 비롯해 젠더 혹은 인권 관련 문제를 연구하는 전문성을 갖춘 여러 유관기관과의 협력을 의미합니다. 그렇기 때문에 이를 수행하는 과정에서 전통적인 금융 부문에서 다루고 있는 분야의 범위 자체가 확장될 수 있는 것입니다.

다른 차원에서 진정한 혁신은 실패가 사회적으로 충분히 용인되고 장려되는 환경에서 더욱 촉진될 수 있고, 또한 실패가 단순히 실패로 그치지 않고 하나의 자산으로 인정되는 보다 관용적인 문화 속에서 만들어 나갈 수 있다고 믿습니다. 마지막으로 강조하고 싶은 것은 제가 모두 발언에서 말씀드렸던 것처럼 사회적 혁신을 실현하기 위해서는 단순히 재무투자의 관점에서 자본을 배분하기 보다는 더욱 근본적인 차원에서 자본 운용자의 기업가 정신이 담보되어야 할 것이라는 점입니다. 이상입니다. 대단히 감사합니다.

헤니 센더 Managing Director: 훌륭한 발언에 감사드립니다. 그럼 남은 시간 동안 혁신에 대해 더 자세히 이야기를 나눠보고 싶은데 다시 클레이 부회장께 질문을 드리겠습니다. 기본적으로 대다수 국가에서 위험과 실패 부정적 요인들을 받아들이는 데 어려움을 겪고 있는 만큼 혁신에 제약이 발생하고 있습니다. 그렇다면 IIF의 회원사들은 과연 어느 정도까지 위험 회피적인 성향을 가지고 있다고 보시나요? 혁신을 촉진할 충분한 자금을 조달하고 지원하려면 우선적으로 위험을 감수할 수 있어야 하는데, 이를 위해 재무 투자자들에게 어느 정도의 전문성 확장이 필요할까요?

클레이 로워리 부회장: 좋은 질문입니다. 우선 위험이라는 것은 기본적으로 금융기관이 가지고 있는 핵심적인 측면이며 개별 금융기관에 따라 위험의 다양한 측면을 종합적으로 검토하는 능력에 있어서는 차이가 존재합니다. 그러나 저는 이 문제를 조금 다른 방향에서 접근해 보도록 하겠습니다. 저희 회원사들 중에는 은행, 보험사, 자산운용사 등 금융산업 내 다양한 주체들이 있는데 이들 중 많은 기관들이 신흥시장에 광범위한 투자를 추진해 왔습니다. 사실 신흥시장에 대한 투자는 선진국 시장에 투자하는 것에 비해 위험하고 모험적이기 때문에 기본적으로 더 높은 위험을 내포하고 있습니다. 과거에는 신흥시장에 투자하는 것이 그들에게 공통적으로 주어진 투자원칙과 책무였기 때문에 이를 공격적으로 집행했던 것이죠. 하지만 최근에 이러한 투자원칙에 변화가 생기면서 이제는 새로운 책무가 지속가능 금융 부문에 투자하는 것이라 합니다. 이 부문이 바로 녹색 투자이기도 하죠. 그들은 종종 이렇게 말합니다. "좋습니다. 녹색 금융과 지속가능 금융에 투자하고 싶습니다. 그것이 저희 투자자들이 요구하는 새로운 투자 책무이기 때문입니다"라고 말입니다. 문제는 과연 이를 어떻게 실행할 것인가에 있습니다. 이는 단순히 위험 요소가 많기 때문은 아닙니다. 이들에게는 기본적으로 직업상 위험을 감수하고 가능한 범위 내에서 위험을 완화할 수 있는 방법들에 대해 잘 아는 것이 삶의 일부분이나 다름없습니다. 물론 그렇다고 해서 항상 옳다는 것을 의미하는 것은 아니지만 위험을 최소화하거나 제거하는 것은 모든 투자결정에 있어서 그들이 적극적으로 고려하는 요인이라는 뜻입니다. 결국 명확하고 일관성 있는 프로그램을 모색하는 것이 관건이라고 할 수 있습니다. 이를 통해 저희 회원사들은 첫째로 그들에게 주어진 투자 책무를 충실히 이행할 수 있고, 둘째로 소위 그린워싱 문제를 피할 수 있습니다. 따라서 투자 대상이 실제로 더 친환경적이고 지속가능하다는 사실을 효과적으로 분별할 수 있는 방법들은 분명히 존재합니다. 이러한 종합적인 관점에서 이자리에서 투자자들의 다양한 의견을 수렴하는 과정이 매우 흥미로웠습니다. 일반적으로 투자자들은 세부적인 요소에 집중하는 반면 저는 전반적인 거시 경제의 흐름과 맥락을 살피는 데 초점을 맞추고 있기 때문입니다. 다양한 측면에서 거시경제는 확실히 긍정적인 편에 속한다고 할 수 있겠습니다.

앞서 많은 연사분들의 발표 중 헨리 페르난데즈 회장의 기조연설에서 가장 분명하게 드러났다고 생각합니다. 현재 세계 경제 안에서 일어나고 있는 일련의 상황들은 대단히 복잡하고 어려운 것이 사실입니다. 실제로 신흥시장과 이보다 규모가 작은 프런티어(frontier) 시장의 경우는 상황이 더 심각합니다. 시장에서 대출을 받기가 극도로 어려워졌고 이로 인해 재정여건도 빠르게 축소되고 있습니다. 그러나 ESG 산업의 경우는 좀 다릅니다. 관련 수치를 살펴보면 ESG 관련 분야에서는 오히려 투자 규모가 증가했습니다. 오늘 한국을 대표하는 금융서비스 기관의 대표께서도 이 점에 대해서 언급해 주셨다고 생각합니다. 올 한 해 동안 다른 모든 분야에서는 감소세가 뚜렷했지만 ESG 투자만큼은 오히려 확대됐습니다. 이는 기본적으로 투자책무가 매우 중요한 영향력을 행사하고 있음을 시사하고 동시에 본질적으로 시장 주도 하에서 이뤄지고 있는 거대한 움직임이라고 할 수 있습니다. 이 점에 대해서는 앞서 블랙록의 마크 매콤 COO께서도 언급하셨는데 기본적으로 시장에서 ESG 관련 투자를 확대할 것을 요구하고 있기 때문에 금융산업 내 투자자들이 해당 부문에 대한 투자를 집중적으로 강화해 나가고 있는 상황입니다. 그렇기 때문에 앞으로 더 많은 위험을 감수하고 혁신을 위한 투자위험도 무릅쓸 것임을 시사합니다. 다만 이와 동시에 일관성과 투명성을 갖춘 보다 개선된 정보공시 체계와 제도를 새롭게 모색하고 구축해 나가야 합니다. 미국과 유럽 경제가 이미 많은 어려움에 봉착해 있고 신흥시장 경제가 겪게 될 어려움은 더욱 가중될 것으로 예상되고 있기 때문입니다. 이러한 내용들이 제가 저희 회원사들의 의견을 수렴하는 과정에서 접할 수 있었던 주요 내용의 일부입니다.

헤니 센더 Managing Director: 감사합니다. 이제 마지막으로 데이터를 다루는 것이 얼마나 어렵고 혼란스러운지에 대한 이야기를 잠시 나눠보고자 합니다. 제가 최근 보험 스타트업들과 이야기를 나눴을 때 그들은 예측하기 가장 어려운 분야 중 하나가 날씨라고 답했는데 이는 과거의 경험적인 데이터가 앞으로의 기후변화의 심각성이나 빈도를 예측하지 못하기 때문이라고 합니다. 게다가 우리는 지난 수년간 저금리 혹은 마이너스 금리 환경 하에서 살아왔기 때문에 이를 흡수할 수 있는 확충용 자본도 마련해 두지 않고 있습니다. 혹시 패널분들 간에 이와 관련해 서로에게 하고 싶은 질문이 있으시거나 하실 말씀이 있으신 분은 자유롭게 발언해 주시기 바랍니다.

레베카 추아 대표: 패널 분들께 드리는 질문은 아니지만 함께 생각해볼 만한 가치가 충분하다 생각되는 질문을 한 가지 드리겠습니다. 마크 카니 부회장께서는 그의 저서 "가치(Value)"에서 모든 사물은 측정 가능할 때 효과적으로 관리될 수 있다고 했고 이는 ESG의 문제에 있어서도 동일하게 적용 가능한 지침이라고 생각됩니다. 여전히 많은 부분이 우리가 얼마나 많은 데이터를 가지고 있는지에 달려 있다는 의미이죠. 앞서 ESG 관련 혁신에 보다 수용적인 기술기업의 인수 사례에 관해 말씀해 주셨는데 이 부분에 대해 조금 더 자세히 나눠보고 싶습니다. 중국의 일부 기술 기업의 경우 코로나19 팬데믹이 촉발되기 이전 이미 상당히 개별적인 수준까지 이를 구현해내고 있었습니다. 제 지인이 말해준 바에 따르면 신장 지구에 위치한 특정 오피스 건물의 경우 모든 화장실 내에 QR 코드가 설치되어 있어서 모든 직원들은 화장지를 사용하기 위해서는 매번 QR 코드를 스캔해야 한다고 합니다. 화장지 사용량을 직접적으로 제한하지는 않지만 관련 정보가 기업 인사 담당 부서로 전달되기 때문에 이로 인해 불필요한 낭비가 급격히 감소했다는 것을 어렵지 않게 예상해 볼 수 있을 겁니다. 그러나 이는 사생활의 일부를 불가피하게 잃게 된다는 것을 의미하기도 합니다. 따라서 우리 모두가 이 문제에 대해 보다 깊이 있게 고찰해 볼 필요가 있다고 생각합니다. ESG 경영을 촉진하는 과정에서 관련 데이터를 추적하기 위해 개인정보 보호와 충분한 데이터 공급 간에 어떻게 적절한 균형을 유지해 나갈 것인지와 같은 문제에 대해 말입니다.

헤니 센더 Managing Director: 현시점에서 우리가 반드시 생각해보아야 할 논제를 지적해주셨습니다. 감사합니다.

이제 마쳐야할 시간입니다. 개인적으로 지난 5월에 이어 한국에 다시 오게 돼 매우 감사하게 생각합니다. 한국은 규모는 작지만 매우 강한 나라입니다. 한국은 명실상부 글로벌 강소국가로서 세계시장에서 유수의 챔피언 기업들과 더불어 수많은 지적 재산권을 배출해 왔습니다. 오늘과 같이 뜻깊은 자리에 이렇게 많은 분들께서 적극적으로 참여하고 계신 모습을 보면서 앞으로 한국이 급변하는 환경과 새로운 패러다임 하에서도 강국으로서 지속적인 성장과 발전을 이어 나갈 것이라고 다시 한번 확신하게 됩니다. 오늘 훌륭한 패널 분들과 함께 이번 세션의 사회자로 참여할 수 있는 소중한 기회를 주셔서 다시 한 번 깊이 감사합니다.

세션 2

세계경제가 직면한 도전을 넘어설 지속성장 해법

좌장
신성환 한국은행 금융통화위원회 위원/前 한국금융연구원(KIF) 원장

대담
앤 크루거 스탠퍼드대 석좌교수/前 IMF 및 세계은행 수석부총재
성태윤 연세대 교수/한국국제금융학회장

[Highlight]

근본적인 차원에서 향후 경제 전망에 있어 부정적인 요인으로 분류되는 것이 있는데, 이는 한국을 포함해 중국과 일본에도 동일하게 해당되는 것입니다. 바로 출생 인구와 노동 인구 감소 문제입니다. 이러한 근본적 차원에서의 인구구조적 변화는 우리 대부분이 생각하고 있는 것보다 훨씬 심각한 문제입니다. 또한 이는 앞서 부정적 영향을 야기한 다른 요인들을 뛰어넘는 수준의 경제활동 저하를 초래하며, 국가 경제를 다양한 측면에서 압박할 것입니다.

앤 크루거(Anne Krueger)
스탠퍼드대 석좌교수/前 IMF 및 세계은행 수석부총재

신성환 위원: 본격적인 토론에 앞서 앤 크루거 교수님께서 세션 기조발표를 해주시겠습니다. 교수님 시작해주시기 바랍니다.

앤 크루거 교수: 감사합니다. 뜻깊은 자리에 저를 초대해 주시고 훌륭한 행사 개최를 위해 힘써 주신 주최측에도 다시 한 번 감사와 축하의 말씀을 전하고 싶습니다. 세계경제연구원과 우리금융그룹의 모든 노력과 수고를 높이 평가하며 저를 지원해 주시고 초대해 주신 데 대해 정말 감사하다는 말씀을 드리고 싶습니다. 시작에 앞서 지난 주말 한국에서 발생했던 비극적인 사건으로 인해 전 세계적으로 애도의 물결이 이어졌는데 이번 사건으로 인해 소중한 이들을 잃으신 분들께 깊은 애도를 표합니다.

오늘 제 발표에 제목을 붙이자면 바로 "세계 경제의 혼류(混流)"입니다. 작금의 세계 경제 상황은 제 오랜 직업적인 경험을 통틀어 제가 기억할 수 있는 한 가장 복합적이고 다양한 흐름들이 공존하면서 서로 반대되는 방향으로 작용하는 거대한 혼류를 만들어내고 있습니다. 향후 경제 전망을 긍정적으로 보이게 하는 요소들과 부정적으로 보이게 하는 다양한 요소들이 혼재되어 세계경제가 어느 방향으로 전개될지 예측하기 어렵게 만들고 있습니다. 저는 오늘 발표에서 이러한 상반된 요소들을 일정한 분류에 따라 살펴보고 세계경제의 향방을 가늠해보고자 합니다.

먼저 긍정적인 측면에 대한 이야기로 시작해 보겠습니다. 우선 현재 세계 경제는 팬데믹으로부터의 본격적인 회복 중에 있으며 이러한 회복세는 그 자체로 매우 긍정적인 변화라고 할 수 있습니다. 물론 몇몇 사람들이 걱정하고 있는 것과 같이 인류는 향후 더 많은 대규모 전염병 발병을 목격하게 될지도 모르지만 최소한 이번 코로나19 극복 경험을 통해 향후 전염병 발생 시 이를 극복하기 위해 어떻게 대응해 나가야 하는지 경험적으로 익히고 배웠다고 생각합니다. 갑작스러운 충격에 대한 대응 능력 측면에서 과거에 비해 대비가 더 잘 될 것이라고 봅니다.

그런데 이 같은 회복세는 팬데믹 기간 중 잦은 격리 및 봉쇄조치 등으로 인해 상당 기간에 걸쳐 과도하게 축적된 이른바 억눌린 수요(pent-up demand)를 초래했고 결과적으로 수십년래 가장 높은 수준의 인플레이션을 야기했습니다. 일례로 미국에서는 보통 개인소득의 5% 수준에 머물던 개인저축률이 팬데믹 기간 중 10%대로 급증했는데 방역지침이 완화되자 이 같은 초과저축이 곧 소비지출로 이어져 수요 측면의 물가상승 압력을 높였습니다. 공급 측면에서는 팬데믹으로 인해 초래된 병목현상과 생산 제약이 경제 전반에 물가상승 압력을 초래했습니다. 물론 억눌린 수요는 일부 불확실성을 내포하고 있기는 하지만 다른 한편으로는 긍정적인 면이 있습니다. 인플레이션으로 인한 부정적 영향은 매우 광범위하고 심각하기 때문에 이에 대해서는 다시 말씀드리겠습니다.

다음으로 현재 세계 경제에는 이른바 디지털 혁명이 지속되고 있으며 이는 대규모 투자수요의 증가로 이어지고 있습니다. 현재 반도체 생산을 위한 새로운 공정 및 생산시설 건설에 요구되는 최소 추가 투자자금은 200억달러 규모에 달하는 것으로 파악되고 있습니다. 이는 현재 기준 예상 규모일 뿐이고 향후 상황에 따라 더욱 증가할 수 있습니다. 분명한 사실은 전자제품의 사용 범위를 확대하는 한편 사용을 보다 용이하게 함으로써 개선할 수 있는 효율성이 상당하다는 것입니다. 효율성 측면의 개선에는 엄청난 추가 비용이 소요되지만 ESG 목적과 사업상의 이유 양쪽 측면에서 충분한 투자 동기를 제공할 것입니다. 따라서 기업들이 투자를 감당할 수 있는 자금적인 여유만 있다면 충분한 투자가 이뤄질 것이라고 확신합니다.

사실 현재 세계 경제의 상황은 과거 1920년대와 많은 유사점을 가지고 있습니다. 전기의 발견은 사실 20세기가 아니라 19세기에 이뤄졌는데 초반에는 대대적인 혁신과 발전이 있었지만 1910년대 혹은 1920년대에 이르러서는 효율성 개선이 거의 이뤄지지 않는 듯 했습니다. 그러나 1920년대에는 이를 새롭게 활용한 다양한 용법이 개발됐고 이후 대규모 생산성 개선이 일어났습니다. 저는 현재 상황도 당시와 크게 다르지 않다고 생각합니다. 최근에는 디지털 혁명 측면에서는 별다른 생산성의 변화가 일어나고 있지 않지만 궁극적으로 대대적인 생산성 혁신이 일어날 것이라고 확신하고 있고 따라서 이는 또 다른 긍정적 요소가 될 수 있겠습니다.

환경 분야에 대한 민간 및 공공 부문 양측의 대대적인 투자가 이뤄져야한다는 점도 주목할 부분입니다. 향후 스태그플레이션 등 경제적으로 부정적인 상황에 직면한다해도 환경분야만큼은 필요한 투자 집행을 마련할 충분한 여력이 있고 계속해서 투자가 필요한 부분이기 때문에 오히려 수요 부족이 문제가 될 수 있을 것으로 봅니다. 지금까지 세계 경제의 전망을 구성하는 긍정적 요인들에 대해 말씀드렸습니다. 물론 거시경제 관리 측면에서도 팬데믹 극복과정으로부터 배운 바가 많다고 생각합니다. 완전히 충분하다고는 할 수 없겠지만 과거에 비해 경험적으로 체득한 바가 상당합니다. 향후 또 다른 종류의 팬데믹을 맞닥뜨리게 된다 해도 이는 코로나19 팬데믹 만큼 전례 없고 전방위적인 충격과 타격을 초래하지는 않을 것이라고 생각합니다. 물론 정확히 어떠한 종류의 전염병이 발생할지는 지금으로서는 예측할 수 없지만 그래도 금번 사례와 경험을 토대로 더 효과적으로 대응해 나갈 수 있을 것입니다. 우리는 과거의 일로부터 어떠한 방식으로든 교훈을 얻기 마련입니다. 따라서 이를 토대로 다음 번 위기는 보다 현명하고 효과적으로 대처해 나갈 수 있으리라고 확신합니다. 최소한 정부가 갑자기 어리석은 결정을 내리는 등 결정적인 정책적 실수를 범하지 않는다면 앞으로의 경우에서는 심각한 장기침체에 진입할 가능성이 낮다고 봅니다. 왜냐하면 실제 투자 가능한 분야들이 너무도 많기 때문이며, 이는 환경 분야에도 동일하게 적용되는 내용입니다.

다만 불확실성은 계속해서 존재할 것이고 이는 기업들로 하여금 적극적인 투자를 주저하게 만들고 결국 우리 모두를 다방면에 있어 신중하게 만들 것입니다. 이에 경제활동 전반이 위축되고 투자 활력이 저하되는 등의 문제를 초래해 세계 경제에도 부정적인 요인으로 작용할 수 있습니다. 특히 작금의 불확실성은 크게 두 부문으로 분류해 볼 수 있다고 생각하는데 이들 모두 매우 중대한 사안입니다. 첫 번째는 지정학적 불확실성이고 두 번째는 경제적 불확실성입니다. 이 둘은 상호작용을 통해 불확실성을 더욱 키우기도 하고 때로는 상쇄시키기도 합니다.

우선 지정학적인 불확실성의 경우 두가지 광범위한 요인과 이외 여러 작은 요인들이 존재합니다. 가장 주된 불확실성은 장기화되고 있는 러-우 전쟁으로 그 자체입니다. 우리는 앞으로 이 전쟁이 얼마나 더 지속될지 예측하지 못합니다. 단지 이번 전쟁이 더 이상 다른 지역 혹은 국가로 확장되지 않고 해결되어 하루 빨리 이전의 모습을 되찾길 바랄 뿐이지만 이러한 바람이 실현될 수 있을지는 확신하기 어렵습니다.

또한 미중 간의 전략적 경쟁 혹은 긴장도 상당히 많은 부분에 있어서 막대한 영향을 미치는 불확실성 요인 중 하나입니다. 미중 간 갈등에 따르는 부정적인 측면이 너무도 많기 때문에 미중 간 경쟁 구도의 향방은 전 세계 모든 국가 뿐 아니라 개인에게도 매우 중대한 문제라고 생각합니다. 파생되는 문제 중에는 부채의 지속 불가능성 문제가 있습니다. 특히 터키와 인도 등 일부 개도국을 포함해 재정적으로 가난한 몇몇 국가들은 이미 심각한 국가적 부채 문제를 겪고 있고, 스리랑카의 경우 과도한 수준으로 증가한 부채로 이미 심각한 사회적 문제가 발생하고 있습니다. 잠비아와 아프리카의 일부 국가들의 경우도 마찬가지입니다. 금리 인상이 빠른 속도로 진행되고 있는 현재의 상황 하에서는 문제가 더욱 악화될 소지가 다분하기 때문에 각별한 주의가 요구됩니다.

이외에도 또 다른 악재들이 동시다발적으로 나타나고 있는데, 이 중 물가상승은 금리 인상 필요성과 함께 다른 여러 문제들을 야기하고 있습니다. 만약 별다른 변수가 없다면 명목 이자율에서 예상 인플레이션율을 차감한 실질 금리가 마이너스일 경우 자금을 빌려 재화를 구입하고 이를 1년간 보유하다 제로 금리로 오르면 되팔아 경제적 이익을 실현시킬 수 있습니다. 하지만 현재로선 불가능합니다. 최근 들어 미국과 유럽의 명목금리가 오르고 있지만 여전히 실질 금리는 마이너스 영역에 머물고 있습니다. 결국 물가상승률이 하락하거나 명목 금리가 상승할 경우여야 실질금리가 다시 플러스 전환될 수 있는데, 이를 어떻게 실현시킬 수 있을까요? 무서운 속도로 오름세를 지속하고 있는 물가가 얼마나 빨리 억제될 수 있는가에 달렸지만 여전히 상당한 불확실성이 존재합니다. 현재 시점에서 경기 침체 징후는 물가상승에서 비롯된 측면이 크고 이는 결국 상당 부분 코로나19 팬데믹으로부터 야기됐습니다. 일반적인 혹은 정상적인 경기침체라고 보기 어렵고 상당히 이례적이고 특수한 상황이라고 할 수 있는 이유입니다. 단, 이 때문에 저는 여전히 낙관적인 전망을 가지고 있는 편입니다. 우리는 명목금리의 상승과 더불어 본격적인 경기침체 혹은 경기 경착륙으로 이어지지 않는 방법과 경로를 모색함으로써 공급의 완만한 증가와 초과수요의 점진적인 감소를 달성할 수 있을 것이라 봅니다.

물론 유럽의 경우에는 에너지 가격책정에 대한 추가적인 문제가 존재해 경기 연착륙 유도가 더욱 어려운 측면이 있습니다. 그러나 미국이 세계 경제에서 차지하는 비중과 중요성을 고려할 때 만약 미국 경제가 경기침체를 피할 수 있다면 이는 한국을 포함한 전 세계 모든 국가에게 매우 좋은 희소식이 될 것입니다. 저는 미국의 경기침체 회피가 비록 불확실하다 하더라도 충분히 가능하다고 생각합니다.

지금까지 불확실성의 범주를 구성하는 주요 항목에 대해 말씀드렸는데 이외에도 추가적인 요인들이 있습니다. 바로 각국의 정책 당국이 작금의 예측 불가한 여건 하에서 통화정책을 얼마나 성공적으로 관리해 나갈 수 있는지 여부입니다. 설령 연준을 비롯한 주요국 통화정책 담당자들의 추측과 예상이 어느 정도 빗나갔다고 하더라도 이는 그들의 잘못으로만 보기 어렵습니다. 앞으로 그들이 어려운 환경 하에서 통화정책을 효과적으로 관리해 나가고 물가상승 압력과 경기침체 위험 속에서 적절한 탈출구를 찾아낼 수 있다면 이는 세계 경제에 있어 대단히 긍정적인 요소가 될 것입니다. 그러나 만약 그들이 효과적 통화정책 운용에 실패할 경우 우리는 경기침체와 불황은 물론 이로 인해 비롯되는 모든 일들을 감내해야 될 것입니다. 그렇기 때문에 고물가를 조기에 억제하는 것은 매우 중요합니다. 만약 인플레이션이 계속해서 가속화된다면 이는 분명 시간이 경과함에 따라 세계 경제에 재앙과도 같은 결과를 초래할 것입니다. 설명할 수 없는 다양한 이유들 때문인데, 이 부분에 대해서는 추후 다시 논의하도록 하겠습니다.

이외에도 에너지 가격의 가파른 상승도 경기하강 압력을 제공하는 한편 이로 인한 부정적 여파가 확실시되고 있습니다. 흥미로운 사실은 오늘 저희가 탄소중립의 필요성과 시급성에 대해 논의하기 위해 모였지만 동시에 "유럽이 동절기 수요에 대비한 충분한 가스 공급 확보에 실패할 경우 어떻게 해야 하는가?"와 같은 질문에 대해서 고민하고 있다는 점입니다. 즉, 우리는 불확실한 상황과 더불어 정책적 이유들이 서로 상충하는 혼류 경제에 직면해 있습니다. 적어도 단기적으로는 에너지 부문이 세계 경제에 부정적 영향을 초래하는 요인으로 작용할 것이라고 내다보고 있습니다. 향후 에너지 부문을 포함해 여러 영역에서 많은 투자가 이뤄져야 하지만 이는 상당한 시간이 소요되는 작업입니다.

또한 보다 근본적인 차원에서 향후 경제 전망에 있어 부정적인 요인으로 분류되는 것이 있는데, 이는 한국을 포함해 중국과 일본도 동일하게 해당되는 것입니다. 모두 출생 인구와 노동 인구가 감소 문제입니다. 이러한 근본적 차원에서의 인구구조적 변화는 우리 대부분이 생각하고 있는 것보다 훨씬 심각한 문제입니다. 또한 이는 앞서 부정적 영향을 야기한 다른 요인들을 뛰어넘는 수준의 경제활동 저하를 초래하며, 국가 경제를 다양한 측면에서 압박할 것입니다.

다만, 현재까지 저는 긍정적 요인들이 이러한 부정적 요소를 상쇄하고 있다고 생각합니다. 그러나 이 같은 추세가 앞으로도 유지될 것인지 여부는 확실치 않습니다. 현재 미중 간의 경쟁과 긴장은 필요 이상으로 과열된 경향이 있고, 여기에는 미국이 상당 부분 기여했다고 봅니다. 뿐만 아니라 미중 간 전략적 경쟁 격화에는 보다 근본적 차원의 문제들이 다수 포함되어 있기 때문에 향후 이 문제들을 어떻게 해결해 나갈지가 이후 모든 것들에 중요한 영향력을 미칠 것이라고 생각합니다.

마지막으로 현재 세계 경제가 직면해 있는 불확실성의 또 다른 매우 중요한 요소는 바로 국제 교역입니다. 인류의 역사와 문명은 기본적으로 생존을 위해 필수적인 식량 확보를 위해 끊임없이 움직이며 태동했습니다. 이렇게 구한 식량과 생활 터전을 마련하기 위해 농지를 경작하는 과정에서 얻은 수확물을 다른 대상과 교환함으로써 더 많은 경제적 이익을 누리게 됐고 이는 다시 더 많은 교환과 무역으로 이어졌습니다. 19세기 영국의 경우 전체 영국 국민의 95%가량이 일생 동안 거주하던 주택의 반경 5마일 이내를 벗어나지 않은 것으로 추정되고 있습니다. 또한 불과 2세기전까지만 해도 90시간 이상이 소요됐던 런던과 맨체스터 여정이 오늘 날에는 하루 반나절만에 가능해졌습니다. 그만큼 세상이 빠르게 변화했다는 것인데 이는 생산과정의 통합이 운송비용과 통신 비용을 혁신적으로 낮춰 줬고, 모든 생산 활동에 필수적인 기반을 제공하는 생산수단의 통합 또한 생산성 향상과 서비스 개선 등을 가능하게 하면서 이뤄질 수 있었습니다. 이러한 혁신은 앞으로도 지속돼야 합니다. 특히 세계화의 후퇴 그리고 세계무역기구(WTO)의 기능 마비 등 최근 크게 약화된 글로벌 무역 체계를 복구해야 합니다. 무엇보다 WTO의 역할 회복과 기능 복구가 매우 중요한 문제인데 이는 마치 우리가 매일 마시고 내뱉는 공기와도 같습니다. 우리가 공기의 소중함에 무감각 해져 충분히 감사하지 않은 채 살아가는 것과 마찬가지라는 의미입니다. 부끄럽게도 WTO는 과거 트럼프 전 대통령 정부와 이를 지지하는 일부 미국 국민들에 의해 커다란 피해를 입었습니다. 그렇기 때문에 한국과 같이 무역 의존 비중이 높은 국가들이 적어도 비첨단 기술 제품에 있어서는 개방적 무역 시스템을 복원하는 것이 얼마나 중요한지에 대해 목소리를 높일 필요가 있다고 생각합니다. 그래야만 이를 기반으로 무역을 확장하고 경제를 성장시킬 수 있기 때문입니다. 또한 WTO가 전자상거래와 지적재산권과 같은 신 통상 의제들을 다루도록 우리 모두 관련 문제를 적극적으로 제기하는 한편 WTO 체제를 개혁하고 개선해 나가야 하는 의무를 안고 있습니다. 그런 점에서 지난 6월에 개최된 회의는 매우 고무적이었다고 생각합니다. 세계 경제가 심각한 위험과 어려움에 처하는 것을 막기 위해서라도 우리는 이를 계승해 더욱 발전시켜 나가야 합니다. 결국 보다 긍정적인 경제 전망에 도달하기 위해서는 우리가 WTO 기능 회복을 위해 힘써야 한다는 뜻입니다. 그렇지 못할 경우 더 큰 어려움에 봉착할 수 있는 위험이 있는 만큼 이를 시급한 문제로 인식하고 적극 추진해야 한다고 생각합니다.

각국이 고립주의가 되어서는 살아남기 어렵습니다. 고립주의 노선 하에서는 각자가 할 수 없는 것들이 많아질 뿐입니다. 반도체 분야만 하더라도 각국의 독립적인 생산능력과 시설에만 기대서는 제대로 작동하는 것이 사실상 불가능합니다. 물론 일부 측면에서 보자면 대만의 TSMC는 전 세계 파운드리 시장을 사실상 독점하고 있고 네덜란드의 ASML도 반도체 미세공정에 필요한 극자외선(EUV) 첨단장비를 독점 생산하고 있습니다. 물론 미국의 경우에는 반도체 생산 자체를 독점하고 있다고는 보기 어려울 수 있으나 칩 생산을 위한 최첨단 설비 생산 분야의 일부를 독점하고 있습니다. 다만 앞서 말씀드린 어느 국가도 모든 공정을 책임질 수 있을 만한 투자금을 조달하고 확보할 수 있는 국가는 없습니다. 이를 위해서는 그들이 감당 가능한 것 보다 더 많은 자금을 투입해야 합니다. 앞서 반도체 생산시설을 위해서는 200억 달러 규모의 추가 투자가 이뤄져야 한다고 말씀드렸는데, 서로 다른 총 42만 7천개의 부품을 사용해 첨단 컴퓨터 칩을 생산하는 네덜란드의 ASML이 자국의 생산시설을 다른 국가에서 구현하기 위해 얼마의 자금이 필요할지 상상해 보셨나요? 사실상 불가능한 일입니다. 그렇기에 저는 우리가 고립주의 노선을 택하는 일은 없으리라고 생각합니다. 물론 이것의 대안으로 지역 혹은 국가별로 협정을 맺는 '무역 블록'을 형성하는 방법을 택할 수도 있지만 사실 무역블록도 그리 좋은 대안은 아닙니다. 세계 경제 전반에 걸쳐 상당한 부정적 여파를 초래할 뿐입니다.

결론적으로 말씀드리면 여러 불확실한 요소들 때문에 저는 세계 경제가 향후 구체적으로 어떤 모습으로 진행될지 단언하는데 다소 어려움이 있다고 생각합니다. 몇몇 국가들이 보호주의 노선을 채택할 수 있지만 대다수 국가들은 그와 같은 실수를 피할 수 있는 충분히 기지를 발휘해 낼 것이라고 생각합니다. 실제 많은 국가들이 그렇게 할 것이라고 믿습니다. 따라서 지금 제게 향후 20년간의 세계 경제 전망에 대해 물어보신다면 저는 여러 불확실성에도 불구하고 대체적으로 희망적이고 낙관적인 전망을 가지고 있다고 말씀드릴 것입니다. 이로써 기조 발표를 마무리하겠습니다. 대단히 감사합니다.

오찬 특별연설

연사
데이비드 루벤스타인 Co-Founder & Co-Chairman, The Carlyle Group

CARLYLE

David Rubenstein

CO-FOUNDER AND CO-CHAIRMAN

오찬 특별연설

> [Highlight]
>
> 기후위기는 인류의 생존을 보다 광범위하고 근본적으로 위협하고 있습니다. 따라서 우리는 기후변화로 인한 파괴적 영향을 최소화하고 생명 멸종의 심각한 위협을 줄여 나가기 위한 공동의 대의를 위해 함께 협력해야만 합니다. 만약 이에 실패할 경우 우리가 직면해 있는 다른 모든 경제적 정치적 주요 거대 현안들이 모두 사소한 문제에 지나지 않게 될 정도로 심각한 위협에 맞닥뜨리게 될 것입니다.
>
> 데이비드 루벤스타인(David Rubenstein)
> Co-Founder & Co-Chairman, The Carlyle Group

데이비드 루벤스타인 회장: 안녕하십니까? 저는 칼라일 그룹의 공동 창립자이자 공동대표를 맡고 있는 데이비드 루벤스타인입니다. 올해는 일정 관계상 한국 방문이 어렵게 되어 컨퍼런스에 직접 참석하지 못하게 된 점에 대해 죄송한 마음을 전합니다. 빠른 시일 내에 한국을 다시 방문해 한미 관계를 비롯해 칼라일그룹과 한국 기업들의 파트너십에 대해 여러분과 함께 이야기를 나눌 수 있길 바랍니다.

저는 오늘 여러분과 함께 우리 인류와 세계경제가 직면한 대단히 중요한 주제인 지속가능성에 관해 논의하고자 합니다. 최근의 글로벌 거시경제 상황을 살펴볼 때 미국과 유럽 그리고 아시아 지역의 경제적 여건은 매우 암울하고 경기침체 리스크도 상당하다는 사실이 점차 확실시되고 있습니다. 이미 기저에 여러 경제적 도전과제들이 산적해 있던 상황에서 코로나19 마저 발생했고 팬데믹을 극복하기 위한 과정에서 정부지출이 급증한 결과 물가가 수십년래 최고 수준으로 급등했습니다.

여기에 러시아의 우크라이나 침공까지 더해지면서 상황은 한층 더 악화됐습니다. 그 결과 주요국 중앙은행들은 기준금리 인상을 통해 물가상승을 억제하려는 노력을 지속하고 있지만 기준금리가 높아지면 기본적으로 경제성장은 둔화되고 이는 경제 전반과 개인의 라이프스타일에도 부정적인 여파를 초래하게 됩니다. 따라서 낙관적 경제 전망을 제시하기는 어려운 상황입니다. 향후 세계 경제가 코로나19 팬데믹과 러-우 전쟁의 여파에서 벗어나 완전히 정상화된 모습을 되찾기까지 1년 내지는 2년가량이 추가적으로 소요될 것으로 예상하고 있습니다.

그러나 그렇다고 해서 경기침체가 반드시 최악의 상황을 의미하는 것은 아닙니다. 경기침체는 대략 7년을 주기로 발생하기 때문에 사실 불가피한 측면도 있습니다. 물론 상당 기간에 걸쳐 부정적인 영향을 피할 수는 없겠으나 이를 타개하기 위한 공동의 노력을 이어간다면 충분히 견뎌낼 수 있으리라고 생각합니다. 여기서 공동의 노력이 의미하는 바는 경기침체 피해를 최소화하기 위해 여러 국가들이 함께 협력하는 것입니다.

이 외에도 미국과 한국, 유럽, 특히 중국 등 국제사회의 모든 국가가 함께 힘을 모아 공동의 이익을 위해 해결해 나가야 할 중대한 문제가 있는데, 그것은 바로 지속가능성과 기후변화입니다. 기후변화의 직간접적인 영향으로 우리가 살아가는 환경이 급변하고 있다는 사실은 더 이상 반박하기 어려울 정도로 분명해졌습니다. 과거 100년 혹은 200년 전 처음 산업화 시대에 진입했을 때만 하더라도 감지된 적 없었던 극심한 기후 현상들이 최근 급속도로 진행되고 있습니다. 산업화 시대를 거치면서 지구가 더 이상 수용하기 어려울 정도로 엄청난 양의 탄소가 대기중으로 배출됐고, 그 결과 지구는 살기 위험하고 척박하며 지속가능하지 않은 환경으로 바뀌고 있습니다. 따라서 우리 인류는 향후 수십년간 서로 머리를 맞대고 협력하여 기후위기 극복을 위한 행동에 나서야 합니다. 우리는 인류 공통의 위협에 적극적으로 대응해야 하는 중요한 책무를 안고 있습니다. 비록 서로 다른 경제적, 기술적, 정치적 특성과 차이에도 불구하고 우리 모두를 하나로 엮는 공통점은 바로 우리의 자녀들과 미래 세대가 보다 더 행복하고 건강한 삶을 살아가기를 바라는 인간 본연의 특성을 가지고 있다는 것입니다. 만약 우리가 자라나는 다음 세대에게 위험하고 병든 지구를 물려준다면 후대의 행복하고 건강한 삶은 더 이상 보장할 수 없게 될 것입니다. 우리는 탄소배출이 환경과 건강에 얼마나 해로운지에 대해 분명히 인식하게 됐고 악화일로의 기후변화로 인한 결과가 어떠한 위험을 초래하는지에 대해서도 뚜렷이 인지하게 됐습니다. 이 같은 맥락에서 저는 항상 기후변화라는 표현 보다 '생명 멸종'이 보다 적합한 표현이라고 생각해 왔습니다. 왜냐하면 이러한 표현은 우리가 당장 즉각적인 행동에 나서지 않는 이상 지구상에 존재하는 생명과 인류의 삶과 생존을 위협할 것이라는 사실을 직관적으로 말해주고 있기 때문입니다. 다시 강조해서 말씀드리면 우리에게는 더 이상 이 문제를 방관하거나 기다리고 있을 시간적인 여유가 없습니다. 물론 현재 미국 경제가 미중간의 무역 및 전략적 갈등 재점화로 인해 대내외적인 어려움에 처해 있고 전 세계적으로도 세계 경제가 여러 복합위기 요인에 직면하고 있습니다. 하지만 그렇다고 해서 멈출 수는 없기에 우리는 기후위기 극복과 지속가능성을 위한 공동의 노력과 행보를 지속해 나가야만 합니다. 물론 모든 국가가 동일한 입장을 가지고 있는 것은 아닙니다. 국가간 정치적 이견과 경제적 차이가 존재하지만 인류의 생존을 위협하는 공동의 문제해결을 위해 이러한 차이는 잠시 뒤로 하고 당면 위기 극복해 집중해야 합니다. '생명 멸종'이라는 표현이 더 적절하다고 생각되는 기후변화 대응을 위한 공통의 이해관계를 가지고 있다는 사실에 대해서는 각국 정부도 모두 동의할 것이라고 생각합니다.

그렇다면 기후위기에 보다 효과적으로 대응하기 위해 우리는 과연 어떤 행동을 취해야 할까요? 우리가 할 수 있는 것 중 하나는 에너지 사용 방식을 효율화 하고 대기오염을 최소화하는 에너지를 사용하며, 행복하고 건강한 방식으로 지속가능한 삶에 기여하는 에너지를 사용하고 있는지를 지속적으로 점검하고 확인하는 것입니다. 물론 미국을 비롯해 서구 선진국들은 최근 들어 본격적인 경제 개발에 착수한 일부 개발도상국들이 과거 여러 세대에 걸쳐 누적된 격차로 인해 상대적으로 불리한 위치에 놓인 데에 대한 불만을 가지고 있다는 사실을 인지하고 있습니다. 개도국들도 선진국들과 유사한 방식으로 제품을 생산할 수 있게 되었기 때문에 그들도 과거 선진국들이 상당 기간 해왔던 것과 같은 방식으로 생산 및 발전할 수 있도록 해야 한다는 주장도 나옵니다. 그러나 이는 결국 개도국에게는 현재 선진국들에게 허용된 수준 이상의 환경 오염을 용인해야 한다는 것을 의미합니다. 최근 국제사회에서 중요하게 다뤄지고 있는 핵심 쟁점 중 하나이며 개도국과 선진국의 상황이 다르다는 점에 대해서는 미국도 충분히 이해하고 있습니다. 우리는 사실상 당면한 기후위기 극복을 위한 공통의 이해관계를 공유하고 있다는 점에서 이 문제에 대한 실마리를 찾을 수 있습니다. 앞으로 우리 자녀와 손자가 건강하고 행복하기를 진심으로 바라고 또한 이후의 후손들도 마찬가지로 건강하고 행복하기를 바랍니다. 그러나 지금과 동일한 방식으로 생산과 소비를 지속한다면 이는 달성 불가능한 목표로 전락할 것입니다. 우리는 지나치게 많은 탄소배출에 의존하는 방식으로 이동하고 일상생활을 영위하고 있습니다. 그렇기 때문에 탄소배출 감축을 위한 우리의 노력들이 즉각적으로 극적인 변화를 가져오지는 않을 것입니다. 이미 대기 중에 존재하는 엄청난 양의 탄소가 줄어드는 데도 상당한 시간이 소요될 것으로 예상됩니다. 그러나 분명 우리는 지구를 보다 더 살기 좋고 안전한 곳으로 만들기 위해 크고 작은 일들을 수행해 나갈 수 있습니다. 무엇보다 지금보다 훨씬 개선된 방식으로 자원을 활용하고 생산하며 이동하는 방식을 택할 수 있습니다. 또한 보다 지속가능한 방식으로 원료를 사용할 수도 있습니다. 저는 이러한 새로운 변화에 있어서 미국과 한국이 앞장서 선도적인 역할을 수행해 나갈 수 있기를 진심으로 바랍니다. 사실 한미 양국은 이미 협력을 통해 지속가능한 방식에 기반한 경제적 상호관계를 수립할 수 있다는 것을 증명하고 있습니다.

그런데 지속가능한 방식에 기반해 있다고 해서 반드시 경제 성장률과 고용률이 낮아지고 국가총생산(GDP) 규모가 줄어든다는 것을 의미하지는 않습니다. 어디까지나 고용을 줄이지 않고도 충분히 행복하고 건강한 방식으로 제품과 서비스를 생산하는 지속가능한 생산 방식과 경제 환경을 구축할 수 있다는 점을 분명히 해야 할 것입니다. 물론 쉽지는 않을 수 있습니다. 분명 더 쉬운 길 그리고 저항이 가장 적은 길은 우리가 이미 하고 있던 방식을 지속하는 것입니다. 그러나 저항이 길은 우리가 더 이상 갈 수 없고 가서도 안 되는 길이기도 합니다. 따라서 우리는 보다 훨씬 더 어려운 작업에 착수해야 합니다. 지속가능한 프로세스와 지속가능한 제조방식 그리고 지속가능한 운송수단을 구축하기 위해 훨씬 더 많은 노력을 투입해야만 합니다. 국가 리더들이 나서서 기후위기 문제의 심각성과 중요성에 대해 국민들을 상대로 지속적으로 설득하고 교육해 나갈 수 있다고 생각합니다.

저는 여러분께서 이번 컨퍼런스를 통해 다른 모든 문제들에 앞서 기후위기를 우선적으로 생각해 볼 수 있는 새로운 시야를 가질 수 있기를 바랍니다. 경제도 중요하고 정치적 안정, 국가안보와 평화도 물론 중요하지만 기후위기는 인류의 생존을 보다 광범위하고 근본적으로 위협하고 있습니다. 따라서 우리는 기후변화로 인한 파괴적 영향을 최소화하고 생명 멸종의 심각한 위협을 줄여 나가기 위한 공동의 대의를 위해 함께 협력해야만 합니다. 만약 이에 실패할 경우 우리가 직면해 있는 다른 모든 경제적 정치적 주요 거대 현안들이 모두 사소한 문제에 지나지 않게 될 정도로 심각한 위협에 맞닥뜨리게 될 것입니다.

결론적으로 말씀을 드리면 우리는 우리가 살고 있는 지구를 보다 살기 좋은 곳으로 만들어야 하는 신성한 책무를 가지고 있습니다. 만약 이러한 소기의 책임을 다하지 않는다면 우리의 후대 세대는 우리 세대가 누렸던 자유와 즐거움을 누릴 수 없게 될 것입니다. 지속가능성을 달성하고 개선해 나가기 위해 저는 청중 여러분 모두 컨퍼런스가 진행되는 오늘 하루 동안 각자의 영역에서 생산과 이동 방식을 비롯한 생활의 크고 작은 부분들을 개선할 수 있는 방법과 이를 위해 다른 국가 및 사회 구성원들과 함께 협력할 수 있는 방법에 대해 적극적으로 고민해 보시기를 강력히 권고 드리고 싶습니다. 저는 제가 할 수 있는 방식의 최선을 다해 이러한 변화와 개선을 위해 노력할 것이고 여러분께서도 마찬가지로 그와 같은 노력에 동참해 주시기를 부탁드립니다. 여러분 모두가 제가 전하고자 하는 핵심 메시지에 공감하고 구체적인 행동에 나서기를 바랍니다. 이를 통해 한국과 미국 뿐 아니라 역내 인근 아시아 국가들을 비롯해 전 세계 모든 국가를 하나로 연합하는 협력의 방식에 동참하시기를 정중히 요청 드리겠습니다. 지금까지 발표에 경청해 주셔서 대단히 감사합니다.

세션 3

자연회복과 순환경제 달성 및 기후 취약계층 지원을 위한 ESG 성공 전략

기조연설
엘리자베스 마루마 므레마 생물다양성협약(CBD) 사무총장
안드레아 메자 무릴로 유엔사막화방지협약(UNCCD) 사무차장

패널
오윤 산자수렌 녹색기후기금(GCF) 대외협력국장/前 유엔환경총회 초대의장
조지혜 한국환경연구원(KEI) 자원순환연구실장
박종일 우리금융지주 부사장

기조연설

> [Highlight]
>
> 전 세계적으로 자산규모가 44조 달러에 달하는 가운데 글로벌 경제의 전체 GDP의 절반 이상이 생물다양성 손실 위험으로 인한 위험에 노출되어 있습니다. 따라서 우리는 현재 매우 결정적인 순간에 와있다고 할 수 있습니다.
>
> 엘리자베스 마루마 므레마(Elizabeth Maruma Mrema)
> 생물다양성협약(CBD) 사무총장

엘리자베스 마루마 므레마 사무총장: 안녕하십니까? 세계경제연구원과 우리금융그룹이 공동 주최하는 생물다양성에 관한 이번 국제 컨퍼런스에 여러분과 함께 할 수 있게 되어 매우 기쁩니다. 주지하다시피 현재 우리 앞에는 기후변화로 인해 촉발된 글로벌 정책 과제와 의제들이 상당히 많이 놓여있습니다. 이제 이번 주 이집트에서 제27차 기후변화당사국총회가 예정돼 있고 이어서 제 15차 유엔 생물다양성협약 당사국총회 2부가 캐나다 몬트리올에서 개최될 예정인 만큼 변화가 그리 머지않았음을 느낄 수 있습니다. 기업 자산과 금융 자산이 물리적, 실제적, 이행 리스크를 광범위하게 초래하는 생물다양성에 크게 의존하고 있다는 사실에 대해서는 잘 알고 계실 것입니다. 전 세계적으로 자산규모가 44조 달러에 달하는 가운데 글로벌 경제의 전체 GDP의 절반 이상이 생물다양성 손실 위험으로 인한 위험에 노출되어 있습니다. 따라서 우리는 현재 매우 결정적인 순간에 와있다고 할 수 있습니다.

생물다양성협약의 사무총장으로서 자연 자본 관련 재무 정보 공개 태스크(TNFD)의 공동 의장직을 역임할 수 있게 되어 긍지를 느낍니다. TNFD는 야심 찬 목표를 달성하기 위한 적극적인 노력을 지속해 나가면서 11월 초에는 3번째 프레임워크와 지침을 발표했고 또한 2023년 중으로 자연 관련 위험, 영향, 기회 등에 대한 정보 공시 프레임워크를 발전시키고 공식화하기 위해 총력을 기울이고 있습니다. 내달 캐나다 몬트리올에서 개최될 제 15차 UN 당사국총회에서는 포스트 2020 글로벌 생물다양성 프레임워크라고 하는 기념비적인 협약을 수정하고 최종 작업을 마무리하는 한편 관련 합의를 도출해야 할 것입니다. 정부와 사회, 기업과 금융기관들 사이에서는 이번에 도출될 프레임워크가 과거 파리 기후협약에 버금가는 규모의 기념비적인 협약으로 자리잡을 것이라는 기대가 높아지고 있습니다. 글로벌 생물다양성 프레임워크는 2050년까지 우리 인류가 자연과 조화를 이루며 살아가고자 하는 비전 달성을 위해 앞으로 나아가야 할 올바른 방향성을 제시하고 설정해주는 나침반이 되어 미래 세대를 위한 지속가능한 미래를 구현하는 구심점이 될 것입니다. 2030년까지 생물다양성 회복을 달성하기 위해 이번 프레임워크는 양적, 질적 목표와 더불어 향후 중요한 이정표가 될 만한 목표들로 구성됐습니다. 우리에게 주어진 시간이 많이 남지 않았다는 것은 여러분께서도 잘 알고 계실 것입니다. 자연과 조화롭게 공생하기 위한 목표를 성공적으로 달성하기 위해서는 사회의 전 영역에 걸쳐 대대적인 결단과 희생 그리고 광범위한 협력과 야심 등이 요구되고 있습니다. 글로벌 생물다양성 프레임워크는 기업과 금융기관들이 중추적인 역할을 담당하는 점에 대해 분명하게 인식하고 있으며 이를 초안에 반영하고 있다는 점을 강조해서 말씀드리고 싶습니다. 생물다양성과 생태계에 대한 사회와 경제 전반에 걸친 광범위한 의존성을 고려할 때 생물다양성 손실은 인류의 건강과 생활 그리고 경제에게 다층적인 위험과 위협을 초래하고 이는 기업과 금융기관에도 부정적인 영향을 야기할 것이라는 점은 분명해 보입니다.

포스트 2020 글로벌 생물다양성 프레임워크 초안은 기업 정책과 전략 그리고 운영상의 모든 의사결정에 있어서 생물다양성을 주류화하기 위해 기업과 금융기관들이 이행해야 할 지침을 강조하고 있습니다. 기본적으로 저희는 서식지와 생물 종 그리고 생태계에 대한 위험과 부정적 영향을 최소화하는 한편 긍정적인 영향을 강화하기 위해 모든 의사결정 과정에 있어서 생물다양성이라고 하는 고려사항을 조직적이고 효과적으로 통합하는 것에 중점을 두고 있습니다. 생물다양성의 손실을 복구하고 보존과 재생 그리고 지속가능성과 사회적으로 형평성 있는 활용을 위해 자본의 흐름을 이와 일치시키고자 노력할 것입니다. 이는 이른바 녹색 자산과 녹색 활동 부문으로 적절한 자금이 움직이도록 하는 것을 포함합니다. 이를 위해서는 생물다양성을 훼손하는 투자활동과 자산에서 비롯되는 위험과 피해를 줄이기 위한 공공부문과 민간부문 노력을 모두 배가해야 됩니다. 또한 생물다양성 손실 완화, 생태계 회복 및 재건, 오염 감축, 산림파괴 예방, 자연서식지 보존 정책 등 다양한 노력을 통해 손실을 억제하고 생물다양성을 증진해야 합니다. 이는 흔히 녹색 금융이라는 용어로 불리고 있습니다.

마지막으로 생물다양성이 기업과 금융기관에 미치는 영향과 의존도를 정확하게 파악하고 이를 기반으로 기업과 금융기관들의 관련 위험과 영향을 줄이기 위한 평가, 보고, 공시 체계를 마련할 것입니다. 올바른 정책과 규제환경을 조성하여 포스트 2020 글로벌 생물다양성 프레임워크가 제시하는 이정표에 해당하는 목표와 비전을 달성하는 것이야 말로 유엔(UN) 생물다양성협약 당사국총회의 가장 중요한 책무일 것입니다. 또한 개별 관할권들은 이를 실제 이행해 나가야 하는 책임을 가지고 있습니다. 2030년까지 기업과 금융기관들의 비즈니스 모델이 생물다양성 손실은 중단하고 전환을 뒷받침하기 위한 법률, 규제, 금융 환경과 물리적이고 상업적인 환경을 개발하고 개선하는 작업을 포함하도록 합니다. 기업과 금융기관들은 당장 지금부터 생물다양성이라는 중대한 고려사항을 사업 정책과 운영에 반영하여 각 기업의 녹색전환을 시작해야만 합니다. 우리에게는 규제 환경의 변화를 기다릴 시간적 여유가 없습니다. 국제 사회의 구성원으로서 우리 모두가 적극적으로 참여해야 하는 공동의 책임을 지고 즉각적이고 신속하게 행동에 나서 각 기업과 기관의 지향점이 글로벌 생물다양성 프레임워크 초안의 비전과 부합하도록 노력해야 합니다.

이미 이러한 과정에 참여하고 있는 여러 기관들이 있다는 점을 말씀드릴 수 있어 매우 기쁩니다. 또한 15차 생물다양성협약 당사국총회에 많은 기업과 금융기관들이 보내주신 관심과 성원에도 깊은 감사를 전하고 싶습니다. 이번 당사국총회는 기업과 금융기관들의 적극적인 참여와 소통을 특별히 중요하게 여기고 있으며 그만큼 모든 이해관계자 및 참여자분들께서는 이번 총회에서 이뤄지는 여러 논의들을 통해 도출된 결과들에 귀 기울이고 애정 어린 관심을 가져 주시기를 당부 드립니다. 이는 2030년까지 생물다양성 손실을 막고 이러한 흐름으로 전환하기 위한 장기적인 로드맵에 있어 필수적이고 유용한 요소들을 제공하며, 특히 2050년까지 글로벌 생물다양성 프레임워크의 비전을 달성하는 데 기여할 것입니다.

무엇보다 공시와 관련하여 한 가지 강조하고 싶은 점은 TNFD 이니셔티브와 포스트 2020 글로벌 생물다양성 프레임워크 초안은 상호간에 일맥상통한다는 것입니다. 물론 자연자본 관련 재무공시를 위한 태스크포스인 TNFD는 정책적 혹은 규제적인 차원에서 이뤄지고 있는 이니셔티브는 아닙니다. TNFD는 시장 주도 하의 자발적인 이니셔티브인 만큼 의무 공시사항과는 직접적인 관련성을 가지고 있지 않습니다. TNFD 프레임워크는 기본적으로 기업들이 자연자본 관련 리스크와 영향 그리고 기회를 파악, 평가, 분석, 보고하는 데 있어 중요한 방법론과 기술적 지침을 제공합니다. 이러한 보고 및 공시 체계는 생물다양성과 자연자본의 손실로 인해 초래된 다방면의 위험을 반영하는 데 있어 필수적인 만큼 기업의 전반적인 위험관리 프로세스에 포함돼야 합니다. 동시에 이는 기업의 금융전략 및 의사결정 과정에 있어 생물다양성이라는 아직까지 다소 생소한 개념을 성공적으로 주류화할 수 있는 수단이 될 것입니다. 저희의 분명한 목표는 기업이 직면해 있는 자연자본 관련 위험과 생물다양성 손실로 인한 부정적 영향을 줄여 나감과 동시에 긍정적 영향을 레버리지 할 수 있는 기회를 모색해 나가는 것이라고 할 수 있습니다.

우리금융그룹은 TNFD 포럼의 회원사 중 하나이며 TNFD 프레임워크 초안의 시범사업에 이미 참여하고 있고 이 과정에서 UNEP의 금융 이니셔티브인 UNEP FI와 적극적으로 협력하고 있습니다. 이러한 점이 우리금융그룹의 굳은 결의와 결실을 잘 보여준다고 생각합니다. 지속가능성을 구현하기 위해 선제적인 행동에 나설 뿐 아니라 자연자본 관련 위험과 영향, 기회가 포트폴리오에 어떠한 영향을 초래할 수 있는지에 대한 깊은 혜안을 가지고 있는 우리금융그룹에 진심 어린 찬사를 보내고 싶습니다. 우리금융그룹은 한국을 넘어 전 세계 금융 업계에 훌륭한 모범과 탁월한 리더십을 보여주고 있습니다. 그럼 남은 세션 동안 유익하고 좋은 시간 되길 바랍니다. 감사합니다.

기조연설

> [Highlight]
>
> 유엔사막화방지협약(UNCCD)가 최근 발간한 '세계 토지 전망 제2차 보고서'에서는 지구상 토지의 최대 40%가 이미 황폐해졌고 이로 인해 전 세계 인류와 GDP의 약 절반이 위험에 처해 있다는 점을 분명히 하고 있습니다. 현재 심각한 자연 훼손을 초래하는 투자 규모가 전 세계적인 자연 보존 노력의 규모를 연간 6000억 달러 이상 앞서고 있습니다. 또한 2050년까지 전 세계 인구가 90억명으로 증가하게 될 것으로 예상되는 가운데 이에 따라 중장기적으로 농산물 및 식량 수요도 두 배 가까이 급증할 것으로 전망되고 있습니다. 또 현재 추세가 지속될 경우 2050년까지 남아메리카 대륙 크기의 토지 면적이 추가로 훼손될 것이며, 이는 세계 경제에 23조달러 규모의 추가적인 비용을 초래할 것입니다.
>
> 안드레아 메자 무릴로(Andrea Meza Murillo)
> 유엔사막화방지협약(UNCCD) 사무차장

안드레아 메자 무릴로 사무차장: 존경하는 청중 여러분과 친애하는 동료 여러분, 이렇게 여러분 앞에서 발언할 수 있는 기회를 얻게 되어 매우 기쁘고 영광입니다.

잘 알고 계시다시피 토양과 물 그리고 생물다양성을 포함한 토지 자원은 우리 사회와 경제의 부와 복지를 위한 기본 토대를 제공하고 있습니다. 토지 자원은 기본적으로 우리 사회의 생존과 생활 양식을 구성하고 있는 음식, 물, 연료 등을 포함한 여러 원자재를 제공하며 급속도로 증가하는 다양한 필요와 욕구를 충족시키고 있습니다. 하지만 현재 우리가 이러한 천연 자원을 관리하고 사용하는 방식은 인류를 포함해 지구상의 수많은 종들의 건강과 생존을 위협하고 있습니다. 유엔사막화방지협약(UNCCD)가 최근 발간한 '세계 토지 전망 제2차 보고서'에서는 지구상 토지의 최대 40%가 이미 황폐해졌고 이로 인해 전 세계 인류와 GDP의 약 절반이 위험에 처해 있다는 점을 분명히 하고 있습니다. 현재 심각한 자연 훼손을 초래하는 투자 규모가 전 세계적인 자연 보존 노력의 규모를 연간 6000억 달러 이상 앞서고 있습니다. 또한 2050년까지 전 세계 인구가 90억명으로 증가하게 될 것으로 예상되는 가운데 이에 따라 중장기적으로 농산물 및 식량 수요도 두 배 가까이 급증할 것으로 전망되고 있습니다. 또 현재 추세가 지속될 경우 2050년까지 남아메리카 대륙 크기의 토지 면적이 추가로 훼손될 것이며, 이는 세계 경제에 23조달러 규모의 추가적인 비용을 초래할 것입니다. 식량, 사료, 섬유, 바이오 에너지 생산 등의 광범위한 수요를 충족시키기 위한 농업 목적의 토지 전환이야 말로 토지 용도 변경을 초래하는 핵심 동력으로 작용하고 있습니다. 그런데 우리가 기본적으로 생산하고 소비하는 방식을 바꾼다면 기후변화로 인한 부정적 영향을 완화하는 한편 미래 세대를 위해 경제를 보호하고 '토지 황폐화 중립 세계'(land degradation-neutral world, 전 세계 사막화 및 토지 황폐화를 막고 산림 등 자연 토지의 지속가능한 세계)를 달성하는 데 기여할 수 있을 것입니다. 따라서 이러한 전환 과정은 토지 퇴화와 생물 다양성 손실로 인한 파괴적 영향을 역전시킬 수 있는 엄청난 잠재력을 가지고 있습니다.

한편 미래세대의 생존을 위협하지 않는 형태의 지속가능한 공급망 확보를 위해서는 생태계 복원과 보호를 위한 민간 부문의 적극적 참여가 매우 중요합니다. 따라서 이렇게 많은 분들께서 오늘 컨퍼런스에 열의를 가지고 참여하고 있다는 사실은 실제 많은 이들이 긍정적 변화를 만들어갈 준비가 되어 있으며 해결책의 일부가 되기 위해 기꺼이 헌신하고 있다는 점을 잘 보여준다고 생각합니다. 그렇다면 우리는 구체적으로 과연 어떠한 행동을 취해야 할까요? 무엇보다 자연친화적 투자 규모는 2030년까지 현재의 세 배 수준으로 증가해야 하며 이를 위해 지속적인 성장을 거듭해야 합니다. 그러나 아직까지 해당 분야에 대한 대부분의 투자는 공공 부문의 주도 하에 이뤄지고 있습니다. 이제는 민간 부문도 인류와 지구가 공존하고 번영할 수 있는 변화를 실행해 나가기 위한 자금을 조달하고 관련 투자를 강화해 나가야 합니다. 뿐만 아니라 실질적 변화를 만들어 내기 위해 올바른 목소리를 내고 행동을 취해야 하며 이를 위한 움직임을 당장 시작해야만 합니다. 자연을 위한 긍정적 변화와 결과를 적극 지원하고자 모든 생산적 역량을 다시금 고찰 한다면 이는 분명 궁극적으로 인류에게도 커다란 사회 경제적 이익을 안겨줄 것입니다.

우리는 이제 토지와 토양을 ESG 표준의 필수 요소로 고려하는 방향으로 사고를 전환해야 합니다. 이를 기반으로 지속가능개발 목표를 달성하는 한편 건강하고 생명력 있는 지구와 인류를 만들어갈 지속가능한 방식의 생산과 소비를 보장하기 위해 민간 부문의 전문성과 자금 그리고 혁신과 솔루션을 광범위하게 활용해야 합니다. 또한 이와 동시에 최근 빠르게 증가하고 있는 이른바 '의식 있는 소비자'들이 소비하는 제품의 공급망의 투명성과 책임성 개선을 요구하고 그들의 구매력을 활용할 수 있도록 지원해야 합니다. 이에 따라 저는 전 세계 각국의 여러 투자자 및 기업가 여러분을 UNCCD에서 추진하고 있는 토지사업 이니셔티브에 정중히 초청하고 싶습니다. 코트디부아르 아비장에서 처음 시작된 해당 이니셔티브는 기업의 공급망 및 CSR 활동에 있어 토지황폐화 중립을 달성하기 위해 참여 기업들의 노력과 헌신을 가시화하는 것을 목표로 하고 있습니다. 이미 미로바, 엘릭스 재단, GS물류, 현대 리바트, 세계지속가능발전협의회 등 다수의 기업과 재단이 참여하고 있고 오늘 컨퍼런스의 공동 주최자이기도 한 우리금융그룹도 중요한 참여자로서 저희와 적극적으로 협력해 나가고 있습니다. 앞으로 더 많은 분들께서 저희의 노력에 동참해 주시기를 부탁드립니다.

동료 여러분, 그리고 청중 여러분, 토지 복원은 근본적으로 미래 세대와 우리 경제, 지구를 보호하고 지속 가능한 방식으로 관리될 세상을 위해 커다란 기회를 창출하는 과정과 맞닿아 있습니다. 그렇기 때문에 우리는 더 늦기 전에 토지와 자연 그리고 기후와 인류를 위해 함께 단결해야 합니다. 지금까지 경청해 주셔서 대단히 감사합니다.

발표

> [Highlights]
>
> 최근 파키스탄의 대홍수 사례를 통해 알 수 있듯이 여성 및 어린 아이들과 같이 사회적으로 취약한 계층이 기후변화로 인한 위험에 가장 직접적으로 노출되면서 사회 계층 간의 불균형적인 영향도 심각한 사회 문제로 지목되고 있습니다.
>
> 오윤 산자수렌(Oyun Sanjaasuren)
녹색기후기금(GCF) 대외협력국장/前 유엔환경총회 초대 의장
>
> ---
>
> 기후변화로 인해 최근 대홍수, 가뭄, 폭염, 산불 등이 과거보다 훨씬 규모도 크고 자주 발생하고 있습니다. 이러한 기후변화로 인한 피해인 질병, 식량부족, 민생피해, 자연파괴 등이 국가와 인종을 가리지 않고 범지구적으로 발생하고 있고 이주민, 난민, 무력분쟁, 국가부도, 자국보호주의 등 매우 복합적이고 극단적인 결과가 나타하고 있습니다.
>
> 우리가 만들어가는 더 나은 세상을 위해 금융을 활용해 환경적 측면에서 녹색금융과 신재생 에너지 등의 분야에 대한 지원을 확대하고, 함께하는 사회를 위해 취약계층 등 포용적 금융을 확대하여 지속가능성을 중시하는 고객과 기업에 더 많은 기회를 제공하는 것이라 생각합니다.
>
> 박종일
우리금융지주 부사장

오윤 산자수렌 국장: 청중 여러분 안녕하십니까? 저는 송도에 본사를 두고 있는 녹색기후기금(GCF)을 대표해 오늘 이 자리에 참석하였습니다. 이렇게 뜻깊은 자리에 초대받게 되어 매우 기쁘고 영광이며, 오늘 컨퍼런스의 대주제가 지속가능한 금융이라는 점에서 여러분 앞에서 발표할 기회를 얻게 되어 더욱 기쁘게 생각합니다. 발표를 시작하기에 앞서 이번 컨퍼런스를 통해 우리가 스스로에게 물어봐야 할 중요한 질문이 있다면 다음 문장으로 요약될 수 있다고 생각합니다. 공공 부문과 민간 부문 그리고 시민사회를 구성하

는 모든 시민들은 지속가능한 미래와 자연 그리고 순환경제를 달성하기 위해 어떻게 함께 협력해 나갈 수 있을까요? 또한 동시에 기후위기에는 어떻게 대응할 수 있을까요?

먼저 오늘 발표는 한국의 기후위기 대응 노력에 대한 긍정적인 평가로 시작하고자 합니다. 한국은 이러한 노력에 앞장서고 있는 글로벌 주요 기관들과 함께 오늘과 같이 국제적인 토론과 담론을 위한 개최지로서 특별한 역할을 담당하고 있을 뿐만 아니라 저희 GCF의 글로벌 본사 유치에 성공해 기후문제 해결에 있어 중요 역할을 수행해 나가고 있습니다. 저는 이 점에 대해 매우 기쁘고 감사하게 생각하고 있습니다. GCF는 현재 140개 이상의 국가와 협력하고 있는데 이 가운데 한국은 이사회 일원일 뿐만 아니라 앞서 말씀드린 것과 같이 저희가 본사를 두고 있는 핵심 국가입니다. 저는 한국이 2050년까지 탄소중립 달성 목표를 공식화하고 기후중립의 기초가 되는 중요 법안을 승인한 것을 높게 평가합니다. 뿐만 아니라 GCF를 통해 보다 친환경적이고 탄소 중립적이며 깨끗한 경제로 전환하기 위한 작업에 착수한 일부 개도국을 적극적으로 지원하고 있는 것에도 매우 감사하게 생각하고 있습니다.

이제 이틀 후 이번 COP27의 개최지인 이집트 샤름 엘 셰이크에 수천 명의 참가자들이 모이게 될 것입니다. 100명 이상의 정부 수반과 국가원수, 협상가, 언론, 민간부문, CEO, 시민사회 대표들이 이번 당사국 총회에 참석하기 위해 한 자리에 모일 것입니다. 이는 과거 1992년도에 첫 번째 기후협약이 승인된 지 30년 만의 일이고 지난 2015년 기념비적인 파리협정이 승인된 지 7년 만의 중요한 국제적인 모임이 될 것입니다. 사실 한국은 파리협정 승인 직전 녹색기후기금 본사 유치에 성공한 바 있습니다.

2023년은 GCF가 한국에서 출범한 지 10년째 되는 해이고 저희의 첫 번째 자금 조달 제안이 승인된 지 7년을 맞이하는 중요한 해입니다. 현재 저희는 140개국을 대상으로 재정적으로 승인된 약 400억 달러 규모의 적응 완화 프로그램을 보유하고 있습니다. 이 가운데 100억 달러 이상이 GCF이 자체적인 자금을 통해 지원되고 있으며 나머지는 공동 개발자로부터 지원을 받고 있습니다. 자금의 3분의 1가량은 민간 부문에 투입되고 있으며 저희는 궁극적으로 민간 부문과 긴밀히 협력해 나갈 수 있기를 희망하고 있습니다. 앞서 말씀드린 바와 같이 자연과 순환경제 그리고 기후위기를 위한 자금조달의 필요성은 과거 어느때 보다도 높아지고 있습니다.

그런데 다음 주 샤름 엘 셰이크에서 개최될 모임은 현재 인류와 지구가 직면해 있는 기후위기의 어두운 심각성을 상기시키기도 합니다. 기본적으로 기후위기 문제를 바라보는 시각이 두 가지로 크게 양분되고 있는데, 첫 번째 관점은 기후 조치 및 행동이 매우 시급하고 절실하며 따라서 각국은 파괴적이고 재앙과도 같은 미래가 도래하는 것을 막고 최소한의 희망을 유지하기 위해서라도 화석연료에서 청정 에너지로의 전환을 가속화해야 한다는 것입니다. 최근 우리는 이미 대규모 홍수와 가뭄, 폭염, 산불 등의 광범위하고 동시다발적인 자연재해 발생을 목격하고 있습니다. 이미 적정 온도를 넘어 과열됐으나 지구 표면 및 해수면의 온도가 1℃씩 추가 상승할 때마다 전 세계 인류가 직면하는 위험의 강도와 범위도 그에 비례해 증가합니다.

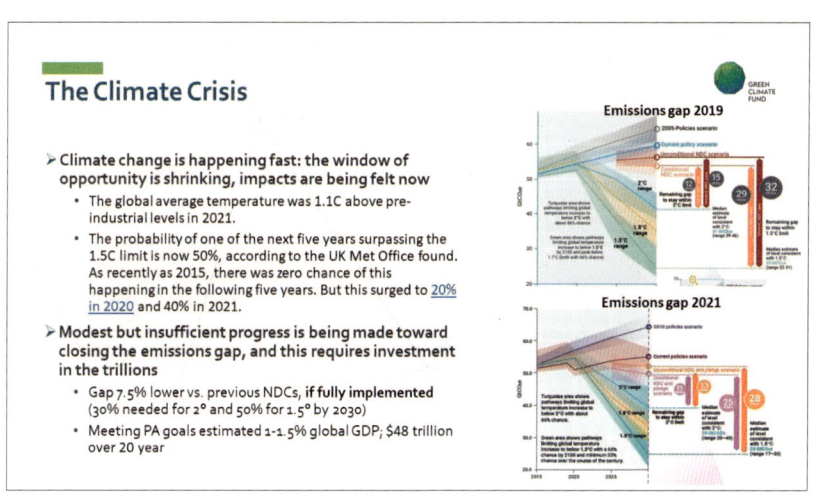

이에 관한 슬라이드를 보여드리겠습니다. 인류가 1.5℃ 추가 온도 상승에 도달할 확률은 지난 몇 년 사이 극적으로 증가했습니다. 불과 10년 전만 하더라도 이러한 가능성은 매우 낮았거나 없었지만 최근 온도 상승이 가속화되면서 기후위기가 우리가 예상했던 것에 비해 훨씬 빠르게 진행되고 있다는 점은 상당한 경각심을 일깨워 줍니다. 이는 안토니오 구테레스 UN 사무총장이 몇 년 전 언급했던 문제이기도 합니다. 또한 최근 파키스탄의 대홍수 사례를 통해 알 수 있듯이 여성 및 어린 아이들과 같이 사회적으로 취약한 계층이 기후변화로 인한 위험에 가장 직접적으로 노출되면서 사회 계층 간의 불균형적인 영향도 심각한 사회 문제로 지목되고 있습니다.

이와 동시에 세계 경제는 현재 수십년래 가장 깊은 경기침체기를 겪고 있습니다. 포스트 코로나 시대의 건강, 경제, 재정적 과제들은 최근 극심한 변동성을 보이고 있는 에너지 및 농산물 가격과 인플레이션, 혹은 스태그플레이션 등의 복합적 영향으로 인해 더욱 악화됐습니다. 물론 러-우 전쟁은 석유, 에너지, 식량 가격의 상승과 물류 및 운송 가격 등 전 세계적으로 광범위한 물가 상승을 야기한 주요 원인으로 작용했고 그 결과 우리는 경제 전반에서 걸쳐 헤드라인 및 근원 소비자 물가의 상승과 누적된 상승세로 인한 부작용을 상당 기간에 걸쳐 경험하고 있습니다. 사람에 따라서는 기후 문제의 해결이 가장 중요하고 시급하다고 말할 수도 있으나 이와 동시에 극복해야 할 당장의 문제에도 직면해 있는 것이 현실입니다. 최근 탈세계화 및 지정학적 불확실성 증대 등으로 인해 초래되고 있는 이러한 문제들은 전통적인 안전과 평화와 직결되는 성격을 가지고 있습니다. 그렇기 때문에 많은 정책 결정자와 시민들에게 가장 중요한 정책 의제로 부각될 수 있습니다.

동시에 우리는 기후변화가 인류와 지구에 초래할 위험을 전방위적으로 확대하고 가중시킬 수 있는 이른바 '위협승수론(threat multiplier)'에 대해서도 인지하고 있습니다. 데이비드 루벤스타인 칼라일 그룹 회장도 앞서 오찬 특별 연설을 통해 기후변화와 기후위기가 인류에게 실질적으로 커다란 위험과 생존위협을 야기하는 일종의 승수로서 작용한다는 점을 분명히 강조했습니다. 기후변화는 전 세계가 공동으로 직면하고 있는 위험이며 우리 모두가 책임져야 할 문제입니다.

그럼에도 다른 한편으로 희망적인 소식도 존재합니다. 비록 지난 몇 년간 기후변화, 자연재해, 극단적 날씨와 생물다양성 손실에 대한 적극적 대응 능력 부재로 인한 위험이 국제사회를 지배해 왔지만 동시에 우리는 전 세계적으로 각국 정부가 주체가 되어 중요한 모멘텀을 구축하는 과정도 목격할 수 있었습니다. 특히 이는 지난 24개월간 급속도로 진전됐는데 탄소중립 달성을 위한 각국간의 경쟁이 본격화됐고 이를 위한 정치적 의지를 실현시켜 나갔습니다. 한국은 2년 전 2050년까지 탄소중립 달성 목표를 발표했고, 유럽의 대다수 국가들과 더불어 미국의 조 바이든 행정부 그리고 일본 정부에 이르기까지 모두 2050년까지 탄소중립 달성 목표를 공식화했습니다. 인도는 2070년까지를 달성 목표 기한으로 설정했습니다. 전체 140개국의 공약을 살펴보면 세계 경제의 90%와 총 탄소배출량의 80%가 여기에 해당됩니다. 따라서 분명 희망은 존재합니다. 특히 젊은 세대를 중심으로 일반 대중의 관심과 지지가 증가하고 있는 점은 매우 고무적인 변화입니다.

하지만 보다 중요한 것은 탄소중립 달성을 위한 모든 공약과 각국간 경쟁은 이제 실질적인 행동으로 구체화돼야 한다는 점입니다. 작년에 글래스고에서 개최됐던 COP26에서 우리는 몇 가지 중요한 측면에서의 개선을 목격했는데 다음 주에 개최될 COP27에서도 이와 같은 긍정적 변화를 달성해 나갈 수 있길 기대합니다. 특히 올해는 민간 부문과 금융업계 내에서 이번 COP27총회에 거는 기대가 큰 것으로 알고 있습니다. 현재 우리가 직면해 있는 도전이 그만큼 심각하다는 사실을 방증하기도 하는데, 이미 인류의 생존과 번영을 위협하는 수준까지 진행된 지구 온난화로 인한 위험을 제한하고 제거하는 데 필요한 모든 변화와 변혁의 규모를 다시 한 번 고려할 수 있길 바랍니다. 역으로 생각해 보면 이러한 대대적인 변화는 앞으로 새롭게 다가오는 기회를 암시하는 것일 수도 있습니다. 따라서 앞으로 2030년까지 우리에게 주어진 10년 남짓한 시간이 매우 중요합니다. 자연과 기후활동의 10년으로도 불리는 이 기간 동안 탄소 배출량을 절반으로 줄이고, 그 이후 또 다시 10년 간 배출량을 절반으로 줄이는 방식으로 2050년까지 넷제로에 도달해야 합니다.

한편 생물다양성과 관련해서는 직전의 엘리자베스 므레마 생물다양성협약 사무총장의 발표를 통해 알 수 있었듯이 생물 다양성 손실을 다시 되돌리고 토지 복구 및 복원 목표를 달성하는 것은 매우 중요 의제라고 생각합니다. 동시에 이는 매우 방대하고 광범위한 작업이기도 합니다. 인류와 지구를 파괴할 잠재력을 지니고 있는 향후 10년이라는 시간은 심각한 도전이기도 하지만 엄청난 기술적 진보와 혁신을 촉진하는 거대한 기회를 창출할 수도 있습니다. 이를 통해 탄소중립 경쟁의 최전방에 있는 이들의 의미 있는 진전을 가능케 할 것이라고 생각합니다.

금융은 이러한 중요한 변화의 중심에 있습니다. 금융은 체계적인 변화를 촉진하고 이끌어가는 핵심 원동력을 제공합니다. 최근 금융업계 내의 점차적으로 더 많은 수의 은행, 투자자, 금융가, 자산관리자들이 그들의 투자행동과 의사결정을 파리 협정을 비롯한 지속가능개발 원칙과 일치시키기 위한 노력에 나서고 있습니다. 업계 내외에서는 기업들이 그들의 위험관리와 의사결정 과정에 기후변화 관련 위험과 기회를 반영해야 한다는 요구가 높아지고 있습니다. 여기에는 석탄 관련 사업에 참여하고 있는 기업들에 대한 대출을 중단하는 것도 포함됩니다. 투자자들은 점차 기후위험도 투자 위험의 일부라는 사실을 인식하고 있으며 따라서 위험을 관리하기 위해 이와 관련된 기업의 계획에 대해 보다 자세하게 알기를 원하고 있습니다. 그리고 결과적으로 기후변화의 위험과 경제적 비용이 과소평가되고 있다는 인식은 증가하고 있습니다. 생물다양성 및 기후위기 등의 이른바 자연 위험도 점차 더 중요하게 인식되고 있는 전 세계적 위험 중 하나라는 점은 분명한 사실입니다. 이와 관련해 저희 GCF는 개도국의 지속가능하고 환경 친화적 경제 개발 경로로의 도약을 지원함으로써 기후위기 대응 노력에 기여하고자 합니다.

　　보고계신 슬라이드 왼쪽 상단에 있는 사진은 저의 고국인 몽골에서 촬영된 사진입니다. 몽골의 유목민들은 과거 수백 년간 자연과 조화를 이루는 전통적인 방식으로 생활을 영위해 왔고 기후변화에는 크게 관여하거나 기여하지 않았습니다. 그러면서도 저희 선조들은 어떻게 한 목초지에서 다른 목초지로 이동해야 하는지, 언제 목초지를 쉬게 해야 하는지, 그리고 자연과 땅을 어떻게 깨끗하게 유지할 수 있는지 등을 경험적으로 배우고 체득했습니다. 왜냐하면 이것이 곧 그들의 생계 수단이었기 때문입니다. 그러나 불과 수십 년 사이 계절이 급격히 변화하면서 그들의 생활 터전이었던 목초지가 황폐화되며 사막화가 빠르게 진행되고 빙하가 녹는 등 엄청난 대자연의 변화를 겪고 있습니다. 빙하가 녹는다는 것은 결국 물의 원천이 줄어든 다는 것을 의미합니다. 심지어 최근에는 몽골 내 영구 동토층이 녹는 현상마저 목격되고 있습니다. 이러한 자연 환경 변화로 인해 몽골의 유목민들은 어떻게 기후변화에 대응하고 적응해 나가야 하는지에 대한 방향성을 완전히 상실한 상태입니다. 슬프게도 저는 몽골의 사례가 기후위기에 취약한 수많은 국가들의 모습을 잘 대변하고 있다고 생각합니다.

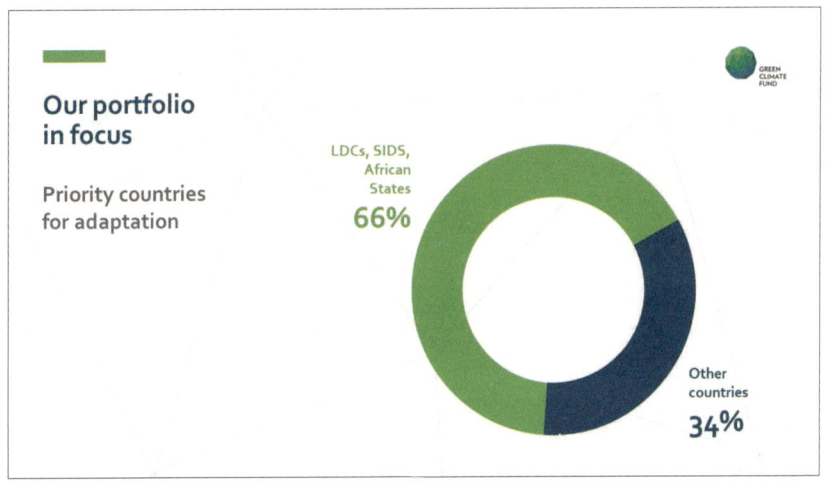

　앞서 140개 개발도상국에 대한 공동 투자에 대해 말씀드렸는데 저희는 특별히 이른바 SDIS(small island development states)로 불리는 작은 섬 국가들과 아프리카 대륙의 일부 국가 등 최빈국에 집중하고 있으며 해당 국가 그룹에 50% 이상의 자금을 투자하고 있습니다. 이와 동시에 적응 분야에도 적극 투자하고 있습니다. 그러나 개도국에 대한 기후금융 지원 자금 규모를 확대하는 것만으로는 충분하지 않다는 사실을 강조하고 싶습니다. 투자 자금을 활용해 코로나19 팬데믹 극복과 녹색 회복을 위한 공동의 이익을 창출하는 것도 중요합니다. 물론 핵심은 결국 혁신에 달려있다고 할 수 있습니다. 단순히 특정 프로젝트 혹은 프로그램에서 나아가 정책과 규제 전반을 혁신하는 것도 매우 중요합니다.

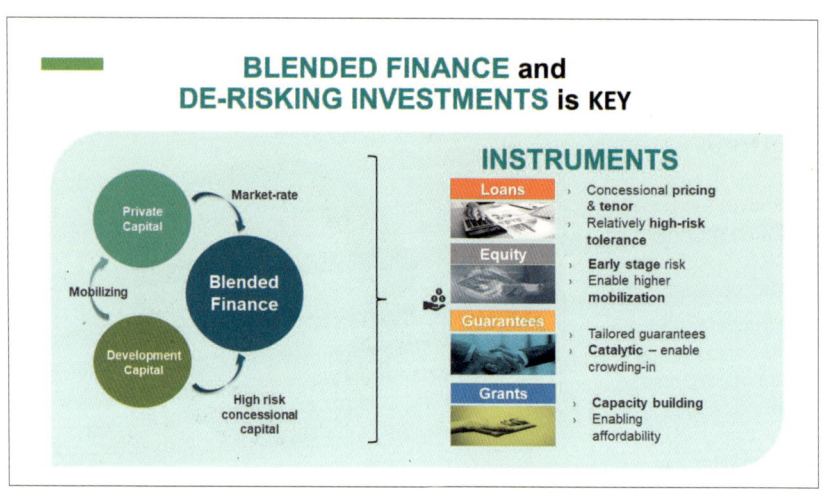

　그렇다면 우리는 어떻게 국가 기후 정책과 파리 협정을 통합시킬 수 있을까요? 어떻게 하면 역량 강화와 기술적 혁신 뿐 아니라 담당 기관의 혁신을 지속적으로 달성해 나갈 수 있을까요? 한가지 흥미로운 예시를 말씀드리면 저희는 자금의 3분의 1을 민간 부문에 투입하고 있는데 여기에 양허성 대출 승인부터 세계은행, 아시아개발은행, 그리고 다양한 개발은행 및 글로벌 금융기관과의 유연한 연합도 고안하고 제시하고 있습니다. 대부분이 소액의 보조금이나 전형적인 양허 대출의 형태를 띠고 있는데, 저희는 개발도상국들이 저탄소 투자로 도약할 수 있도록 돕기 위해 최대한 유연한 금융조합을 활용하려고 노력합니다. 보증이든, 지분 상품이든, 매우 양허적인 부채든 금융 상품의 형태에 크게 제한을 두지 않고 있기 때문에 필요에 따라서는 큰 규모의 보조금을 포함시키기도 합니다. 이를 통해 민간 및 특정 집단은 투자와 최소 손실 자본 및 부채, 고정 투자 등 혼합된 형태의 금융을 활용할 수 있습니다. 이러한 유연성은 보조금 지원 역량 구축 프로젝트 준비, 시설 등으로부터 지원을 받을 수 있는 금융 상품 운영을 가능하게 하며 기금들이 새로운 재무 구조를 추진해 녹색시장 창출을 지원할 수 있게 합니다. 저희는 공인된 기관 및 파트너와 함께 협력하고 있는데 이들은 다양한 기후 해결책과 혁신의 중심지로서 기능하고 있습니다. 뿐만 아니라 저희는 초기 단계의 프로젝트 개발을 지원하기 위해 민간 부문과 공공 부문의 위험을 동시에 제거하기 위해 노력하고 있습니다.

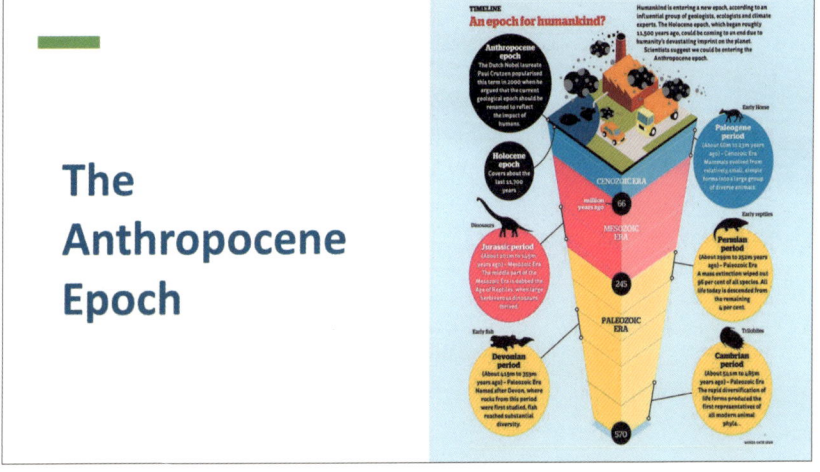

　　이제 다음 슬라이드와 함께 발표를 마무리 짓고자 합니다. 불과 100년 전에 비해 전 세계 인구는 10배가량 증가했는데 이는 단지 인구 규모의 증가만을 의미하지 않습니다. 이 방에 계신 여러분 모두의 1인당 소비는 과거 수렵 농경 사회에 비해 10배 가까이 증가했습니다. 따라서 인구가 10배 늘어날 때 이와 별도로 소비도 10배 가까이 증가했기 때문에 이는 결과적으로 지구가 100배 가까이 증가한 소비를 흡수하고 유지해야만 한다는 것을 시사합니다. 따라서 저는 이제 우리가 현재 직면해 있는 다양한 도전 과제들을 적극 인식하고 해결책의 일부가 되기 위한 행동에 나설 것을 촉구 드리고 싶습니다. 인류에게는 자연과 지구에 대혼란은 야기하지 않기 위해 행동해야 한다는 막중한 책임이 있습니다. 이렇게 여러분 앞에서 발표할 수 있는 기회를 주셔서 다시 한 번 감사드리며 지금까지 제 발표에 경청해 주셔서 감사합니다. 그럼 다음 연사로 한국환경연구원의 조지혜 자연순환연구실장을 여러분께 소개하겠습니다. 대단히 감사합니다.

조지혜 실장: 안녕하세요. 한국환경연구원 자원순환연구실장 조지혜입니다. 전 세계적으로 기업의 지속가능성에 대한 인식이 확대되면서 ESG를 경영 전략의 새로운 패러다임으로 주목하고 있는 가운데 저는 ESG 시대에 순환경제의 기회와 향후 과제에 대해 말씀드리고자 합니다.

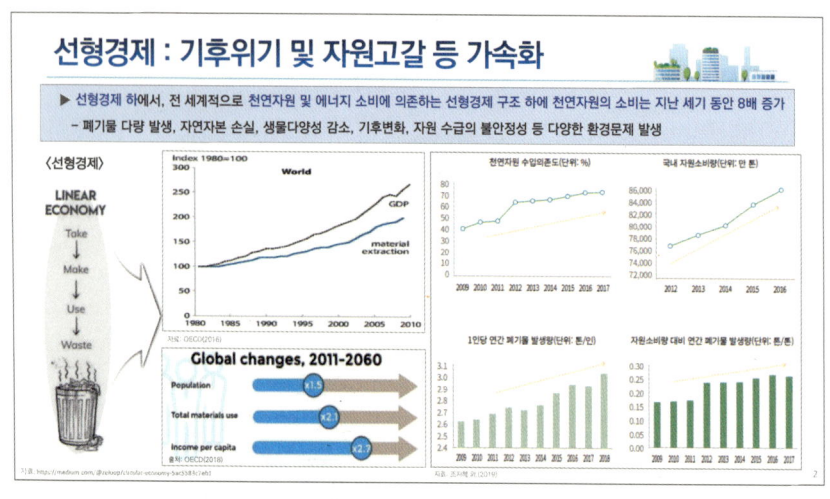

우선 지금과 같이 다량의 제품을 생산하여 소비한 후 대부분 폐기하는 선형경제 구조 하에서는 다량의 폐기물이 발생할 수밖에 없으며 또한 폐기물 발생량이 지속적으로 증가함에 따라 다양한 환경적, 사회적 문제가 야기되고 있습니다. 이외에도 제품 제조에 투입되는 천연자원을 채굴하고 가공하는 과정에서부터 제품을 생산, 소비, 폐기하는 전 과정에서 상당량의 온실가스가 배출되고 있어 기후위기에도 중대한 영향을 미치고 있습니다. 지속가능한 발전을 지속해 나가기 위해서는 이러한 자원 소비적인 선형경제로부터 자원

효율적인 순환경제로 전환해 나가야 합니다. 여기서 지속가능발전이란 자연 생태계의 수용범위 내에서 투입과 산출이 전체적으로 균형을 이루는 성장을 의미합니다.

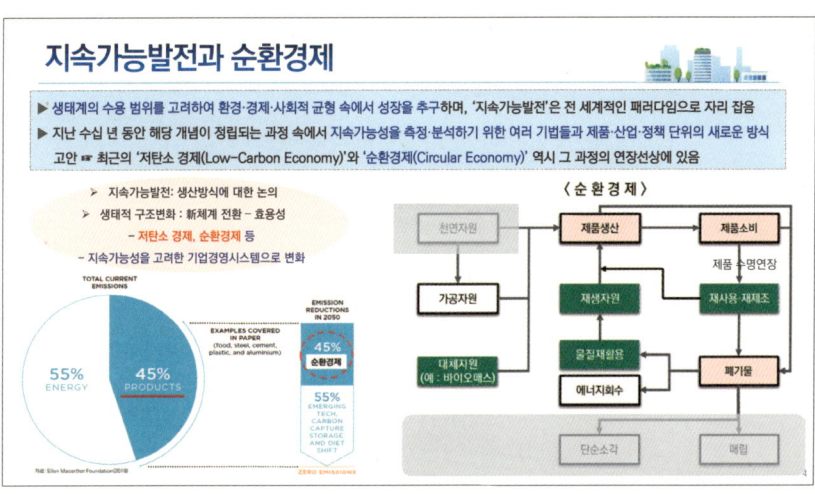

지구의 유한성에 대한 문제의식이 제기된 이후 자원소비와 경제성장이 디커플링되는 경제 시스템인 순환경제로 전환해 나가기 위해 2010년 이후 관련 정책이 본격화되고 현재 탄소중립과 연계하여 확산되고 있습니다. 화면 상의 자료를 통해 보실 수 있듯이 전 세계 온실가스 배출의 45%가 제품과 관련돼 있는 만큼 탄소중립을 실현을 위해서는 에너지 전환도 중요하지만 이에 못지않게 자원 이용의 효율성과 순환성을 강조하는 순환경제가 중요한 역할을 담당하게 될 것입니다. 순환경제는 폐기물 발생을 원천적으로 억제하기 위해 제품 생산과 소비단계에서부터 자원 사용을 줄이고 재사용, 재활용 등을 통해 제품의 가치와 수명을 최대한 연장시키는 새로운 경제 시스템입니다. 또한 재활용을 통해 생산된 재생원료를 다시 산업계에 투입함으로써 완결적 순환 체계인 일명 폐쇄 루프(closed loop) 구축을 지향하고 있습니다. 이를 통해 천연자원 채굴과 가공에 소요되는 에너지 사용을 줄이고 폐기물 매립과 소각에 따른 온실가스 배출 저감에도 기여할 수 있습니다. 저탄소 순환경제 체계는 보다 지속가능한 방식으로 발전해 나가기 위한 핵심수단이라 할 수 있습니다.

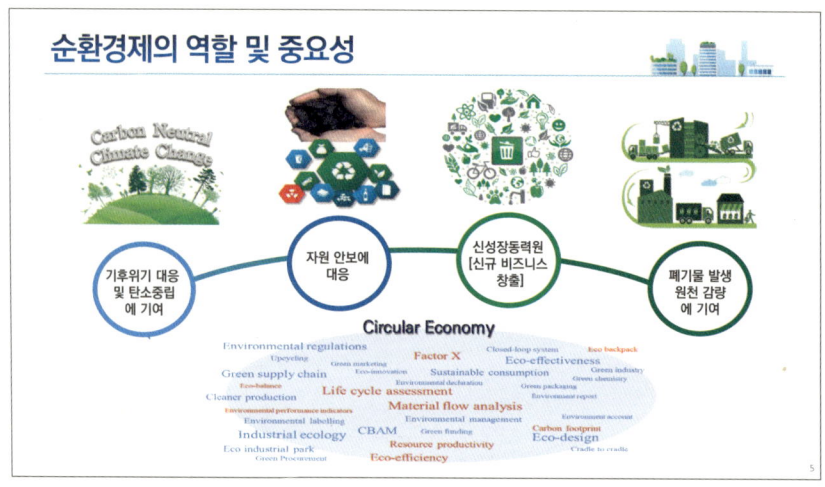

또한 순환경제는 앞서 말씀드린 폐기물 감량과 탄소중립에 기여할 뿐만 아니라 자원 안보 측면에서도 중요한 대응 방안이 될 수 있습니다. 최근 러시아 등 일부 자원보유국의 수출통제를 통한 자원무기화가 확산되고 있고 글로벌 친환경차 보급 등에 따라 핵심 원재료인 희금속 확보경쟁이 가속화되고 있는 만큼 자원 수급 이슈에 대응하는 측면에서도 순환경제가 주목받고 있습니다. 자원 재활용과 재생원료 시장 확대를 통해 제품 제조에 투입되는 천연자원과 희유금속 등 원자재를 대체할 수 있기 때문입니다. 이와 함께 순환경제를 통해 신규 비즈니스 모델이 창출되고 이로 인해 새로운 부가가치와 일자리를 만들어 낼 수 있는 만큼 순환경제는 신성장 동력 측면의 새로운 기회로도 주목받고 있습니다.

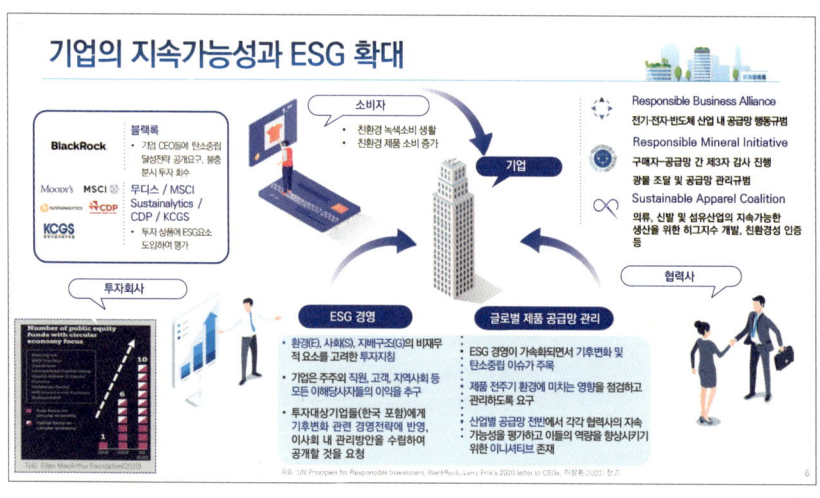

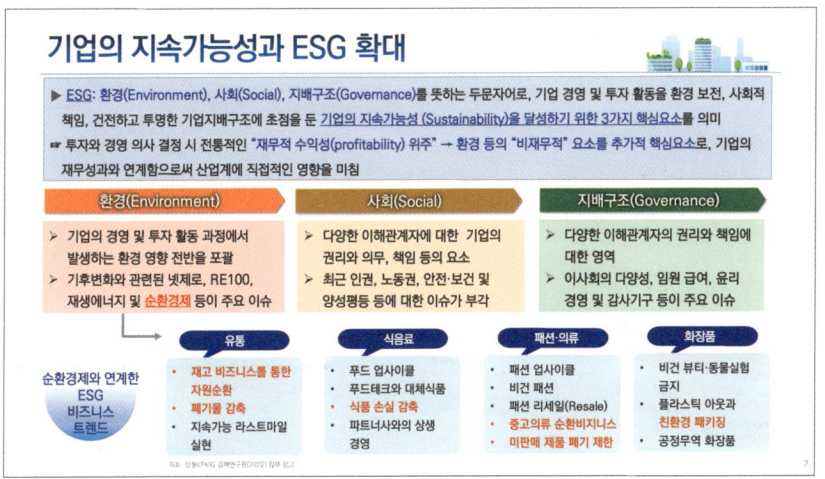

　이와 같이 지속가능성이 중요해짐에 따라 환경 등을 고려한 기업의 ESG 경영전략 또한 강조되고 있습니다. 자산운용사 블랙록을 비롯해 전 세계 다수의 핵심 투자자가 중요성을 강조하면서 본격적인 ESG 시대의 서막이 올랐고, ESG 경영이 가속화되면서 기후변화, 탄소중립, 순환경제가 주목받고 있습니다. 특히 제품 전주기에 걸쳐 환경영향을 최소화하는 방향으로 설계 단계부터 순환경제 요소를 반영하고 있고 공급망 전반에서 지속가능성을 높이기 위한 이니셔티브도 발표되고 있습니다. 또한 저탄소 소재나 재생원료를 확보하기 위한 공급망 관리도 중요해지고 있습니다. 이에 따라 순환경제는 ESG 경영에 있어 반드시 고려되어야 할 요소로서 자리매김하고 있습니다. ESG는 환경, 사회, 거버넌스의 영문 첫 글자를 조합한 단어로 기업 경영에 있어 지속가능성을 달성하기 위한 세 가지 핵심 요소를 의미합니다. 지금까지는 재무적 수익성 위주로 투자와 경영 의사가 결정됐다면 이제는 환경 등의 비재무적 요소가 추가적인 핵심 요소로 부각되면서 기업의 재무성과와 연계함으로써 산업계에 직접적인 영향을 미치고 있습니다. 이러한 배경에서 철강, 석유화학 등 제조업종 뿐만 아니라 유통, 식음료, 패션의류, 화장품 등의 다양한 업계에서 순환경제와 연계한 ESG가 기업 경영의 핵심으로 빠르게 부상하고 있습니다.

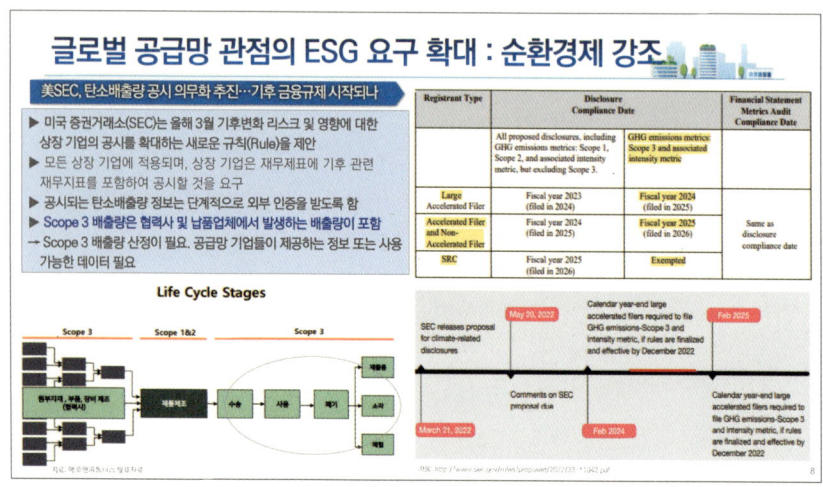

　한편 미국의 증권거래소(SEC)는 올해 3월부터 상장기업들을 대상으로 탄소배출량 공시 의무화를 추진하고 있습니다. 이는 모든 상장기업에 적용될 예정이며 상장기업들이 재무제표에 기후 관련 재무지표를 포함해 공시할 것을 요구하는 내용입니다. 특히 기존에는 사업장 단위의 직접, 간접 배출량인 Scope1(유효 범위)과 Scope2를 대상으로 했다면 이제는 Scope3로 범위를 확대하는 내용을 포함하고 있습니다. 그림에서 보시는 바와 같이 Scope3는 원부자재, 부품, 장비제조에서부터 제품의 유통, 사용, 폐기에 이르기까지 제품 전(全) 주기 탄소배출량에 적용되는 사항입니다. 이에 따라 앞으로는 상장기업에 납품하는 업체나 협력업체들도 관련 탄소배출량 정보를 제공해야 하고 탄소관리가 병행되어야 합니다. 이에 따라 순환경제 관점에서 제품 전주기에 걸친 온실가스 배출량을 감축하기 위한 기업의 노력과 함께 탄소발자국 산정에 필요한 데이터 확보 등 정부 차원의 적극적인 산업적 지원도 필요합니다.

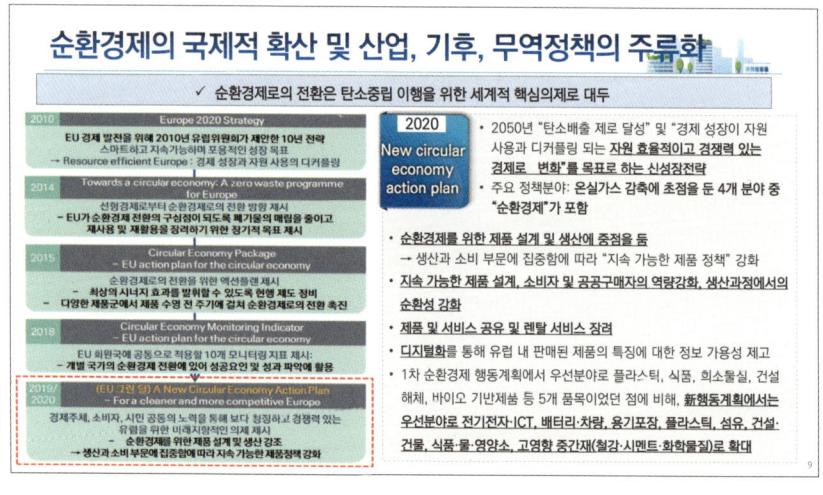

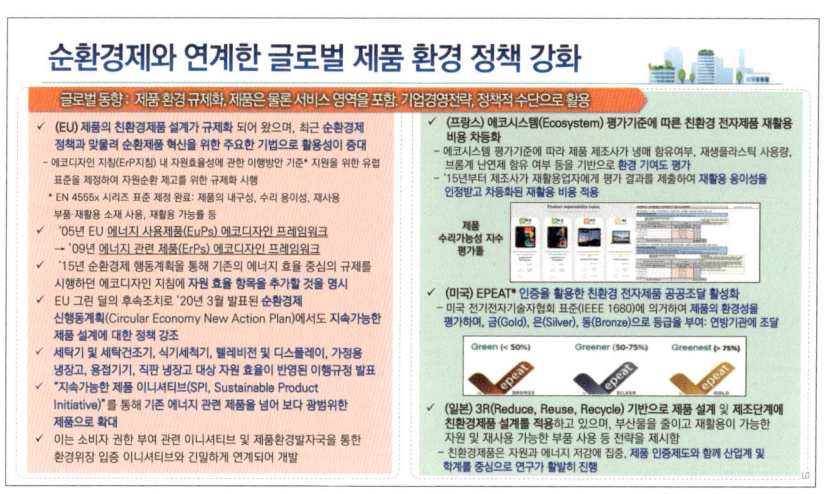

 순환경제로의 전환은 탄소중립 이행을 위한 세계적 핵심의제로 대두되고 있으며 이제는 폐기물 혹은 자원순환 정책을 넘어 기후, 산업, 무역정책으로 주류화되고 있습니다. 특히 EU에서는 2010년부터 순환경제 정책 필요성이 제기됐고 2015년 순환경제 패키지를 통해 제품 전주기적 관리를 강화해 나가고 있습니다. 이러한 움직임은 국제 사회 내에서도 빠르게 확산되고 있습니다. 특히 2019년 발표된 그린딜에서도 탄소중립과 자원효율경제를 달성하기 위해 순환경제가 핵심분야로 제시하고 있습니다. 특히 제품 관련 환경영향의 최대 80%가 제품 설계단계에서부터 결정된다고 보고되고 있는 만큼 지속가능한 제품 정책을 강화해 나가고 있습니다. 유럽연합(EU)를 포함해 미국, 일본 등 해외에서는 제품을 설계할 때 순환경제 요소를 고려하도록 제품 환경 규제를 강화해 나가고 있습니다.

대표적으로 EU의 제품정책 변화에 대해 말씀드리면 우선 2003년 제품의 환경영향을 최소화하기 위한 통합제품정책(IPP)이 발표됐고, 이는 기존 사업장 단위의 규제에서 제품 전주기에 걸친 관리로 전환되는 계기로 작용했습니다. 에너지를 사용하는 제품을 대상으로 에너지 효율성 측면에서의 에코디자인 지침이 발표됐고 이후 대상 품목이 에너지 관련 제품으로 확대됐습니다. 2015년에 발표된 순환경제 패키지의 일환인 액션플랜의 영향으로 세탁기, 냉장고 등 6개 제품군을 대상으로 자원 효율이 반영된 이행규정이 발표됐습니다. 앞서 말씀드린 그린딜의 일환으로는 새로운 순환경제 사업 계획이 제시됨에 따라 올해 3월 지속가능한 제품을 위한 에코디자인 규정 제안이 발표됐습니다. 일부 인체 기인 제품을 제외한 전 제품으로 적용 대상이 확대되고 기존 지침에서 규제로 단계가 상향 조정됨에 따라 모든 회원국에 일괄 해당되고 있습니다. 또한 제품 설계의 내구성, 수리가능성, 재생원료 함유, 제품 탄소발자국 등을 고려하도록 요구되고 있어 앞으로 제품 설계에 있어 순환경제 요소는 반드시 반영되는 방향으로 추진되고 있습니다.

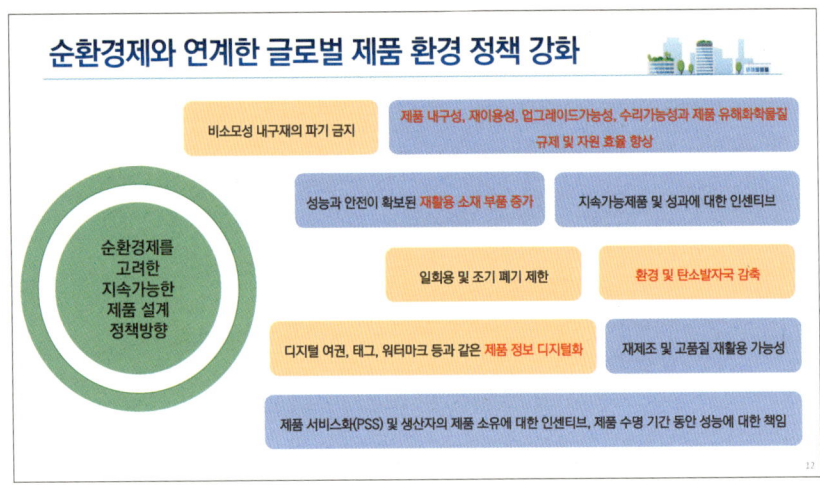

한편 EU에 수출하는 국내 기업들은 이러한 규제상의 변화로 인해 직접적인 영향을 받게 되므로 적극적인 대비가 필요한 상황입니다. 이와 함께 디지털 기술을 활용한 제품 여권을 통해 소비자가 제품의 지속가능성 여부를 사전에 파악한 후 재품을 구매할 수 있도록 정보를 제공해 나가고 있습니다. 요약해서 말씀드리면 향후 배터리, 전기전자제품 등의 제품 설계 시 순환경제 관련 중점사항들이 반영되어야 글로벌 제품 경쟁력을 가질 수 있는 방향으로 정책이 추진되고 있습니다.

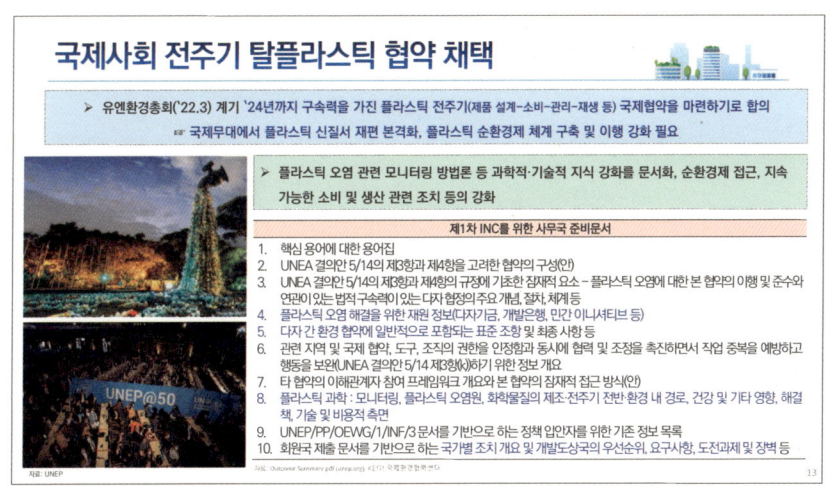

이와 함께 국제적으로 이슈가 되고 있는 플라스틱 문제를 해결하기 위해 UN환경 총회에서 2024년까지 구속력을 가진 플라스틱 전(全)주기 국제협약을 마련하기로 합의함에 따라 국제무대에서도 플라스틱 순환경제 체계 구축 및 이행 강화가 본격화되고 있습니다. 제1차 정부간협상위원회(Intergovernmental negotiating committee, INC)를 위한 사무국 준비문서에 따르면 플라스틱 오염 관련 모니터링 방법론과 순환경제 접근 및 지속가능한 소비 및 생산 관련 조치 등이 더욱 강조될 것으로 보입니다. 참고로 오늘 컨퍼런스의 공동주최기관인 우리금융그룹은 다음달 우루과이에서 개최될 예정인 플라스틱 협약 제정을 위한 '멀티이해관계자포럼'(Multi Stakeholder Forum)의 INC-1(정부간협상위원회) 회의에 공식 초청을 받고 참여할 예정입니다. 따라서 향후 순환경제와 연계한 국제협력이 더 강화될 것으로 보입니다.

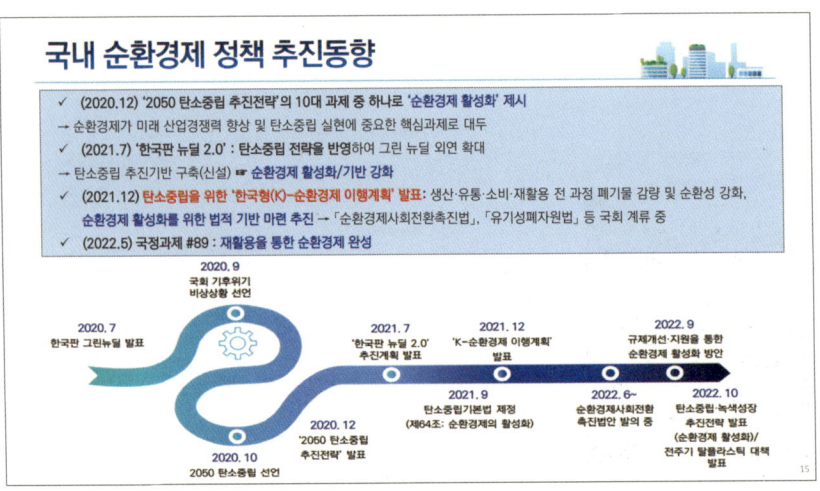

순환경제의 핵심품목인 플라스틱 관리를 위해서는 제품 및 서비스 영역에서의 전주기 가치사슬을 강화하고 육상에서 발생하는 일반 플라스틱부터 해양 플라스틱과 미세플라스틱 그리고 유해 화학물질 측면을 종합적으로 고려한 플라스틱 순환경제 전략과 로드맵이 마련될 필요가 있습니다. 우리나라도 순환경제로 전환해 나가기 위한 정책이 본격적으로 추진되고 있습니다. 특히 2020년 12월 발표된 2050 탄소중립 추진전략을 시작으로 현재 순환경제사회전환 촉진법안 등 법적 기반이 추가적으로 마련되고 있습니다.

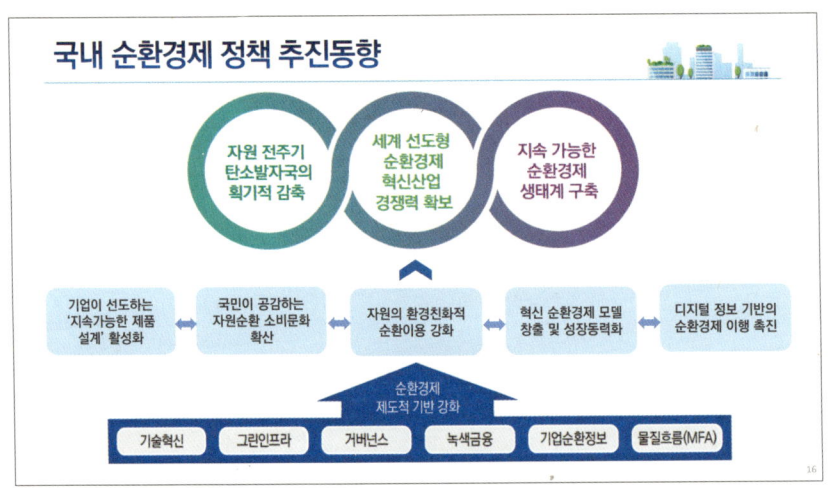

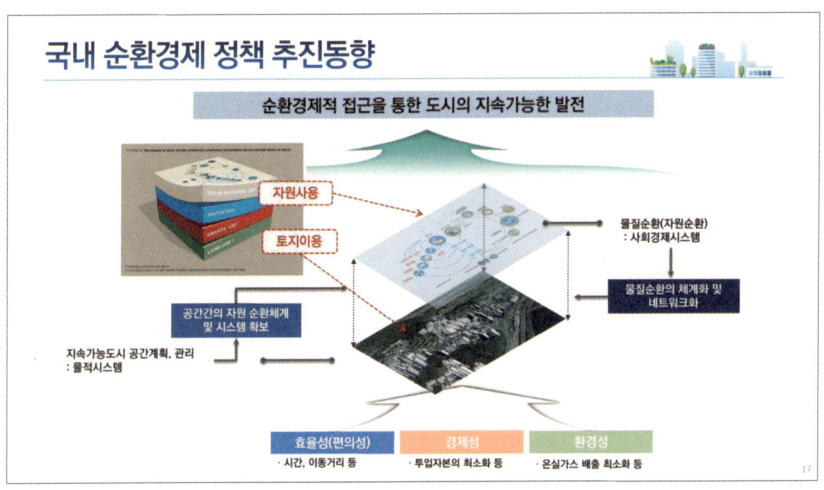

　앞으로 자원 전주기에 걸친 탄소발자국을 줄여 나가고 순환경제 혁신산업으로의 경쟁력을 확보하는 동시에 보다 지속가능한 순환경제 생태계를 만들기 위한 목표 하에 이를 추진하기 위한 5가지 추진전략은 다음과 같습니다. 기업은 지속가능한 제품 설계를 활성화해 나가고 국민이 공감하는 소비문화를 확산하며 보다 환경친화적으로 순환이용을 촉진해 나갈 필요가 있습니다. 이와 함께 순환경제가 차세대 경제 시스템으로서 구축되도록 하기 위해서는 산업, 무역, 금융정책과 연계해 혁신적인 순환경제 모델을 창출하고 순환경제 활동을 적극적으로 수행하는 기업들이 우위를 선점할 수 있도록 정책, 기술, 재정, 인프라 측면에서 적극 지원해 나갈 필요가 있습니다. 또한 디지털기술에 기반해 보다 스마트한 방식으로 전반적인 물질 흐름을 추적하고 데이터 통합관리가 이루어질 필요가 있습니다. 또한 이러한 순환경제가 지역 단위로 확산되도록 자원 집약적인 공간인 도시에서도 자원순환정책과 공간계획이 연계되어 보다 지속가능한 순환도시로 전환되도록 체계가 마련되어야 할 것입니다. 이를 위해서는 자원 전주기에 걸친 물질 관리 및 순환성 강화와 함께 이러한 순환경제 이행이 확산되고 모니터링을 통해 다시 정책에 환류될 수 있는 시스템이 갖춰져야 합니다.

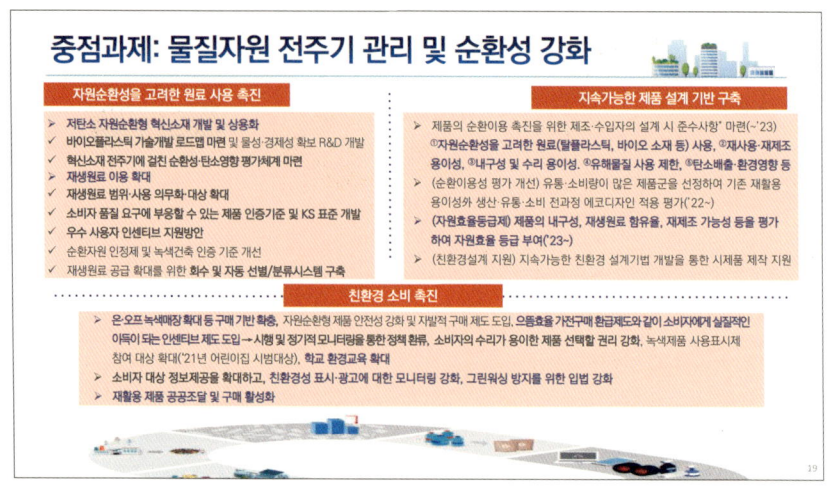

우선 자원순환성을 고려한 원료 사용에서부터 재생원료 시장을 확대해 나가야 합니다. 지속가능한 제품 설계를 유도하기 위한 체계 지원에서부터 이러한 제품이 시장 경쟁력을 가질 수 있도록 소비 영역과 연계해야 할 것입니다. 민간영역의 친환경 소비뿐만 아니라 공공영역에서의 녹색조달과 구매가 활성화될 수 있도록 제도 개선도 이루어져야 합니다. 특히 자원효율 등급제가 도입돼 앞으로 제품 설계 시 내구성, 재생원료, 재활용 가능성을 평가하고 이에 기반해 소비자의 선택권을 부여해 나갈 예정입니다. 이는 기본적으로 에너지효율 등급처럼 제품의 내구성, 수리 용이성, 재활용 용이성 등을 수치화해 등급화하는 것입니다. 친환경 설계를 유도하기 위해서는 소비자가 이러한 제품들을 쉽게 파악할 수 있도록 하는 것이 중요한 만큼 자원효율 등급제가 신속히 마련돼 등급이 높은 제품에 대해서는 환경 표지를 부여하거나 공공조달 시 이점을 제공하는 등 세부 부문들과 연계할 필요가 있습니다.

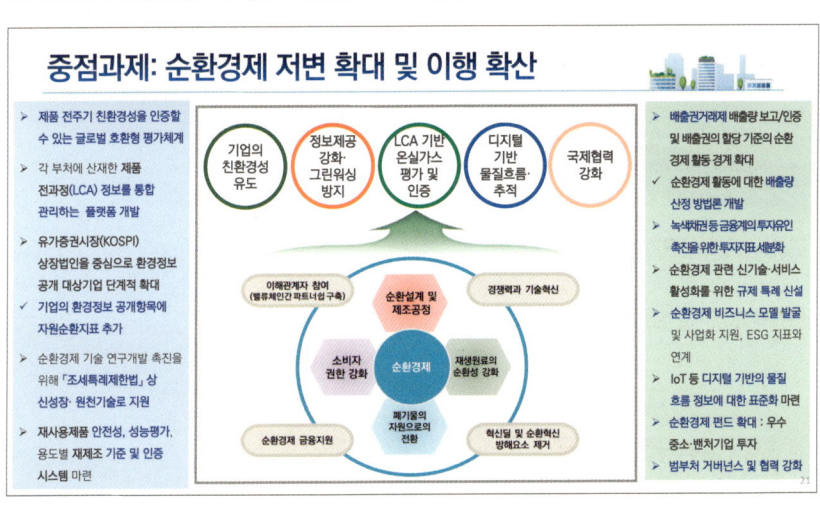

또한 제품수명연장 측면에서 특히 재사용과 재활용산업을 활성화해 나가고 기존에 도시광산으로 불렸던 금속의 재자원화와 함께 플라스틱 열분해 등을 통해 석유기반 나프타를 대체할 수 있도록 도시유전을 활성화해 나갈 필요가 있습니다. 특히 배터리와 태양광 패널과 같이 머지않은 미래에 다량으로 폐기될 미래 폐자원도 회수해 재활용 체계를 더욱 견고하게 마련하고 탄소중립 측면에서도 회수된 에너지가 다시 활용될 수 있도록 지원해 나가야 합니다. 향후 산업 측면에서 ESG를 실현해 나가기 위해서는 순환경제 관련 다양한 지원 정책 및 조치가 필요합니다. 또한 기업들이 제품 전주기에 걸쳐 친환경성을 인증할 수 있도록 전 세계적으로 호환 가능한 인증 및 평가 시스템을 마련하고 개별 기업이 구축하기 어려운 전과정목록(Life Cycle Inventory, LCI) 데이터베이스 구축을 지원해야 합니다. 뿐만 아니라 순환경제 공정 개선 등에 필요한 신기술과 서비스에 대해서는 조세특례제한법 상 신성장 원천기술로 지정해 세제지원 혜택을 부여할 필요가 있습니다.

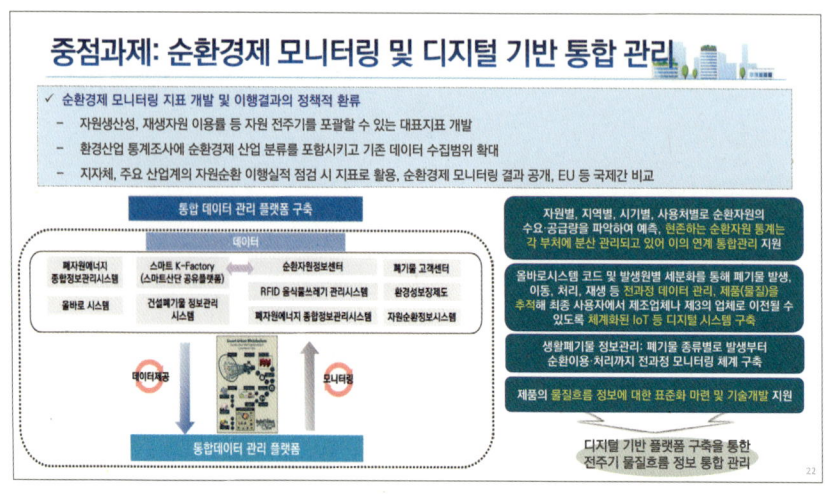

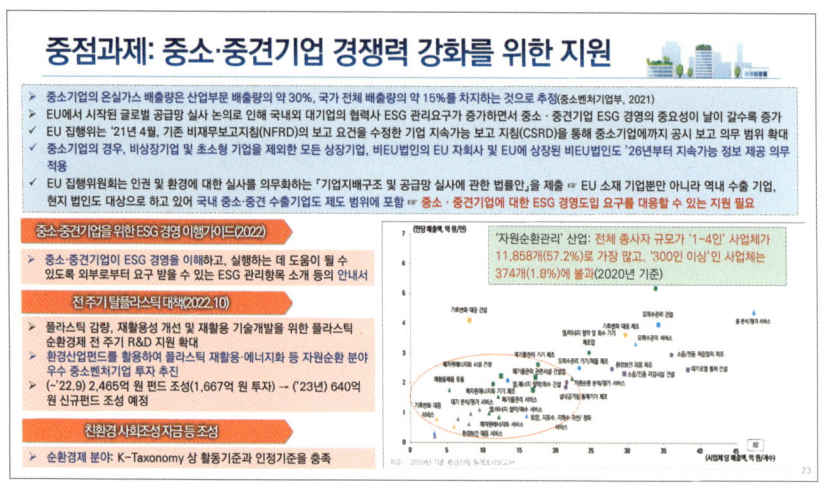

무엇보다도 순환경제를 통해 달성한 온실가스 배출 저감분을 인정받고 저감 노력 관련 인센티브를 제공받을 수 있도록 순환경제에 특화된 적절한 배출저감분 산정 방법론이 개발되어야 할 것입니다. 폐플라스틱 열분해 사업 관련하여 현재 배출권 거래제 상쇄제도와 외부사업 방법론 2건이 등록되어 있으며 이는 향후 배터리 등 기타 품목에 대해서도 확대될 필요가 있습니다. 또한 순환경제 전반에 걸친 모니터링을 통해 경제 시스템 전환 작업이 잘 이뤄지고 있는지를 점검해 취약 부분에 대해서는 정책 우선순위로 지정할 수 있도록 환류 될 필요가 있으며 이를 위해서는 제품 전주기 데이터 관리가 매우 중요합니다. 기존의 시스템 중심의 사업장폐기물 뿐만 아니라 생활폐기물 정보관리를 추가하여 전과정 모니터링 체계를 구축하고 분산적으로 운영 중인 데이터들을 통합해 디지털 기반 물질흐름 정보 관리를 용이하게 할 플랫폼 구축이 필요합니다. 또한 중소 및 중견기업의 경쟁력 강화와 ESG 경영을 위한 다각적인 기술 및 재정지원이 필요하며 순환경제가 여러 부처에 걸친 정책들과 연계되어 있는 만큼 범부처 순환경제 거버넌스가 강화돼 협력체계가 구축되는 것이 중요합니다. 이와 함께 글로벌 순환경제연맹이나 플라스틱 협정 및 해양환경정상회의 등 순환경제 관련 국제협력을 보다 강화해 나가고 순환경제 이행 관련 표준 및 표기 부문을 중심으로 하는 국제적 논의에도 적극 참여할 필요가 있습니다.

순환경제 실현을 위해서는 사회 전반의 체계적 구조 변화와 전환적 혁신이 필수적이며 우리 모두의 협업과 노력이 필요합니다. 오늘 이렇게 순환경제 관련 정책 내용을 공유하고 논의할 수 있는 뜻깊은 자리를 마련해 주셔서 다시 한 번 감사드립니다. 그럼 이제 다음 발표자로 최근 순환경제 뿐만 아니라 환경 분야에서 국제적 수준의 성과를 창출하고 있는 우리금융그룹을 소개 드리겠습니다. 그룹의 ESG 관련 사업 부문을 총괄하고 계신 우리금융지주의 박종일 부사장님을 소개 드리면서 발표를 마치도록 하겠습니다. 감사합니다.

박종일 부사장: 안녕하십니까 청중 여러분. 우리금융그룹 박종일 부사장입니다.

화면에 보이는 문구 "GOOD Finance for the Next"는 우리금융의 ESG 비전이기도 합니다. 그럼 금융을 통해 더 나은 세상을 만들기 위한 지난 2년간 우리금융의 노력에 대해 말씀드려 보겠습니다.

　사진 속 숲 전경이 어떤 느낌이 드시나요? 보기 좋으시죠. 저는 매일 아침 새벽산행을 합니다. 그래서 눈을 뜨자마자 날씨를 확인하는데 특히 미세먼지 농도가 나쁜지, 보통인지, 좋은지를 확인합니다. 맑은 날씨는 새벽산행을 더 설레게 합니다. 조사에 따르면 우리나라 국민들의 미세먼지에 대한 날씨 만족도는 4%라고 합니다. 사실 미세먼지보다는 대기오염도 혹은 공기오염도가 더 정확한 표현에 해당하는데 미세먼지도 지난해 대홍수와 올해초 동해안 대형산불처럼 아주 무서운 자연재해라고 생각합니다. 그러면 이러한 자연재해로 인한 위기에 대해 같이 한 번 생각해 보겠습니다.

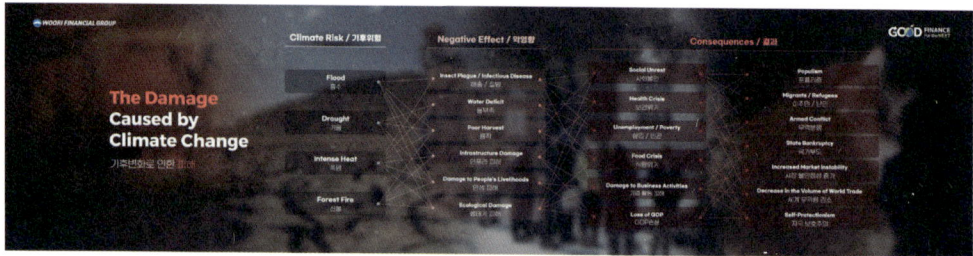

　여러분도 아시겠지만 기후변화로 인해 최근 대홍수, 가뭄, 폭염, 산불 등이 과거보다 훨씬 규모도 크고 자주 발생하고 있습니다. 이러한 기후변화로 인한 피해인 질병, 식량부족, 민생피해, 자연파괴 등이 국가와 인종을 가리지 않고 범지구적으로 발생하고 있고 이주민, 난민, 무력분쟁, 국가부도, 자국보호주의 등 매우 복합적이고 극단적인 결과가 나타하고 있습니다. 한 가지 예를 들어 보겠습니다. 기후변화로 인해 가뭄이 장기간 지속되면 농작이 불가능하여 식량위기가 찾아오고 식량위기는 목숨을 걸고 국가 경계를 넘는 이주민과 난민을 만들고 자국 보호주의는 국가간 충돌과 분쟁으로 이어집니다.

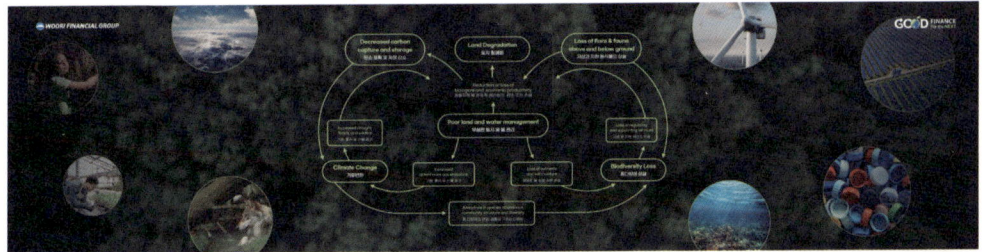

　기후위기에 따른 피해를 좀 더 구체적으로 보시면 표에서 보시는 것처럼 토지가 황폐화되면 지상과 지하의 동식물들이 사라지고 생태계 기능이 저하되는 한편 종 다양성이 심각하게 훼손됩니다. 결국 이 모든 것이 순환해 인간과 사회 전체 그리고 궁극적으로 각각의 개인 자신이 피해를 보게 되는 것입니다. 이처럼 모든 환경요소는 서로 깊숙이 연결되어 상호영향을 주고받고 있습니다.

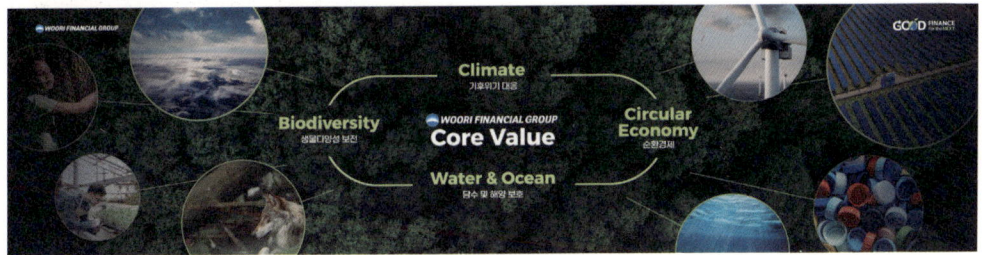

　이에 우리금융은 금융 본연의 업무인 금융지원과 함께 미래세대를 위한 더 나은 세상을 만들기 위한 노력으로 기후위기 대응과 함께 4가지를 핵심가치로 선정하여 추진하고 있습니다. 첫째는 기후위기 대응, 둘째 생물다양성 보전, 셋째 순환경제 실현, 넷째 담수와 해양 보호입니다.

　그럼 지금부터는 우리금융그룹이 미래 세대를 위해 펼치고 있는 다양한 노력들을 함께 보시겠습니다.

먼저 글로벌 환경 이니셔티브와 ESG 평가결과에 대해 말씀드리면 오늘 이 자리에 MSCI의 헨리 페르난데즈 회장님이 참석하셨는데 MSCI ESG 평가에서 AA등급을 받았습니다. 그리고 우측상단을 보시면 최초라는 단어를 많이 보실 수 있을 것입니다. 저희 우리금융그룹이 TCFD 가입 이후 국내 최초로 TNFD, B4L, PBAF, 동서 트레일 등 다양한 글로벌 이니셔티브 활동을 적극적으로 추진하고 있는데, 그 이유에 대해 잠시 말씀드리면 탄소배출 감소나 기후 환경 문제 해결은 혼자서는 달성 불가능할 뿐만 아니라 효과 자체도 매우 제한적이기 때문입니다. 따라서 저희는 UN과 같은 국제기구 및 여러 단체와의 연대와 협력을 통해 국제사회의 공동 목표인 환경친화와 자연회복에 기여하며 그 역할을 다하고자 하고 있습니다.

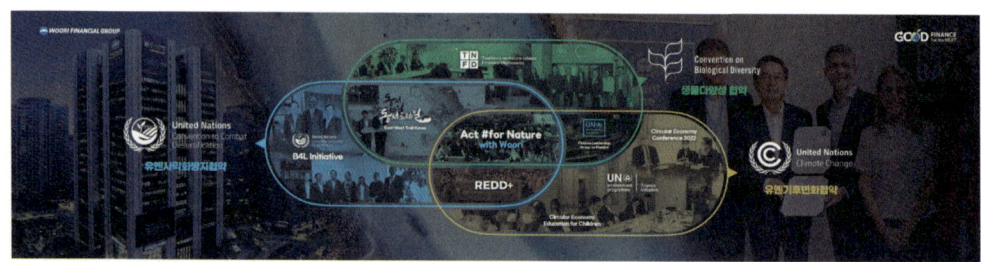

구체적으로는 UN의 3대 국제협약인 기후변화 협약, 생물다양성 협약, 사막화방지 협약을 기본 축으로 화면에서 보시는 것처럼 UNFCCC, UNEP FI, UNCCD, IUCN, WWF 등 국내외 단체 및 이해관계자들과 협력해 활동하고 있습니다.

먼저 기후위기대응을 위한 캄보디아 온실가스 감축사업(REDD+) 타당성 조사 활동을 동영상으로 짧게 한 번 보시겠습니다. 이처럼 우리금융그룹은 REDD+ 사업을 통해 온실가스 감축, 생물다양성 보전, 지역주민의 삶의 질 개선에 기여하고자 합니다. 캄보디아는 저희 현지법인 네트워크가 139여개 위치해 있는 지역으로 내년부터 캄보디아 정부와 협력하여 AFoCO와 함께 본 사업을 추진할 예정입니다.

다음은 생물다양성 보전과 자연회복을 위한 4개 부문의 활동입니다. TNFD, B4L 이니셔티브, 동서 트레일, 글로벌 생물다양성 프레임워크 제정 활동입니다.

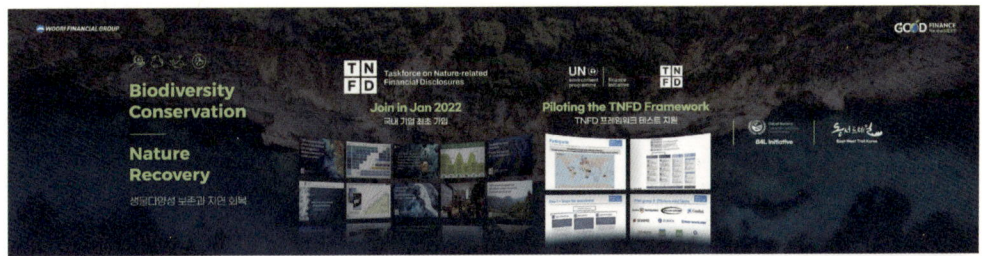

먼저 TNFD 활동에 대해 설명 드리겠습니다. TNFD 활동은 자연관련 재무정보 공시 관련 활동입니다. 여러분께서 많이 알고 계시는 TCFD 기후관련 재무정보 공시의 중심에 있는 기후를, 자연으로 바꾸어 생각하시면 됩니다. 우리금융이 한국 기업 최초로 가입하였고 이후 다른 기업들도 가입을 적극 추진하고 있습니다. 저희는 현재 UNEP FI의 요청으로 전 세계 기업들에 적용될 TNFD 프레임워크 추진 시험을 해상풍력, 산림분야 2가지 부문에서 함께 진행 중입니다.

다음은 B4L 이니셔티브입니다. 올해 5월 개최된 유엔사막화방지협약 제15차 당사국총회에서 손태승 회장께서는 세계 최초로 토지 황폐화 개선을 위한 ①국제 산림 조성, ②개발도상국 REDD+ 추진, ③청소년 환경 교육 세 가지를 약속했습니다. 내년에는 민간 부문의 더 많은 참여와 연대를 이끌어 내기 위해 국제무대에서 적극적으로 활동할 예정입니다.

동시에 저희 우리금융그룹은 한국판 산티아고 길이라고도 불리는 849km의 동서트레일 사업도 적극 지원하고 있습니다. 이는 한반도의 동쪽 끝 울진에서 서쪽 끝 태안 안면도를 연결하는 대규모 국가 숲길 사업입니다. 숲길이 완공되면 국내를 넘어 자연의 소중함을 알리는 세계적 명소가 되리라 생각합니다.

마지막으로 우리금융그룹이 그리는 환경과 인간이 함께 공존하는 지속가능한 사회를 위해 그동안 추진해 온 노력에 대해 말씀드리겠습니다. 먼저 순환경제로의 전환 부문입니다. 플라스틱 오염은 육지와 바다, 인간 모두에게 심각한 피해를 주고 있습니다. 우리금융은 UNEP FI 주도로 전 세계 16개 금융사가 참여하는 순환경제 관련 대응 실무단에 참여하고 있습니다. 내년부터는 국제사회의 초청을 받아 플라스틱에 관한 UN 협약 제정의 일원으로서 민간 리더십 그룹에도 참여할 계획입니다.

순환경제 사회로 전환은 향후 국가 자원 안보에도 긍정적으로 기여할 것입니다. 전기차와 ESS 등을 통한 탄소중립을 달성하기 위해서는 현재보다 몇 배 많은 광물자원이 필요합니다. 국가간 자원을 무기화는 경우를 대비하고 플라스틱 등 폐기물을 녹이는 열분해 및 재생에너지 등 유망 분야에 대한 투자를 ESG 경영 차원에서 적극 추진해 우리금융이 순환경제 사회로의 전환에 앞장설 방침입니다.

지금 보시는 화면은 올해 전국 35개 초등학교의 약 2만명의 어린이들과 함께한 플라스틱 수거 캠페인 모습입니다. 학생들이 직접 수거함을 만들고 3개월간 세제통, 칫솔 등 버려진 플라스틱을 하나 둘 모아 약 1톤의 폐기물을 수거했고 재활용 공정을 통해 125개의 텃밭 화분 키트를 만들어 학교를 단장했습니다. 우리 아이들과 함께 한 '더 나은 세상'을 위한 소중한 시간이었습니다. 지난 8월에는 다양한 이해관계자들에게 순환경제의 중요성을 알리고 공유하기 위해 세계자연기금 WWF와 함께 컨퍼런스도 개최했습니다.

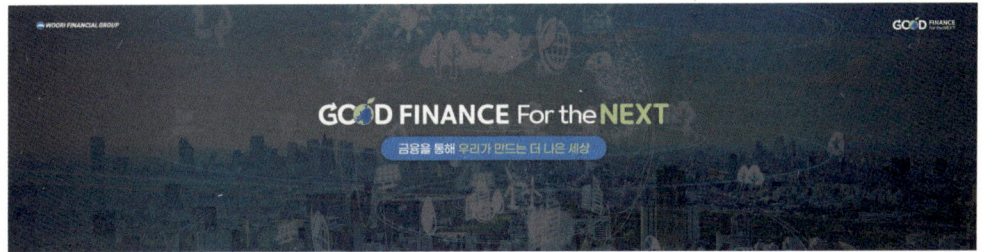

이제 마무리하기에 앞서 우리금융의 ESG 비전인 "금융을 통해 만드는 더 나은 세상, GOOD Finance for the Next"와 관련해 금융 본연의 역할에 대해 말씀드리겠습니다.

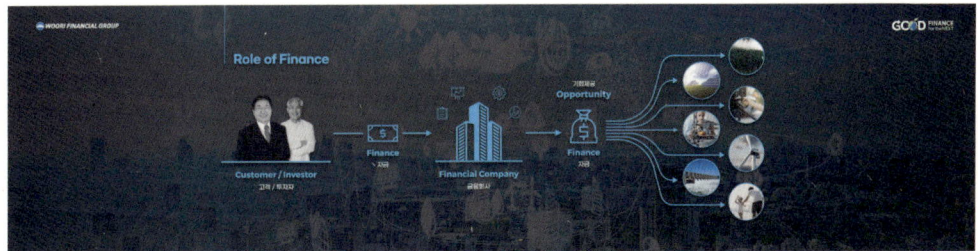

금융은 고객과 투자자로부터 받은 자금을 사회 곳곳의 필요한 곳에 다양한 방법을 통해 기회를 제공하는 것입니다.

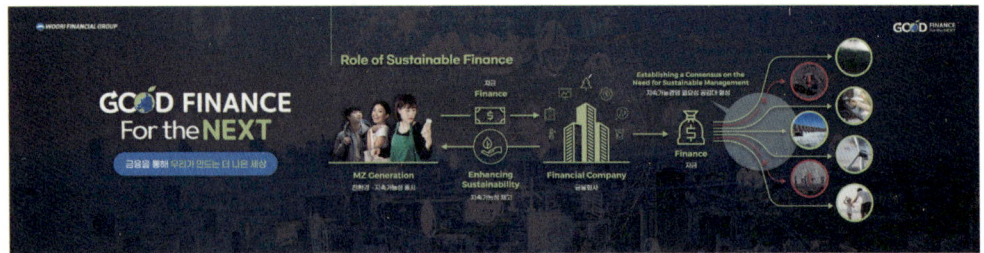

　금융을 통해 더 나은 세상을 만들기 위해서는 금융회사는 고객의 삶을 보다 아름답고 가치 있게 만들어야 하고 기업의 경쟁력을 높이는 데 그 역할을 다해야 합니다. 또한 우리가 만들어가는 더 나은 세상을 위해 금융을 활용해 환경적 측면에서 녹색금융과 신재생에너지 등의 분야에 대한 지원을 확대하고 함께하는 사회를 위해 취약계층 등 포용적 금융을 확대하여 지속가능성을 중시하는 고객과 기업에 더 많은 기회를 제공하는 것이라 생각합니다.

　마지막으로 지구 너머의 우주에 대해 잠시 이야기를 해보겠습니다. 작년 10월경 스타트렉 시리즈의 제임스 T. 커크 선장 역으로 유명한 윌리엄 샤트너가 아마존의 제프 베이조스가 이끄는 우주 여행에 합류했던 것에 대한 소감입니다. 그는 "우주에서 본 모든 것은 죽음이었으며 어둡고 검은 공허함이었다"며 "우주는 내가 만난 가장 큰 슬픈 감정 중 하나였다"고 말했습니다. 그리고 이어서 "우주의 맹렬한 차가움과 달리 우주에서 바라본 지구의 굴곡과 푸른 하늘은 생명이었다"고 덧붙였습니다. "아름다움은 저 밖에 있는 것이 아니라 여기 우리 모두와 함께 있다는 것을 발견했다"고 말했습니다. 그의 우주 여행에 대한 짧은 소감을 통해 다시 한 번 지구의 소중함과 그 아름다움을 되새겨 볼 수 있는 계기가 되길 희망합니다.

이상으로 제 발표를 마치겠습니다. 오늘 참석하신 모든 분들께 우리금융그룹의 지구를 사랑하는 마음을 담아 커피 찌꺼기를 재생해 만든 친환경 연필을 준비했습니다. 컨퍼런스 종료 후 나가실 때 지구를 아끼고 사랑하는 마음과 함께 데스크에서 꼭 받아 가시기 바랍니다. 지금까지 경청해 주셔서 대단히 감사합니다.

세션 4

더 나은 세상을 위한 MZ세대의 참여와 제언: 미래세대 및 취약계층 삶의 질 향상

연사

에이미 미크 & 엘라 미크 Co-Founder, Kids Against Plastic
브리코 유 Co-Founder & CEO, archiREEF Limited
김지윤 기후변화청년단체(GEYK) 대표
페데리코 페레즈 Founder & CEO of Platinum Capital

[Highlights]

지역사회를 희생시키는 통상적인 기업 관행을 마주하게 될 때면 항상 심각한 고민과 혼란에 휩싸였습니다. 결과적으로 이를 해결하고 경제성장과 발전으로부터 소외된 지역사회를 글로벌 가치사슬에 통합시킬 수 있는 기회로 전환하고자 노력을 거듭해 왔습니다.

페데리코 페레즈(Federico Pérez)
Founder & CEO of Platinum Capital

최근 들어 세대간 갈등이 심각한 사회적 문제로 부각되고 있지만 증오와 배제 보다는 협력만이 우리 모두에게 있어 가장 좋은 해결책이라고 생각합니다.

김지윤
기후변화청년단체(GEYK) 대표

에이미 & 엘라 미크 대표: 안녕하세요. 다시 한 번 여러분 앞에서 발표할 수 있는 소중한 기회를 얻게 되어 매우 기쁩니다. 저는 에이미이고 제 동생 엘라입니다. 저희는 환경자선단체인 '키즈 어게인스트 플라스틱'(Kids Against Plastic)의 공동 설립자이며 오늘 컨퍼런스의 마지막 세션에 참여하게 된 것을 매우 영광으로 생각합니다. 이번 세션은 환경변화에 대한 MZ세대의 관점에서 더 나은 미래와 우리 모두가 원하는 세상을 만드는 데 중점을 두고 있습니다. 본격적인 패널토론에 앞서 각 연사별로 더 나은 미래를 구축하기 위해 노력해 온 그동안의 작업에 대해 소개하는 짧은 프레젠테이션을 진행할 예정입니다. 여러분과 함께 이야기 나눌 수 있는 기회를 가지게 된 것을 매우 값진 특권으로 생각합니다.

사실 지속가능성과 환경 문제 해결에 대한 관심을 가지고 처음 자선 활동을 시작했을 당시에는 젊은 세대를 대변하는 다른 환경 운동가 분들과 함께 발표하는 이 같은 자리에 서게 되리라는 것은 전혀 예상치 못했습니다. 특히 오늘과 같이 국제적인 행사에서 환경과 기후위기 해결을 위해 진정한 힘과 영향력을 발휘할 수 있는 주체가 되어 목소리 낼 수 있다는 것은 매우 흥분되는 일입니다.

Kids Against Plastic의 활동은 저희가 불과 각각 10살, 12살이었던 2016년에 시작됐습니다. 당시 저희는 UN에서 제시한 지속가능개발 목표에 대해 깊이 연구했고 이 과정에서 한 가지 두드러진 문제점에 대해 주목하게 됐습니다. 바로 플라스틱으로 인한 환경오염이었습니다. 매년 플라스틱 폐기물로 인해 10만 마리의 바다 포유류와 100만 마리의 바닷새가 죽음에 이르고 있다는 슬픈 사실을 접하게 됐습니다. 또한 1분마다 트럭 한 대 분량만큼의 플라스틱이 바다로 새로 유입되고 있어 그로 인해 2050년에 이르면 바다에는 해양생물 보다 오히려 플라스틱의 양이 더 많아질 것이라는 충격적인 통계에 대해서도 처음 알게 됐습니다. 현재 약 2만 7,000톤에 달하는 51조여개의 플라스틱 조각들이 바다에 떠다니고 있는데 이는 1,345마리의 대왕 고래와 맞먹는 규모입니다.

그러나 더욱 심각한 사실은 이러한 미세 플라스틱 조각들이 우리가 먹는 각종 음식과 물 그리고 심지어 우리가 마시는 공기 중에도 침투해 있다는 것입니다. 화학 물질로 가득한 플라스틱은 암과 불임, 자폐증 등과 같은 정신적 및 신체적 문제를 유발하고 있습니다. 또한 다수의 연구 결과는 플라스틱 오염과 기후변화 간에 높은 상관관계가 존재한다는 사실을 입증하고 있습니다. 플라스틱 원료의 99%는 석유로 이뤄져 있는데 플라스틱 생산에 사용되는 석유와 가스는 추출 과정에서 다량의 이산화탄소와 온실가스를 공기 중으로 배출합니다. 또한 적절히 관리되지 않은 일부 폐기물 관리 시설의 경우 플라스틱 오염으로 인해 다이옥신과 같은 독성 화학물질을 토양과 대기 중으로 방출하고 있습니다. 플라스틱 폐기물로 인한 환경오염의 규모는 더 이상 간과해서는 안 될 만큼 매우 심각해진 상황입니다.

2016년 저희가 이 문제에 대해 처음 관심을 가지게 됐을 당시 더욱 충격적이었던 점은 플라스틱 오염으로 인한 문제가 악화되는 것을 막기 위한 조치가 제대로 이뤄지지 않고 있다는 것이었습니다. 그래서 저희는 이를 해결하기 위해 구체적인 행동을 취하기로 결심했습니다. 그렇게 시작된 것이 바로 Kids Against Plastic입니다. 저희는 플라스틱에 반대하는 아이들이라는 작은 캠페인을 시작했고 이제는 여러 수상 경력에 빛나는 환경 자선단체로 크게 성장했습니다. 일상생활 속에서 쓰레기 줍기라는 작은 활동으로 처음 시작했는데 얼마 지나지 않아 단순히 쓰레기를 줍는 것은 다음날 다시 더 많은 쓰레기로 대체되어 있을 뿐이라는 것을 깨닫게 되었습니다. 따라서 저희는 플라스틱 쓰레기를 사용 시점에서부터 없애야 환경 오염을 유발하는 쓰레기를 줄일 수 있다는 생각에 도달했습니다.

이것이 저희가 '플라스틱 클레버(Plastic Clever)' 이니셔티브를 시작한 계기입니다. 사람들이 일회용 플라스틱을 더 분별력 있게 사용하도록 장려하고, 특히 일회용 플라스틱 제품에 가장 많이 사용되는 상위 4가지 품목 구매 혹은 사용 중단을 장려하는 것입니다. 사실 해당 품목은 플라스틱이 아닌 다른 대안 소재를 사용하거나 재사용 가능한 품목을 사용하는 등 다양한 방법을 통해 사용을 쉽게 줄일 수 있습니다. Plastic Clever는 매우 간단한 방법이기 때문에 충분히 달성 가능하며 또한 거의 모든 분야에 적용될 수 있습니다. 그렇기 때문에 저희는 가족, 기업, 축제, 의회, 학교 등과 적극적으로 협력해 각각의 주체들이 플라스틱 사용을 줄이도록 돕고 있습니다.

현재 저희 Kids Against Plastic은 특히 학교들이 플라스틱 사용을 줄이고 몇 가지 간단한 방법을 통해 상위 4개 플라스틱 품목의 사용을 최소화하도록 돕기 위한 학교 관련 이니셔티브에 초점을 맞추고 있습니다. 전 세계 수많은 학교들이 이미 환경 교육과 행동을 확산하기 위해 놀라운 일들을 해 나가고 있습니다. 저희가 한국에 도착하고 며칠 뒤 방문했던 서울의 여울 초등학교도 좋은 예시가 될 것입니다. 기본적으로 환경 교육은 세계 각국의 모든 젊은 세대가 접근할 수 있도록 해야 합니다. 그러나 저희가 살고 있는 영국을 비롯해 수많은 국가에서 기후 교육은 종종 무시되거나 잊혀지고 있는 것이 현실입니다. 저희는 '플라스틱 클레버 스쿨(Plastic Clever Schools)'을 통해 이러한 관행을 바꾸기를 진심으로 바라고 있습니다. 저희는 전 세계 모든 학교가 플라스틱 교육을 커리큘럼에 통합하는 작업에 착수할 수 있도록 최선을 다해 지원하고 있습니다. 지금까지 전 세계적으로 1,500여개 이상의 학교가 이러한 계획에 서명했고 이를 통해 450만명 이상의 학생들이 어린 나이부터 환경 활동에 참여할 수 있게 되어 정말 기쁩니다. 저희는 저희와 같은 젊은 세대와 함께 협력하고 그들에게 영감을 주는 일에 대해 큰 포부와 열정을 가지고 있습니다.

결국 이 모든 것은 Kids Against Plastic이라는 이름에 잘 담겨있다고 생각합니다. 종종 어린 아이와 학생들은 인류와 지구가 직면해 있는 기후위기 문제에 대해 진지한 관심을 갖기에는 경험이 부족하거나 혹은 너무 어리다고 치부되곤 합니다. 그러나 젊은 세대는 환경위기에 대한 해결책의 중요한 일부를 이룰 수 있는 충분한 잠재력과 힘을 가지고 있습니다. 이는 저희가 전 세계 10개국 이상에서 참여하는 240명 이상 젊은이들로 구성된 그룹인 '키즈 어게인스트 플라스틱 클럽(Kids Against Plastic Club)'을 운영하는 이유이기도 합니다. 클럽의 구성원은 5세에서 14세까지 다양한 연령대로 이뤄져 있습니다. 그리고 그들은 모두 같은 열정과 열의 그리고 무엇보다 우리의 작지만 중요한 행동을 통해 변화를 만들 수 있다는 믿음을 공유하고 있습니다. 오히려 나이가 어리다는 사실이 행동을 단행하는 데 제약이 되기 보다 도움이 되는 경우가 많습니다. 또한 저희의 활동은 기후위기 또는 환경 문제 해결에는 특정 유형의 배경이나 사전지식이 필요하지 않고 연령 또한 아무런 방해가 되지 않는다는 사실을 잘 보여줍니다. 단지 여러분 각자가 관심과 열정을 가지고 있는 것에 대해 용기 내어 의견을 말하고 그것을 행동에 옮길 강력한 의지만 지니면 됩니다. 이는 젊은 세대에게만 적용되는 내용이 아니고 인류와 지구의 생존과 번영을 위해 오늘 이 자리에 계신 여러분 모두가 우리 세대가 절실히 필요로 하고 의미 있는 행동을 취하는 데 있어 중요한 역할을 담당하고 있다는 사실을 의미합니다. 여러분 모두는 의미 있는 변화를 일으킬 수 있는 위치에 있습니다. 우리 모두는 지구와 환경에 중대한 영향을 미치는 기후위기의 직접적인 영향 아래 놓여있고, 이를 뒷받침하는 자연 세계와도 깊은 상호 연결성을 가지고 있기 때문입니다. 이것이 Kids Against Plastic이 환경 및 기후위기 문제 해결을 위해 나이, 직업, 국적에 관계없이 전 세계 모든 이들을 연결하는 것을 목표로 하고 있는 이유이기도 합니다.

저희 Kids Against Plastic은 현재 영국에 기반을 두고 있지만 여러분마저 반드시 그럴 필요는 없습니다. 우리 모두는 각자의 일상 속에서 플라스틱 오염과 같은 문제를 해결하는 데 중요한 역할을 수행할 수 있습니다. 저희는 환경 문제 해결에 참여하고자 하는 전 세계 어린 아이들과 학교들을 돕기 위해 웹사이트를 통해 무료로 자유롭게 접근 가능한 다양한 기능과 서비스를 5개국어로 번역해 제공하고 있습니다. 개개인의 쓰레기 줍기 활동을 기록할 수 있는 앱을 제공하는 청소년 캠페인에 여러분도 참여할 수 있습니다.

발표를 마무리하기에 앞서 플라스틱 폐기물과 기후변화에 대한 지속가능한 관심과 사고방식을 우리 삶의 모든 부분에 적용할 수 있다는 점을 다시한번 강조하고 싶습니다. 만약 오늘 여러분 중 단 한 분이라도 매일 마시는 커피를 주문할 때 일회용 컵 대신에 재사용 가능한 컵을 사용하기로 결심하고 매년 소비되는 일회용 컵이 100개만 줄어든다고 하더라도 그것은 분명 커다란 차이를 가져올 것입니다. 우리는 일상 생활 속 모든 영역에 걸쳐 이러한 작은 생각의 변화를 확대해 나갈 수 있습니다. 인류와 지구의 미래에 엄청난 영향력을 주는 기업 의사결정에도 마찬가지로 적용될 수 있습니다. 기후변화와 플라스틱 오염은 이제 더 이상 새로울 것 없는 문제이지만 앞선 세대는 충분한 시급성과 위기의식을 가지고 이 문제를 해결하는 데 실패했습니다. 이는 이제 우리 세대에게 이를 해결하기 위한 중요한 책임과 역할이 주어졌음을 의미합니다. 이상으로 발표를 마치겠습니다. 감사합니다.

브리코 유 대표: 대단히 인상 깊은 발표를 공유해 준 에이미와 엘라에게 감사를 전합니다. 매우 고무적인 내용이었습니다. 우선 이 기회를 빌려서 잠시 저에 대해 소개하고 홍콩에서 시작된 저의 경험에 대해 이야기를 나누고 싶습니다. 저는 오늘 컨퍼런스 참석을 위해 홍콩에서 왔습니다. 홍콩은 아시아를 대표하는 금융 허브이자 고층 건물들로 가득한

아름다운 해안선으로 유명합니다. 그러나 제가 더 깊은 흥미를 가지고 있는 것은 해수면 아래에 있는 아름다운 자연입니다. 저는 매우 열정적인 다이버이기 때문에 다이빙 면허를 취득하기도 했습니다.

사실 홍콩에서 직접 다이빙을 하실 수 있는 기회를 갖게 되신다면 생각보다 탁한 물 때문에 매우 놀라실 수도 있습니다. 그럼에도 바다 속에는 다양한 아름다운 해양 생물들이 서식하고 있습니다. 지금 보시는 사진은 제가 개인적으로 가장 좋아하는 장소 중 하나인 샤프 아일랜드(Sharp Island)의 사이쿵(Sai Kung) 지역에서 촬영한 사진입니다. 보시다시피 엄청난 규모 산호가 깔린 해양생물 커뮤니티가 있습니다. 사실 포켓몬 게임을 하듯이 바다 속에서 카메라로 해양생물들을 촬영할 수 있는 것이죠. 현재 홍콩에는 중국 전역에 걸쳐 공식적으로 기록된 해양생물들 가운데 25%에 달하는 종이 서식하고 있는데 이들은 모두 산호초에 의존하고 있습니다.

저는 홍콩 해안가에서 다이빙하는 것을 정말 좋아하는데 가장 충격적이었던 다이빙 경험도 홍콩에서 있었습니다. 지금 보고 계신 사진은 제가 2014년도 촬영한 사진인데 제가 "전쟁이 지나간 후의 잔재"라는 제목을 붙인 사진이기도 합니다. 뇌산호라고 불리는 매우 연약한 산호종이 군락을 이루어 밀집해 있던 지역이었는데 심각하게 훼손되고 침식돼 있는 상태인 것을 확인하실 수 있을 것입니다. 이후 불과 두 달 만에 작은 산호 집단이 사라지는 것을 직접 목격하게 됐습니다. 저는 과학을 전공한 사람으로서 기후변화의 존재와 심각성에 대해 항상 확신하고 있었는데 제가 직접 1인칭 시점에서 기후변화의 영향을 목격하게 되리라고 생각치는 못했습니다. 그렇기 때문에 이 사건을 계기로 기후변화를 위해 제가 직접 할 수 있는 일들이 무엇일지에 대해 진지하게 고민하기 시작했습니다.

이러한 변화는 단지 홍콩 지역에서만 진행되고 있는 문제가 아니라 전 세계적인 문제이기에 더욱 심각하다고 생각합니다. 인류는 1950년대 이후로 이미 전 세계 산호 면적의 절반 가량을 잃었고 현재 과학자들은 인류가 특단의 조치를 취하지 않고 현상 유지 전략을 취할 경우 2050년까지는 최대 90%에 달하는 산호 면적이 소멸할 것이라는 사실을 과학적으로 입증한 바 있습니다. 오늘 컨퍼런스에 참석하신 여러 연사 및 기관들은 주로 금융 산업에 몸 담고 계신 만큼 이러한 변화로 인해 초래될 영향들에 대해 가격표를 매겨 보겠습니다.

우선 암초가 사라지게 되면 360억달러 규모에 달하는 암초 관련 관광산업이 사라지게 될 것이고 전 세계 12억 인구의 생계를 책임지고 있는 어업이 무너지게 될 것입니다. 또한 생물다양성 손실로 인한 추가적인 고통도 불가피할 것입니다. 이로 인해 해안 주변의 지역사회는 엄청난 경제적 피해를 입을 것입니다. 지역사회를 보호하는 사회기반시설을 복구하고 재건하는 비용으로 2,700억달러 이상이 소요될 것입니다. 10여년 전 방금 말씀 드린 충격적인 통계를 처음 접했을 때 구체적이고 주도적인 행동에 나서고 싶다고 결심하게 됐습니다. 이것이 제가 현재 운영하고 있는 ArchiREEF 사업을 시작하게 된 계기가 되었고 산호 군락을 만들고 싶다는 열망을 실현시키기 위한 첫 번째 시도였습니다.

그러나 그때 당시 제가 가지고 있던 자원과 지식이 너무도 제한적이라는 것을 깨닫게 되면서 어려움을 겪었습니다. 뿐만 아니라 이후 4년간의 거듭된 실패와 시행착오를 통해 기후변화 완화와 산호초 복구 작업을 가속화하기 위해서는 기술 혁신이 필요하다는 사실도 통감하게 됐습니다. 그와 같은 이유로 8년 전 저는 박사학위의 일환으로 산호초 복원에 대한 연구를 시작했습니다. 당시 저와 다른 몇몇 연구원들은 점토 소재로 된 세계 최초의 3D 프린팅 암초 타일을 공동 제작했습니다. 타일의 기본적인 구조와 작동방식에 대해 간단히 설명해 드리면 타일은 세 개의 층위로 구성돼 있는데 특별한 점은 가장 상위 층위에는 알고리즘이 저장되어 있어 이를 통해 지역적 혹은 생물학적 정보를 수집하도록 설계되었다는 점입니다. 이렇게 수집된 정보를 다시 알고리즘에 병합시켜 주변에 서식하는 산호초들에게 최적화된 형태의 디자인으로 실시간 변형이 가능하도록 하면서 인근 지역내 해양생물들이 겪는 어려움이 해소되도록 특수 제작됐습니다. 감사하게도 해당 제품이 올해 제네바 국제발명 어워드(Geneva Award)에서 금상을 오스트리아의 국제환경상(Energy Globe)에서 지속 가능한 상(Sustainable Award)을 수상했습니다. 지금 보여 드리는 사진은 3D 프린팅 암초가 실제 바닷속에 설치된 모습입니다.

저희는 2년 전 홍콩 정부의 지원을 받아 홍콩 내 제품을 처음 배포하기 시작했는데 보시다시피 설치된 곳은 수중 사막입니다. 저희가 하는 일은 기본적으로 해양 환경을 개조해 여러 종의 산호들이 살기 좋은 환경을 조성하는 것입니다. 지금 보여 드리는 사진은 첫 설치를 마친 뒤 12개월 이후의 모습입니다. 뒤편에 있는 작은 구조물이 바로 해양생물 손님들이 쉬고 갈 수 있도록 특별히 마련한 호텔입니다. 보시다시피 산호초 외에도 굴과 오징어 등 다양한 해양생물들이 보이는데 사진을 촬영한 순간에도 암초 타일 바로 아래서 미래 세대를 책임질 알을 낳고 있는 모습을 보실 수 있습니다.

저희는 2년 전 연구 프로젝트를 상용 제품으로 전환하면서 이 작업을 시작했습니다. 올해는 아랍에미리트(UAE)의 최대 국부펀드 중 하나인 아부다비 개발 지주회사(ADQ)의 지원을 받아 사업범위를 UAE로 확장하고 있습니다. 저희의 이야기는 블룸버그(Bloomberg), 포브스((Forbes), CNN 등에 소개되고 있습니다. 저희에 대해 더 자세히 알고 싶으시다면 참고해 주시기 바랍니다. 저희가 대외적으로 관심과 인정을 받는 동안 복원해야 할 산호초는 수천 평방 킬로미터(km)에 이르고 있습니다.

오늘 아침 헤니 센더 박사께서 기후변화의 가속화에 대응하기 위해 얼마나 낙관적인 견해를 가지고 있는지 물으셨을 때 저는 중립에 서있었습니다. 사실 숫자로 세상을 이해하고 분석하는 과학자로서 저는 실질적으로 우리 인류가 매우 어려운 시기에 직면해 있다는 사실을 충분히 인지하고 있습니다. 또한 현재 국제사회에서 설정한 목표도 매우 야심차고 공격적인 목표라는 것을 잘 알고 있지만 올바른 기술이 있기에 가능하다고 믿고 있습니다. 뿐만 아니라 오늘 컨퍼런스를 통해 재확인하게 된 것도 우리가 올바른 프레임워크를 가지고 올바른 방향으로 나아가고 있다는 사실입니다. 물론 여전히 일반 시민과 대중의 공감과 동의를 필요로 하고 있고 더 이상의 지체 없이 빠른 속도로 행동에 나서야 합니다.

오늘 오전 김지윤 대표가 했던 말을 잠시 인용해서 말씀을 드리면 저희 세대는 기후변화가 티핑 포인트(tipping point)에 도달하기 이전에 긍정적인 전환을 이끌어 낼 수 있는 마지막 세대일 가능성이 매우 높습니다. 그렇기 때문에 기후변화를 위한 행동의 중요성과 시급성에 대한 오늘 토론과 논의들을 바탕으로 보다 전향적인 변화가 있기를 바라며 발표를 마무리하겠습니다. 그간 진행된 기후변화의 악영향을 되돌리기 위한 저희 젊은 세대의 노력에 동참해 주시기를 촉구 드립니다. 대단히 감사합니다.

김지윤 대표: 소중한 발언 정말 감사합니다. 저는 기후변화청년단체(GEYK)의 회장 김지윤입니다. 저희 단체에 대해 잠시 소개해 드리면 저희는 국내에 기반을 두고 국제 무대에서도 활발히 활동하고 있는 기후변화 청년 단체입니다. 처음 시작했을 당시에는 3명으로 시작했는데 현재는 60명 정도의 구성원을 갖춘 규모로 성장했습니다. 저희는 모두 서로 다른 배경과 직업을 가지고 있고 또한 구성원 전원이 파트 타임으로 일하고 있는 환경 활동가들입니다. 저도 주중에는 민간 금융기관에서 평범한 직장인으로 근무하고 있습니다.

사실 저희 세대는 기후변화로 인한 영향을 가장 많이 받게 될 세대인 만큼 특히 청소년들이 기후변화의 심각성에 대한 인식을 갖는 것이 중요하다고 생각합니다. 청년들은 목소리 높여 기후정의를 요구하고 기후변화를 위한 실천적 행동에 나서야 합니다. 이를 돕고자 저희 GEYK에서는 다른 청년들이 저희의 행동에 참여할 수 있도록 보다 재미있고 트렌드에 부합하는 방향으로 기후변화 문제를 해결하는 데 중점을 두고 있습니다. 다음 슬라이드는 저희가 추진하고 있는 여러 활동을 요약 제시하고 있습니다. 뮤직 페스티벌에 참가해 홍보 부스를 운영하고, 신촌 대학가에서 해양 폐기물과 잔해 등에 대한 거리상점을 운영하는 등 최대한 흥미로운 방식으로 청년층의 기후변화 행동 참여를 촉구하고자 노력해 왔습니다.

또한 최근 플로깅(plogging)이라고 해서 달리기를 하면서 쓰레기를 줍는 활동이 SNS 등을 중심으로 인기를 얻으면서 저희도 2020년부터 러닝 크루와 함께 협업해서 플로깅 활동도 전개해 왔습니다. 그분들은 저희에게 러닝에 대한 정보와 노하우 등을 알려주고 저희는 쓰레기를 줍고 버리는 것 등에 대해서 도움을 주고 있습니다. 뿐만 아니라 출판물도 정기적으로 발행하고 있으며 도시 농업을 비롯해 기후집회와 기후행진 등 부수적인 활동도 병행하고 있습니다. 또한 저희는 복수의 Instagram 계정을 운영하면서 미디어의 영향력을 활용하고자 노력하고 있습니다. 매주 BBC, Bloomberg 및 기타 주요 외신 기사를 번역해서 제공하는 뉴스레터를 발행하고 있습니다. 또한 클럽하우스도 운영하고 있고 매년 UN당사국 회의에도 참석하고 있습니다. 회의 참석 당시 한국관에서 현장행사를 진행하면서 매년 다른 아시아 국가의 청년들을 초청해 여러 주제에 대해 깊이 있는 대화와 의견을 나눴습니다. 올해는 토론 주제를 메탄 쓰레기로 삼으려고 계획하고 있습니다. 이외에도 다양한 활동을 추진하고 있는데 거리에서 그림을 그리고 자전거 행진을 하는 등의 새로운 시도도 전개하고 있습니다. 이를 통해 단체의 활동과 존재를 알리고 인지도를 최대한 높이고자 힘쓰고 있습니다.

말씀드린 바와 같이 2014년부터 지난 수년간 이러한 활동들을 해오면서 일상에서 많은 노력을 기울였음에도 불구하고 불가피하게 여러 한계에 부딪히기도 했습니다. 여전히 원치 않는 폐기물과 석탄 등에 투자하는 금융기관을 거부할 수 없었고, 100% 재생 에너지로 생산된 전기를 사용할 수도 없었습니다. 또한 EV는 여전히 비쌀 뿐만 아니라 선택 가능한 추가 옵션도 매우 제한적입니다. 그래서 저희는 서울청년정책네트워크와 함께하기로 결정하고 서울시에 정책을 제안하기 시작했습니다. 매년 몇 가지 제안을 하고 있고 성공률은 높다고는 할 수 없겠지만 최소 한 두 개 이상의 제안이 실제 통과되고 있습니다.

지금까지 진행했던 가장 큰 성과 가운데 하나는 바로 서울시 지정 은행조례 개정안입니다. 대다수 분들에게는 해당 용어가 매우 생소하실 것이라고 생각합니다. 이는 서울시에서 한 두개의 은행을 지정해 이들의 편의를 위해 자금을 관리하고 운영하는 방안인데, 상업 은행에게 많은 이점을 제공하는 만큼 경쟁이 매우 치열합니다. 지난 임기에는 우리금융그룹도 지정 은행이었던 것으로 알고 있습니다. 4년 마다 별도의 선정 과정을 거치게 되는데 저희 측에서 신재생 에너지 부문에 적극적으로 투자를 집행하고 화석연료 부문의 경우에는 매각을 추진하는 금융기관들에게 가산점을 부여하도록 서울시에 건의하고 있습니다. 사실 국내 시중은행들 중에서는 실제 매각을 선언한 사례는 없지만 전 세계적으로 살펴볼 경우 매각 추진 사례가 상당수 있습니다.

결국 2019년 저희는 공개적인 포럼을 주최해 서울시 공무원, 금융 전문가, 시민 사회 및 청년들을 초청하고 은행들이 지금과 같이 화석연료에 대한 투자를 지속할 경우 투자회수를 결정하고 있는 글로벌 흐름에도 역행하는 만큼 이는 금융기관들의 재정건전성을 위협할 뿐만 아니라 향후 좌초자산이 될 위험이 높다는 점에 대해 여러 차례 강조했습니다. 포럼 이후에는 당시 논의됐던 주요 내용들을 서울시 측에 전달했는데 지금 보여드리는 것은 그때 제가 작성했던 제안서입니다. 당시 박원순 전 서울 시장과 직접 대화를 나눌 기회가 있었습니다. 저는 한국이 앞으로 기후변화 정책에서 앞장서 나가길 원한다면 저희의 제안을 받아들이셔야 한다고 말씀드렸고 실제 긍정적인 답변을 주셨습니다. 그 다음 해에 서울시에서 그린뉴딜을 선언했을 때 제안서의 몇몇 내용이 포함되어 있었습니다. 오랜 노력 끝에 저희의 제안에 공감하는 시의회의 여성 위원분을 만나게 되면서 함께 작업에 착수했습니다. 마침내 어린이날 직전인 2021년 5월 4일에 개정안이 통과됐습니다. 이에 따라 현재 서울시에서 지정은행을 선정할 때에는 해당 법안에 의거해 가산점을 매겨야 합니다. 결론적으로 제가 말씀드리고 싶은 것은 정부와 공공기관에서 수립하고 집행하는 정책들은 단순히 보조금을 지급하거나 자금을 제공하는 것 이상의 효과를 발휘한다는 것입니다. 또한 경우에 따라 이번 법안과 같이 막대한 추가 비용을 필요로 하지 않기도 합니다. 반면 금융기관들이 지속가능금융 부문에 충분한 자금을 할당함으로써 자금의 흐름을 바꾸기 위해 노력해야 한다는 명확한 지침을 제공할 수 있습니다. 시간 관계상 제 발표를 마치면서 다음 연사인 플래티넘 캐피탈(Platinum Capital)의 페데리코 페레즈 대표를 소개하겠습니다.

페데리코 페레즈 대표: 통찰력 있는 발표를 진행해 주신 김지윤 대표에게 감사드립니다. 저는 Platinum Capital의 창립자이자 CEO인 페데리코 페레즈입니다. 저는 오늘 행사 참석을 위해 콜롬비아 메데인이라는 곳에서부터 왔습니다. 저는 과거 이스라엘의 벤처 캐피탈 펀드에서 일했던 경험을 바탕으로 고국인 콜롬비아로 돌아와 스타트업 창업을 통해 콜롬비아의 원자재 수출 증진에 기여하기로 결심했고 이를 실행에 옮겼습니다. 사업은 순조롭게 진행됐지만 지역사회를 희생시키는 통상적인 기업 관행을 마주하게 될 때면 항상 심각한 고민과 혼란에 휩싸였습니다. 결과적으로 이를 해결하고 경제성장과 발전으로부터 소외된 지역사회를 글로벌 가치사슬에 통합시킬 수 있는 기회로 선환하고자 노력을 거듭해 왔습니다.

당시 콜롬비아의 커피 산업은 이러한 혼란과 전환의 중심에 있었습니다. 사업을 통해 수천 가구에 달하는 커피 산업 종사자들의 삶에 긍정적인 영향을 제공하고자 노력했지만 근본적인 변화를 달성하는 데는 분명한 한계가 존재했습니다. 여전히 수백만 명에 달하는 토착민들과 아프리카 출신 콜롬비아인 그리고 소작농들이 극도로 불안정한 환경 하에서 살아가고 있었습니다. 이들에게는 마땅한 경제적 대안이 없었기 때문에 생태계 파괴와 삼림 벌채에 과도하게 의존하는 지속 불가능한 생산 관행을 지속하고 있었습니다. 그로 인해 환경파괴는 우려할 만한 속도로 빠르게 진행됐고 이는 해당 지역의 생물 다양성을 심각하게 위협했습니다.

한편 콜롬비아는 지구상에서 두 번째로 생물 다양성이 가장 풍부한 국가이며 동시에 전체 국토 면적의 41% 이상을 아마존 열대우림이 차지하고 있는 주요한 특징을 갖고 있습니다. 아마존 열대우림이 현재 매우 심각한 삼림 손실 위험에 노출돼 있기 때문에 이는 더욱 중요한 의미를 갖는다고 할 수 있습니다. 급속도로 진행 중인 아마존의 환경 파괴가 억제되지 않는다면 지역사회와 자연의 자원과 자본, 나아가 생태계에 미치는 영향은 매우 심각해질 것입니다. 더욱이 기후변화는 사람들의 이동을 촉발해 갈등 위험을 증가시킬 수 있습니다. 콜롬비아는 이미 전국적으로 800만명의 이재민을 낳은 내부 갈등을 겪은 바 있습니다. 다행히 이후 평화 협정이 체결되면서 상황이 점차 나아지고 있습니다. 사람들은 다시 자신들의 땅으로 돌아가고 있으며 정부는 그들에게 수백만ha(헥타르 · 1ha=1만㎡)에 달하는 토지를 무상으로 제공하고 있습니다. 그렇다면 공공 자원과 민간 투자가 부족한 상황에서 이러한 토지 보조금을 어떻게 활용할 수 있을까요? 저는 사회경제적 충격과 높은 배출량에 주목해 오히려 이를 역으로 기회로 활용할 수 있는 자연 기반의 해결책에 주목하게 됐습니다.

자연 기반 솔루션은 2030년까지 달성해야 하는 전체 배출량 감소의 30~37%에 기여할 수 있을 것으로 예상됩니다. 그렇기 때문에 저희 Platinum Capital에서는 지리공간 이미징과 같은 원격감지 기술을 활용해 플랫폼을 통해 자연 기반 프로젝트의 복잡성을 간소화해 나가고 있습니다. 저희는 탄소배출권 구매자, 투자자, 기업, 지역 사회 및 기타 토지 관리인과 같은 다양한 이해 관계자를 한데 모아 '혼농임업' 추진과 생태계 복원을 위한 자금조달 방안으로 탄소 경제를 활용합니다. 저희의 목표는 작금의 기후위기가 요구하는 속도로 자연을 되도록 규모와 완전성을 갖추어 복원하는 것입니다. 그러나 이 같은 대규모 프로젝트는 근본적으로 상업적인 실행 가능성을 갖춰야만 장기적으로도 지속 가능하다는 특징을 갖습니다. 이것이 제가 저만의 변화 이론을 고수하고 있는 이유입니다. 만약 자연에 대해 적정 수준의 가치를 부여한다면 민간 부문의 대규모 자본을 자연 부문으로 가져올 수 있고 이를 통해 충분한 정보와 시장 접근성, 일정 규모를 갖춘 거래, 기술적 역량과 매력적인 위험수익률 등을 가능하게 할 것입니다.

지금 보시는 슬라이드의 하단에서는 자연 기반 프로젝트가 거치는 여러 단계를 한 눈에 볼 수 있고 상단에서는 여러분 만의 자연 기반 프로젝트 계획을 수립하는 데 활용할 수 있는 사용자 인터페이스를 볼 수 있습니다. 그러나 아시다시피 자연은 매우 복잡한 시스템을 통해 균형을 유지하고 있기 때문에 투자 수요와 요구에 대응하고 시스템적 장벽을 제거하기 위해서 모두의 협력이 필요합니다. 자연 기반 솔루션을 위한 자금조달은 모든 기후 부문에서 가장 커다란 투자 격차를 보이고 있는데 이는 중대한 요구사항일 뿐만 아니라 동시에 훌륭한 투자기회를 시사하기도 합니다. 저희는 현재까지 미국 국무부와 세계자연보전연맹(IUCN)의 웨스터빌 재단(Westerville Foundation) 외에도 여러 기관들과 함께 협력 관계를 맺고 있습니다. 향후 10년간 앞으로 우리가 내리는 결정과 행동들에 따라 인류의 생활과 생존의 기반이 되는 자연, 사회, 경제가 당면 위기를 극복할 것인지 아니면 그대로 무너질 것인지가 결정될 것이라는 중요한 사실을 다시 한번 강조하면서 오늘 발표를 마무리하겠습니다. 지금까지 경청해 주셔서 대단히 감사합니다.

에이미 미크 대표: 훌륭한 발표를 진행해 주신 모든 연사분들께 진심으로 감사드립니다. 여러분의 멋진 발표에 깊은 감명을 받았습니다. 이제 패널토론을 시작하겠습니다. 현재 우리 인류와 지구가 직면해 있는 중대한 기후위기와 환경 문제에 대해 중요하고 의미 있는 영향력을 행사하는 한편 저희 MZ세대가 수행해야 하는 바람직한 역할을 보여주는 다양한 활동들에 대해 직접 들을 수 있는 기회를 가지게 된 것은 매우 특별한 경험이 될 것입니다. 실제 우리 젊은 세대가 앞으로 수행해야 하는 환경 문제에 대한 여러 통찰력 있는 솔루션을 제공해 줄 것이라 생각합니다. 또한 여러분을 움직이는 핵심 동인과 더불어 각자가 수행하고 있는 프로젝트들에 대해 보다 자세히 알아갈 수 있는 시간이 되리라는 점에서 기대가 매우 큽니다. 환경을 위한 청년 세대의 의미 있는 변화를 도모하기 위한 각자의 여정에서 여러분은 어떠한 도전을 해왔고, 이것이 각자의 삶에는 어떠한 영향과 도움을 주었는지에 대한 질문으로 시작하겠습니다. 우선 제 동생 엘라에게 먼저 묻겠습니다.

엘라 미크 대표: 무엇보다 저는 저희가 오늘과 같은 국제 컨퍼런스 자리에서 환경과 기후 위기에 대한 젊은 세대의 관점과 이해 그리고 구체적인 행동에 관해 나눌 수 있다는 점에서 모두 매우 운이 좋다고 생각합니다. 사실 젊은 세대가 느낄 수 있는 가장 큰 좌절감 가운데 하나는 각자의 발언과 목소리가 기성세대에 의해 무시되는 것이라고 생각합니

다. 그런 점에서 오늘 이렇게 여러 참석자분들 앞에서 발표하고 발언할 수 있는 기회가 주어졌다는 점에서 저희 모두가 감사하게 생각하고 있다는 점을 말씀드리고 싶습니다.

저는 인류가 환경 문제를 해결해 나가는 데 있어서 각자가 해야 할 중요한 역할이 있으며 따라서 오늘날과 같은 긴급한 시기에는 젊은 세대의 목소리에도 충분히 귀 기울이고 이를 매우 소중히 다뤄야 한다고 생각합니다. 이번 세션의 주제와 같이 앞으로 기후위기의 심각성을 마주해야 하는 것은 자라나는 젊은 세대이기 때문입니다. 또한 실질적인 변화를 만들어 내기 위한 영향력을 행사하는 것도 젊은 세대에게 달려있기 때문입니다. 그렇기에 젊은이들을 단순히 초대하는 것을 넘어 그들의 구체적인 의견과 주장을 진정으로 가치 있게 여겨야 한다는 말씀을 드리고 싶습니다. 실제 젊은이들 사이에서 위장환경주의 '그린워싱'(green washing)은 심각한 문제로 받아들여지고 있습니다. 연설을 하도록 초대를 받고 의견이 중요하게 여겨지는 것처럼 보이지만 실제는 그렇지 않은 경우들이 생각보다 많습니다.

브리코 유 대표: 매우 멋진 발언입니다. 사실 엘라와 에이미에 비해서는 제가 특별히 어린 나이라고는 할 수 없을 것 같습니다. 그러나 주목해야 할 사실은 우리가 정보 과잉의 시대에 살고 있다는 것이고 동시에 지난 수십 년간 많은 중요한 교훈을 경험적으로 학습해 왔다는 것입니다. 또한 우리는 기술혁신이 급속도로 진행 중인 정보화 시대를 살아가고 있는 만큼 대단히 중요한 결정들을 속도감 있게 내려야만 합니다. 그런 점에서 저는 동시대를 살아가고 있는 우리 세대가 기술을 통해 과거로부터 배우고 미래에 일어날 일들을 예측하는 한편 부정적인 여파는 완화해 나갈 수 있다는 점에서 대단히 축복받은 세대라고 생각합니다. 이를 통해 미래 세대에게 더 나은 미래를 보장해 줄 수 있기를 바랍니다.

김지윤 대표: 사실 저는 브리코 보다도 나이가 많은 것 같습니다. 또한 현재 민간기업에서 근무하면서 환경 활동가로서 활동하고 있습니다. 그렇기 때문에 환경 문제에 있어서 왜 정부와 기업이 적극적으로 나서기를 주저하고 있는지 그 이유에 대해서도 충분히 이해합니다. 왜냐하면 일반 시민과 고객이 원하는 것 이상으로 과도하게 대담한 조치를 취할 경우 이로 인해 오히려 대중으로부터 부정적 인식과 비판에 직면할 수 있기 때문입니다. 따라서 우리는 목소리를 높여 우리가 원하는 것이 무엇인지 분명한 신호를 줘야 합니다. 모든 정부와 기업은 대중과 고객의 의견에 대해 관심을 갖고 경청해야 할 의무가 있습니다. 그러므로 젊은 세대는 우리가 정부와 기업으로부터 원하고 기대하는 것을 정확히 표현해야 한다고 생각합니다.

페데리코 페레즈 대표: 정말 좋은 지적입니다. 제 입장에 대해서도 말씀을 드리면 저는 모든 젊은이들이 실제 환경문제 해결에 있어서 무엇을 할 수 있는지를 살펴야 한다고 생각합니다. 지난 몇 달간 저는 사람들이 예술품에 음식을 던지거나 금융기관 밖에서 시위하는 것을 봤습니다. 그러나 이러한 행동은 즉각적인 효과를 발휘할 수는 있어도 장기적으로 실제 유의미한 변화를 가져오는 데는 한계가 있습니다. 바로 이러한 문제의식 하에 저는 기업가 정신으로 관심의 방향을 전환해 문제를 해결해 나가기로 결심했습니다. 구체적으로는 전통적인 기업가 정신과는 차별화되는 다른 기업가 정신과 사업적인 기술을 적용하고자 했습니다. 예를 들어 제 고국 콜롬비아에서 시위가 있었을 당시 저는 시위에 직접적으로 참여하기 보다는 국제무역센터에 콜드 이메일을 보냈습니다. 저는 콜롬비아 청소년들을 위한 공동체를 설립 프로젝트에 착수하고 싶다는 의사를 전했고 이는 젊은 기업가들을 위해 적절한 자원, 멘토링, 자금 조달 및 기타 여러 유형의 도구를 사용해 사업을 성장시키는 데 도움을 주기 위한 커뮤니티라는 계획에 대해서도 설명했습니다.

이후 협력관계를 기반으로 지역 커뮤니티를 구축했고 현재는 국제연합무역개발협의회(UNCTAD) 청소년 행동 허브와 함께 일하고 있습니다. 이외에도 다른 프로그램에 참여하면서 청년 기업가들과 협력할 수 있었습니다. 또한 오늘 세션의 패널 분들을 비롯해 여성들은 훌륭한 프로젝트를 수행할 수 있는 충분한 역량과 잠재력을 가지고 있습니다. 그렇기 때문에 저희는 여성들을 적극적으로 지원하고자 하며 또한 젊은 기업가를 돕는 액셀러레이터를 구축할 계획을 가지고 있습니다. 어느 기관으로부터 자금 지원을 받을 것인지에 대해서는 아직 공개할 수 없지만 가치 창출을 위한 제안과 행동들에 대해 살펴볼 수 있게 되어 정말 기쁘다는 사실을 말씀드리고 싶습니다.

에이미 미크 대표: 발표 감사합니다. 중요한 것은 실제로 솔루션을 설계하고 보고 싶은 미래를 구축하는 데 있어서 우리 스스로가 중요한 역할을 담당할 수 있다는 긍정적인 느낌을 갖는 것이라고 생각합니다. 그럼 이제 자연 기반 솔루션에 대해 브리코 씨와 함께 조금 더 자세한 이야기를 나눠보겠습니다. 페데리코와 함께 발표에서 언급해 주셨던 개념인데 ArchiREEF와 같은 프로젝트들이 갖는 진정한 저력은 무엇이라고 보시나요? 이외에도 자연 기반 솔루션이 갖는 영향력과 더불어 실제 긍정적인 미래를 만들어 나가는 데 어떠한 도움을 주고 있는지에 대해 자세한 말씀 부탁드리겠습니다.

브리코 유 대표: 자연 기반 솔루션이라고 하는 것은 기본적으로 자연과 생태계의 힘을 활용해 오늘날 우리가 직면해 있는 환경 문제들을 완화하고 해결해 나가는 것입니다. 그 가운데 최근 가장 많은 논의가 이뤄지고 있는 주제는 바로 '탄소 재포집과 탄소 격리'입니다. 해양 보존의 측면에서 보자면 탄소포집과 탄소중립 달성 외에도 더 많은 지표가 필요

한 상황입니다. 물론 앞선 두 가지도 매우 중요하지만 이와 동시에 생물다양성도 함께 살피지 않으면 가까운 미래에 심각한 고통을 피할 수 없는 단계에 와 있다고 생각합니다. 사실 자연 기반 솔루션에서는 결국 모든 것이 우리의 영향을 측정하여 공동 작업자 또는 구매자, 채택자에게 정보를 제공하고 그들의 참여를 유도하는 것으로 귀결된다고 할 수 있습니다. 뿐만 아니라 각각의 프로젝트가 만드는 영향력에 대해서도 정확하게 공유하는 것도 매우 중요한 부분입니다. 따라서 탄소 재포집과 탄소 격리뿐 아니라 정량화 할 수 있는 방식으로 생물다양성 개선 프로젝트의 직간접적인 영향에 대해 살펴볼 수 있는 포괄적인 데이터를 확보할 수 있다면 다양한 지역과 수준에 걸쳐 자연 기반 솔루션의 채택을 크게 확장하고 가속화하는 데 도움이 될 것입니다.

에이미 미크 대표: 정말 흥미로운 지적입니다. 데이터의 중요성에 대해 언급해 주셨는데 저는 기본적으로 데이터가 기후위기와 환경 문제에 대한 대중의 인식을 제고하는 데 대단한 역할을 하고 있다고 생각합니다. 뿐만 아니라 데이터의 역할 외에도 다양한 주체들의 참여를 유도하고 그들 간의 협력을 돕는 것의 중요성에 대해서도 말씀해 주셨습니다. 이와 관련해 앞서 김지윤 대표가 어떻게 지금의 젊은 세대가 환경 문제에 있어 의미 있는 변화를 가져올 수 있는 마지막 세대가 될 수 있는지에 관해 언급해 주셨는데 이 부분에 대해 조금 더 자세히 나눠보고 싶습니다. 환경 문제 해결을 위해 세대간 협력이 갖는 중요성에 대해서도 여러 차례 강조해 주셨는데 그렇다면 젊은 세대와 기성 세대가 보다 효과적으로 협력할 수 있는 방안에 대해서 자세히 설명해 주실 수 있을까요?

김지윤 대표: 물론입니다. 사실 앞서 제가 진행했던 발표는 세대간 형평성을 제목으로 삼고 있었습니다. 제가 제목을 그렇게 정했던 이유는 과거 파리기후협약에 워킹 그룹으로 참여했을 때 협약의 첫 페이지에 세대간 형평성이라는 용어가 실제 포함됐고 현재는 법적 구속력을 갖춘 개념이기도 하기 때문입니다. 따라서 젊은 세대는 필요시 기성세대에게 기후위기 대응을 위한 자금과 역량 강화 등을 요구할 수 있습니다. 그러나 대다수 사람들이 세대간 형평성이라는 개념에 대해 오해하고 있는 것이 현실입니다. 단지 젊은 세대가 기성 세대에게 돈을 비롯한 많은 것들을 요구하고 있을 뿐이라는 인식이 지배적입니다. 물론 저는 세대간 갈등에 대해서 말씀을 드리려는 것은 아니고 세대간 협력과 그것이 갖는 중요성에 대해 다시 한 번 강조하고 싶습니다. 앞서 말씀드렸던 조례 개정안이 실제 발효되기까지 여러 어려움이 있었는데 관계자 분들이 말씀하시기로는 재정과 직접적인 관련을 가지고 있다고 보기 어려우니 환경부로 가져가야 한다고도 말씀해 주셨습니다. 뿐만 아니라 정부 기관의 공직자들과 입법자들은 변화를 반기지 않습니다. 물론 동시에 감사하게도 저희를 도우려는 공무원 그리고 국회의원 분들도 많이 계셨습니다. 그분들은 기본적

으로 기존 시스템에 훨씬 익숙하시기도 하고 실제 시스템을 만드는 분들이시기도 한 만큼 저희보다 시스템에 대한 이해도가 훨씬 높습니다. 그렇기 때문에 저희는 그분들의 지식과 경험 그리고 전문성을 활용하는 한편 그분들은 기후변화에 대한 저희의 열정을 잘 활용할 수 있다고 생각합니다. 최근 들어 세대간 갈등이 심각한 사회적 문제로 부각되고 있지만 사실 저는 증오와 배제 보다는 협력만이 우리 모두에게 있어 가장 좋은 해결책이라고 생각합니다.

에이미 미크 대표: 감사합니다. 방금 기후변화 문제에 있어 정부가 수행해야 하는 중요한 역할에 대해 말씀해 주셨는데 저도 전적으로 동의하는 바입니다. 또한 최대한 많은 청년들이 협력의 중요성에 대해 열린 시각과 태도를 견지하는 것도 매우 중요합니다. 앞으로 기후 네트워크 내에서 세대간 협력이 보다 활발히 이뤄지길 기대해 보겠습니다. 이제 논의의 초점을 정부에서 기업으로 이동해 보겠습니다. Platinum Capital이야말로 자연 기반 솔루션과 비즈니스 간의 교차점에 위치해 있는 만큼 페데리코에게 의견을 묻고 싶습니다. 앞선 발표에서 긍정적인 사회적 및 환경적 변화를 구축하는 것에 대해 말씀해 주셨는데 이러한 가치를 보다 잘 활용하면서도 비즈니스에 통합시키기 위한 전반적인 사업환경이 미래에는 어떻게 변화할 것으로 보시나요?

페데리코 페레즈 대표: 좋은 질문입니다. 우선 파트너십을 구축하는 것의 중요성에 대해 강조하고 싶습니다. 이를 위해 저희 시(市)에서 대기업을 비롯한 민간기업들이 정부와 지역사회를 포함한 공공 부문과의 협력을 통해 성공적인 사업모델을 구축한 사례에 대해서 살펴보겠습니다. 저희 회사에 자문을 제공해 주시는 분께서 직접 고안했던 아이디어인데 실제 여타 다수의 신흥국에서 이를 벤치마크 삼고 복제하려고 했을 만큼 성공적인 우수 사례로 손 꼽히고 있습니다. 사실 1990년대 까지만 하더라도 콜롬비아 메데인(Medellin) 시는 전 세계에서 가장 위험한 도시 중 하나였을 정도로 마약 조직(카르텔)을 비롯한 각종 범죄와 폭력에 휩싸여 있었습니다. 그러나 이후 교육과 보건 부문에 대한 대대적인 투자와 더불어 나무심기 등 사회적 캠페인을 진행하고 특히 케이블카라 부르는 운송수단을 도입하며 도시 혁신과 변화를 촉진시켰습니다. 케이블카는 도심내 운송시간 단축과 탄소 배출량을 감축하는 데 기여했습니다. 이를 통해 전반적인 삶의 질이 크게 개선되는 등 여러 긍정적인 효과를 가져왔습니다. 결과적으로 Medellin 시의 사례는 다른 신흥국 시장에서도 그대로 복제, 도입될 만큼 성공적이었습니다. 일부 국가들에서는 이를 남산타워의 케이블카와 같이 관광 산업을 진작시키기 위한 방안으로 활용하기도 했습니다. 물론 어디까지나 지역사회를 돕기 위한 방안으로 말입니다. 그러나 저는 오늘 이 자리에 모인 우리가 단순히 정보를 나열하는 데 그쳐서는 안된다고 생각합니다. 건설적인 대화와 논의에 기반해 이를 실제적인 행동으로 옮기기 위한 파트너십을 구축해야 합니다. 따라서 효과적인 파트너십을 구축하는 것이야말로 여러분께 요청 드리고 싶은 결정적인 행동 강령이라는 강조의 말씀을 드리고 싶습니다.

에이미 미크 대표: 구체적인 행동을 촉구하는 훌륭한 요청입니다. 정말 감사합니다. 이제 다시 엘라에게 추가 질문을 하겠습니다. 올해로 17살인만큼 오늘 패널토론의 최연소 참가자이기도 한데 사업적인 측면에서 현재 인류가 직면해 있는 기후 및 생물다양성 위기를 해결하기 위해 기업과 정부에 대해 기대하는 바는 무엇이며 각각 앞으로 어떠한 활동을 추진해 나가야 한다고 보고 있나요?

엘라 미크 대표: 앞에서 언급한 바와 같이 플라스틱 오염을 비롯한 환경 문제를 접근할 때 코로나19 팬데믹에 대한 대응과 비슷한 방식으로 접근해야 한다고 생각합니다. 코로나19 바이러스의 세계적인 대유행을 막기 위한 방법을 고민하는 과정에서 국제사회의 대대적인 협력을 목격할 수 있었는데 플라스틱 오염에 대해서도 이와 같은 대규모의 협력을 모색해야 한다고 생각합니다. 물론 플라스틱 오염과 기후변화는 이미 당면한 심각한 문제이지만 아직까지는 코로나19와 같은 강도의 파급력을 가진 환경 및 피해를 초래하지 않았기 때문에 이러한 협력이 부족했습니다. 그러나 우리는 이미 대규모 홍수와 극심한 가뭄 피해와 같이 기후위기로 인한 직간접적인 영향을 목도하고 있습니다. 그리고 이러한 영향은 점차 우리의 일상 속으로 더욱 침투할 것이 자명한 만큼 대규모 협력이 절실한 상황입니다.

그럼에도 한편으로 저는 전 세계적으로 최근 기후변화와 플라스틱 오염을 해결하기 위한 긍정적인 변화가 일어나고 있다고 봅니다. 각국 정부는 관련 법안을 도입하고 있고 UN도 마찬가지이며 이는 모두 매우 가치 있는 조치이고 앞으로 우리가 더욱 많이 목격해야 할 긍정적인 변화입니다. 아직까지는 일부 국가들에 한해서만 특정 플라스틱 품목을 금지하고 있는 상황이지만 앞으로 다른 국가들도 이러한 협력에 동참해 관련 조치를 도입해 나가야 한다고 생각합니다. 이외에도 환경 문제의 시급성도 중요하게 다뤄져야 할 부분입니다. 예를 들어 영국은 플라스틱 금지에 대한 정부 조치가 발표된 이후 다시 철회된 사례가 있어 개인적으로는 아쉬움이 남습니다. 만약 이러한 조치가 계속 적용이 되었더라면 막대한 효과를 발휘했을 것이기 때문에 저는 앞으로 변화를 만들어가기 위해서는 시급성을 가지고 문제에 접근해야 한다고 생각합니다. 이러한 결정을 되돌릴 시간적 여유가 더 이상 없기 때문에 가능한 빨리 지금 당장 행동에 나서야 합니다.

에이미 미크 대표: 물론입니다. 지금까지 모든 답변에서 공통적으로 긴박함과 협력의

중요성이 언급되고 있는데 이는 대단히 고무적인이라고 생각합니다. 기후위기를 해결할 수 있는 유일한 방법은 사실 오늘 저희가 젊은 세대의 관점에서 말씀드리고 있는 것처럼 모두가 함께 협력하는 것뿐입니다. 오늘 이 자리에 계신 청중 여러분도 이러한 협력의 해결 방식에 공감하실 수 있기를 바랍니다. 저희는 젊은 청년 세대의 입장을 대변해서 말씀을 드리고 있는데 사실 패널 분들 중에서는 이제 더 이상 청년의 범주에 속하지 않는다고 생각하시는 분들도 있을 수 있지만 역으로 저는 오히려 그렇기 때문에 보다 많은 경험과 전문성을 가지고 환경 문제 해결에 적극적으로 참여해 오셨을 것이라고 생각합니다. 이제 본 세션의 남은 시간 동안에는 여러분 각자가 특별히 의미 있거나 인상 깊은 흥미로운 경험들이 있다면 나눠 주시면 감사하겠습니다.

엘라 미크 대표: 최근 있었던 경험에 대해 잠시 나누면 저희가 영국의 노팅엄 지역에서 수여하는 상의 후보로 지목됐는데 저희와 함께 후보 명단에 이름을 올린 그룹 중에는 자선활동을 위한 어린이 단체도 있었습니다. 저희 보다 훨씬 어린 나이임에도 불구하고 엄청난 양의 쓰레기 줍기 활동을 통해 플라스틱 오염 문제를 해결하기 위해 귀감이 될 만한 열정을 가지고 활동을 이어가고 있었습니다. 그들과 함께 후보가 될 수 있었던 것은 매우 멋진 일이었습니다. 동시에 흥미로웠던 사실은 그들이 저희 단체의 일원이기도 했다는 점이었는데 대부분의 활동가들과 온라인 상으로만 만나는 저희로서는 정말 특별하고 멋진 순간이었습니다.

브리코 유 대표: 저도 비슷한 경험이 있어서 잠시 이야기해 보겠습니다. 사실 제가 대학에 입학하기 전까지는 오늘과 같은 국제 무대에 서서 리더십을 발휘할 수 있는 기회가 거의 없었습니다. 저희의 이야기가 대중에 소개되기 시작하면서 전 세계 다양한 사람들로부터 이메일을 받았는데 가장 인상깊게 남아있는 것 중 하나는 7살 아이가 저희에게 보냈던 메일입니다. 물론 혼자만의 힘으로 보냈던 것은 아니고 꼬마 아이의 어머니가 노력 끝에 저희 이메일을 찾아 보내준 것이었습니다. 내용에는 "당신의 해결책은 정말 멋져요. 혹시 저희 아이가 함께 참여할 수 있는 방법이 있을까요? 아이가 수영을 할 줄 아는데 혹시 도움이 될 만한 방법이 있을까요?"라는 질문들이 있었습니다. 그와 같은 아이디어가 얼마나 실용적인지에 대해서는 말할 것도 없고 어린 아이가 직접 나서서 저희를 돕고 싶어한다는 생각 그리고 "엄마, 제가 그들에게 연락하는 것을 도와줄 수 있나요?"라고 묻는 진취적이고 적극적인 자세는 제가 어렸을 때는 쉽게 보기 어려웠던 것입니다. 어린 아이들로부터 적극적인 참여 의지와 움직임을 점차 더 많이 볼 수 있게 되어 정말 기쁩니다. 그런 의미에서 이번 세션의 패널 분들은 모두 어린 아이들에게 귀중한 영감을 불어넣는 훌륭한 역할을 해주시리라고 생각합니다.

김지윤 대표: 저는 최근 국제사회 내에서 논의되고 있는 중요한 개념 가운데 하나인 남반구와 북반구로 양분되는 지역적 정의에 대해 말씀드리고 싶습니다. 이는 개발도상국과 선진국이라는 개념으로 대체할 수 있는 개념이기도 합니다. 최근에는 달라진 부분이 있을 수도 있지만 과거 제가 UNFCCC 당사국총회(COP25)에 참가했을 당시 전 세계의 청년 세대가 함께 모여서 함께 구체적인 행동에 나서고 때로는 토론에 있어 적극적으로 개입하기도 했습니다. 특히 UN 측에서 저희에게 협상 과정에서 유의미한 진전을 촉구하기 위해 3~5분가량 협상 토론에 개입해 발언할 수 있도록 허용했는데 이 시간은 모든 청년 참가자들에게 매우 소중한 기회가 됐습니다. 그런데 아시다시피 당시 한국은 UN 국가 분류상 개발도상국에 속해 있었기 때문에 저는 남반구 그룹에서 발표를 진행하게 됐습니다. 그러나 남반구의 다른 청년 대표단은 한국이 왜 남반구 국가로 선정됐는지에 대해 불만을 제기했습니다. 그래서 저는 위키피디아 검색 결과를 찾아보면 한국은 남반구로 분류되어 있다는 사실에 대해 언급했지만 아프리카를 비롯한 다른 가난한 국가에서 온 청년 대표들은 저의 발언에 반대했습니다. 그로 인해 대표단 내에서는 한국을 어떻게 분류해야 하는지에 대해 논쟁을 벌였고 결국 협상은 5~6시간 지연됐습니다. 결과적으로 어느 누구도 연설을 진행할 수 없게 되는 상황에 이르렀고, 이는 지금까지도 제게 상당히 실망스러운 기억으로 남아있습니다.

페데리코 페레즈 대표: 저는 콜롬비아 Medellín의 민간기업 협회의 사례에 대해 나눠 보겠습니다. 이들은 기업 내외부적으로 광범위하게 이뤄지는 시위의 발생 비율을 낮추기 위해 시위 주최측의 지도자들과 비공식 채널을 통해 직접 소통하는 메커니즘을 구축했습니다. 그들은 시위 주최 단체들의 어려움과 필요에 대해 허심탄회하게 묻고 "교육과 직업 또는 다른 고용 기회 등에 있어서 저희가 도울 수 있는 부분이 있나요?"와 같은 조력 의사를 전달했습니다. 사실 언론에서는 처음부터 시위 주최측의 구성원들은 범죄자들과 다름없기 때문에 구속 영장을 즉각 발부해 감옥에 수감시켜야 한다는 주장을 펼쳤습니다. 그러나 제가 직접 만나본 이들은 단지 열악한 성장배경으로 인해 잘못 인도되었을 뿐 다른 젊은이들과 다를 바 없었습니다. 그 중에서는 마치 스탠드업 코미디언 같다는 인상을 받을 정도로 유쾌한 친구도 있었습니다. 따라서 사람들과 만나 진정으로 교류하고 공감하는 과정을 통해 서로 연결될 수 있다면 공동의 목표 달성을 위해 협력할 수 있다고 생각합니다. 바로 그러한 이유에서 상대방이 필요로 하는 것이 무엇인지에 대해 정확히 파악하고 실제 자원을 해당 영역에 충분히 할당하는 것은 매우 중요합니다.

에이미 미크 대표: 매우 고무적인 내용입니다. 사실 국제 무대에서 각자의 경험을 공유할 때 개인마다 경험의 내용이 매우 다를 수 있다고 생각하는데 김지윤 대표를 제외한 모든 패널분들로부터 긍정적인 답변을 들었다는 것은 정말 기분 좋은 일입니다. 김지윤 대표는 UN 기후변화회의에 대해 언급했는데 사실 올해 COP27 개최일까지 며칠 남지 않았기 때문에 이 부분에 대해서도 나눠보고 싶습니다. 올해 COP27에 김지윤 대표와 페데리코 두 분이 참석하실 예정인 것으로 알고 있는데 여러분이 이번 회의에 대해 어떠한 기대를 가지고 있는지 궁금합니다. 사실 많은 사람들이 작년 글래스고에서 이뤄진 논의들에 대한 실질적인 후속 조치를 기대하고 있는 상황에서 강력한 조치가 나오지 않는 것을 보고 상당히 실망했습니다. 그렇다면 이번 COP27에 대해 특별히 기대하는 바가 있다면 어떤 것인지 말해 주실 수 있을까요?

김지윤 대표: 제가 먼저 말씀드리겠습니다. 사실 바로 지난 달 COP27 관련 의제들에 대한 의견을 나눴는데 손실과 피해는 최근 젊은 층 사이에서 집중적인 관심을 받고 있는 개념입니다. 따라서 관련 작업을 수행하는 실무진 규모도 점차 커지고 있는 추세인데 기본적으로 개발도상국과 선진국의 젊은 이들은 이에 대해 같은 입장을 가지고 있습니다. 이들은 공통적으로 앞선 세대에게 손실과 피해에 대한 보상을 적극적으로 요구하고 있습니다. 최근에는 이러한 문제를 전담하기 위한 별도의 금융기관을 설립해야 한다는 것과 관련해 일부 논란이 있었습니다만 앞으로 이에 대해 지속적인 관심과 논의를 이어가야 할 것입니다.

브리코 유 대표: 저는 올해 COP27과 내년 COP28에서 자연 기반 솔루션 관련해 특별히 민간 부문의 참여를 가속화할 수 있는 방법에 대한 광범위한 논의가 이뤄지고 있기 때문에 상당히 낙관적인 입장을 가지고 바라보고 있습니다. 이미 민간부문이 자연 기반 솔루션과 녹색 기술에 대한 투자를 확대해야 한다는 논의가 상당수 진행되고 있는 만큼 여러 이해관계자들과 논의한 내용을 바탕으로 미루어 볼 때 앞으로 민간부문으로부터 훨씬 강력한 참여가 있을 것으로 기대됩니다. 그런 의미에서 저는 상당히 낙관적인 전망을 가지고 향후 전개 상황을 지켜볼 계획입니다. 또한 저는 COP27 외에도 내년 스위스 다보스에서 개최될 세계경제포럼에도 참가할 예정인데 단순히 청년층을 대표하는 것을 넘어서 확장 가능하고 가시적인 해결책이 분명히 존재한다는 사실을 전달하려는 계획을 가지고 있습니다.

에이미 미크 대표: 앞으로 수주 동안 국제사회의 관심이 이집트 COP27에 집중될 것이라고 생각됩니다. 회의에 참석하시는 모두에게 행운을 빕니다. 저 또한 기본적으로 낙관

주의적인 관점을 옹호하고 지지하는 바입니다. 이제 오늘 MC를 맡고 계신 전한나 교수님께서 저희 패널 분들께 질문이 있다고 하셔서 잠시 들어보겠습니다.

전한나 교수: 감사합니다. 본격적인 질문을 드리기에 앞서 오늘 패널 여러분들의 발표와 대담을 들으면서 여러분 개개인이 지닌 엄청난 열정과 그러한 열정을 실질적인 행동으로 전환해 나가는 일련의 과정을 보면서 커다란 감동을 받았습니다. 이러한 행동들이 가시적이고 긍정적인 영향을 가져오고 있다는 점에 대해서는 저를 비롯해 오늘 이 자리에 계신 많은 분들께서도 충분히 공감하셨을 것이라고 생각합니다.

사실 오늘 컨퍼런스에서 지속가능한 금융과 더 나은 세상을 만들기 위한 방안으로써 금융에 대해 논의한 만큼 앞선 토론과 해결책들이 대부분 국가나 지역 차원의 거시적 정책에 초점을 두고 있었습니다. 그러나 이번 세션의 참여 연사 분들의 경우에는 모두가 현장에서 활발한 환경 활동을 이어가고 있기에 보다 개인적인 차원에서는 구체적으로 어떤 일들이 일어나고 있는지에 대해 정확히 이해하고 계시리라 생각합니다. 오늘 자리에는 금융과 산업 분야를 비롯해 공공 부문, 미디어, 학계 등 다양한 분야의 매우 저명한 손님분들이 참석해 주셨기 때문에 각자 한 말씀 부탁드리겠습니다.

기본적으로 우리는 모두 한 명의 개인이자 인간입니다. 따라서 여러분의 관점과 경험, 그리고 현재 추진 중인 작업들로부터의 통찰을 통해 앞으로 일상 생활에서 적용할 수 있는 구체적이고 실질적인 행동 수칙이 있다면 어떠한 것들이 있을지 공유해 주시기 바랍니다. 향후 24시간 동안 해야 하거나 하지 말아야 할 일이 될 수도 있고, 마음가짐의 변화가 될 수도 있으며, 우리 스스로에게 물어봐야 할 질문이 될 수도 있습니다. 이에 대해 잠시 나눠 주신다면 추후 고민해 볼 좋은 생각거리가 될 수 있겠습니다.

에이미 미크 대표: 물론입니다. 오늘 토론을 마무리하기에 매우 적절하고 좋은 질문이라고 생각합니다. 그럼 페데리코부터 답변을 시작해 주실까요?

페데리코 페레즈 대표: 오늘 참석자 분들 중 상당수는 행사 참석을 위해 먼 곳으로부터 비행기를 타고 오신 것으로 알고 있습니다. 저는 이로 인한 환경오염 효과를 상쇄하기 위해 탄소 거래(credit)를 적극 활용하는 방안을 제안하고 싶습니다. 이는 매우 간단하고 충분히 실행 가능한 매력적인 방안이라고 생각합니다.

브리코 유 대표: 제가 제안하고자 하는 방법도 너무도 쉽고 간단합니다. 여러분이 버리게 되는 마지막 쓰레기 한 조각이 궁극적으로 어디에 버려지게 될 것인지에 대해 한 번

씩만 생각해 봐주시기를 당부 드립니다. 우선 과연 재사용되거나 재활용될 수 있을 것인지에 생각해 주시고 만약 그렇지 않고 일반 쓰레기통에 버려질 경우 대부분 결국 바다 혹은 매립지에 버려지게 될 가능성이 높기 때문에 우리의 일상 속 소소한 행동과 결정들에 대해서 생각해 보는 것이 중요합니다. 따라서 오늘 제가 여러분께 드리고 싶은 한 가지 숙제는 오늘 일과 중 가장 마지막으로 버리게 되는 쓰레기에 대해 단 한 번씩만 생각해 보는 시간을 잠시 가져보는 것입니다.

엘라 미크 대표: 훌륭한 제안입니다. 제가 드리고 싶은 말씀은 주변 사람들에게 환경 문제에 관해 공개적으로 이야기하는 것이 지닌 힘을 절대 과소평가하지 말라는 것입니다. 오늘 논의된 이야기 혹은 저희의 대화 중에 발견하신 중요한 지침 혹은 깨달음이 있으셨다면 다른 사람들에게 이것에 대해 나누시기를 바랍니다. 이렇게 여러분도 변화의 일부를 담당할 수 있다는 사실에 대해 적극적으로 입소문을 내고 알리고 공유하는 과정이 갖는 힘은 결코 간과해서는 안됩니다. 이는 더 큰 변화를 만드는 데 중요한 계기를 마련할 것입니다. 아무리 작은 변화라고 하더라도 많은 사람들이 함께 실천한다면 커다란 변화를 가져올 수 있다고 생각합니다.

김지윤 대표: 저는 무엇보다 우리 모두가 더 나은 미래를 위한 중요한 변화를 만들어내는 주체가 될 수 있다는 확고한 믿음을 가져야 한다는 것을 강조하고 싶습니다. 이는 종종 너무 사소한 단계로 치부되기 때문에 대부분의 분들이 충분한 주의를 기울이지 않고 있지만 사실 다른 모든 것에 앞서는 가장 중요한 요소라고 생각합니다. 실제 개개인의 행동들이 모이면 엄청난 변화를 가져오기 때문에 앞서 엘라가 제안한 것처럼 오늘 들으셨던 내용 중 기억에 남는 몇 가지에 대해 주변의 가까운 사람과 이야기를 나누고 그들로 하여금 다시 주변에 퍼져 나갈 수 있도록 함께 노력해 주시기 바랍니다.

에이미 미크 대표: 덧붙여서 한 가지 추가하자면 오늘 패널분들께서 협업의 중요성에 대해 여러 차례 언급해 주셨는데, 저는 이것이 결국 오늘 논의됐던 내용들을 한데 모으는 작업과 일맥상통한다고 생각합니다. 주변의 청년 및 청소년 네트워크를 찾을 수도 있고 그들을 여러분의 업무 영역으로 초대할 수도 있습니다. 이와 더불어 지속가능성이라고 하는 것이 반드시 기존의 ESG 개념 혹은 사업적 혹은 일상적 부분들이 가지고 있는 선입견에 부합해야 한다고 생각하지 않으시기를 바랍니다. 지속가능성은 우리의 일상 생활과 기업의 일반적인 사업 환경에 걸쳐 두루 통합될 수 있는 개념이자 가치입니다. 따라서 오늘 세션을 마무리하기 앞서 여러분의 향후 활동 계획과 정보 외에도 마지막으로 구체적인 행동을 촉구하기 위한 마지막 당부 말씀을 하나씩 부탁드리겠습니다.

엘라 미크 대표: 저희 공식 웹사이트(kidsagainstplastic.co.uk)에 방문하시면 저와 에이미가 구체적으로 어떤 활동을 하고 있는지에 대해 보다 자세히 확인하실 수 있습니다. 또한 저희가 현재 추진하고 있는 Plastic Clever Schools 학교 프로그램에 참여하고 싶다면 별도의 홈페이지를 참조해 주시기 바랍니다. 또한 저희 단체에 속해 있는 아이들이 어떠한 활동을 하고 있는지 확인하고 싶으시다면 KAP 클럽이라고 하는 저희 웹사이트의 어린이 섹션을 참조하시면 됩니다. 12세 아이들이 진행하고 있는 불필요하고 끈적거리는 플라스틱 장난감 등에 반대하는 캠페인을 확인할 수 있을 겁니다. 또한 캠페인을 지원하기 원하시는 분들이 있다면 구체적인 방법과 안내사항도 확인하실 수 있으니 참고 부탁드리겠습니다. 감사합니다.

브리코 유 대표: 이렇게 별도로 홍보할 수 있는 시간이 마련되니 너무 좋습니다. 저희는 현재 링크드인(LinkedIn)을 통해 활발히 활동하고 있으며 정확한 회사명은 ArchiREEF, 즉 'Architecture'에 'Reef'를 더한 겁니다. 만약 링크드인을 이용할 예정이라면 계정을 마련하시는 것을 추천 드리고 저희를 검색하면 저희 팀 구성원과 포트폴리오도 확인하실 수 있습니다. 오늘 이후로 팔로워 수가 늘어나기를 기대해 보겠습니다.

페데리코 페레즈 대표: 저희 링크드인 계정명은 'Platinum Capital'입니다. 이외에도 만약 아마존 내에서 자연 기반 프로젝트를 수립하고 삼림 벌채와 생태계 파괴를 줄이는 데 기여하고 싶거나 이와 관련해 저와 잠시라도 짧게 대화를 나누고자 하는 분들이 있다면 언제든 연락 주시기 바랍니다.

김지윤 대표: 저희가 협업에 대해 매우 적극적인 입장이라는 것에 대해 말씀드리는 것을 잠시 잊었습니다. 저희와 협력할 생각이 있으시다면 직접 메시지를 보내주시면 감사하겠습니다.

브리코 유 대표: 저희도 협업을 위해 언제든지 여러분과 논의할 준비가 되어 있습니다.

에이미 미크 대표: 앞서 강조해 말씀드렸던 또 다른 의미 있는 작은 행동이 될 수 있다고 생각합니다. 오늘 세션을 마치고 나가는 길에 누구나 할 수 있는 간단한 행동은 바로 링크드인이나 인스타그램에 접속해 청년 세대를 비롯해 수많은 환경 운동가들이 수행하고 있는 흥미롭고 놀라운 프로젝트들을 팔로우 하는 것입니다.

이제 아쉽게도 오늘 세션을 마칠 시간입니다. 오늘 함께해 주신 패널분들을 비롯해 모든 연사분들께 깊은 감사의 마음을 전하고 싶습니다. 토론에 적극적인 참여와 더불어 각자 수행하고 있는 놀라운 프로젝트 자체에 대해서도 가감없이 말씀해주신 패널 분들께도 다시한번 감사의 말씀을 드립니다.

종종 미래 세대이자 기후위기를 극복할 수 있는 마지막 세대로 묘사되는 저희 젊은 세대는 사실 이러한 변화를 만들어낼 수 있는 충분한 능력을 가지고 있습니다. 또한 저희는 미래 세대일 뿐만 아니라 동시대를 살아가는 현재 세대이기도 합니다. 오늘 함께한 패널 분들이 이러한 사실을 누구보다도 잘 보여준다고 생각합니다. 실제 다양한 분야의 젊은이들이 환경과 기후 문제 해결을 위해 누구보다 앞장서서 행동에 나서고 있습니다. 또한 저희는 인류가 간절히 바라는 긍정적인 개선과 변화를 위해 적극적으로 협력하고 도울 준비가 되어 있습니다. 여러분 모두 각자의 위치와 분야에서 청년들을 초대하고 함께 협력할 수 있는 방안에 대해 적극적으로 모색해 주시기를 부탁드립니다. 청년층은 오늘날 세계가 직면한 도전을 극복하고 앞으로 물려받게 될 자연의 유산들을 지켜내는 데 있어 귀중한 통찰력과 더불어 절박한 관점을 제공하기 때문입니다. 세대 간의 진정한 협력 없이는 기후위기와 생물다양성 손실을 비롯해 인류와 지구가 직면한 여러 심각한 문제를 해결할 수 없다는 것은 너무도 분명합니다. 따라서 젊은 세대와의 협력을 적극적으로 촉구해 주시기를 정중히 부탁드리며 세션을 마치겠습니다. 대단히 감사합니다.

특별연설

연사
마크 카니 UN 기후변화 특사, Brookfield Asset Management 부회장/
前 영란은행(BOE) 총재, G20 금융안정위원회(FSB) 의장

특별연설

[Highlight]

우리 모두가 2050년까지 1.5℃ 이내 온도 상승 억제를 위한 공동의 목표를 달성하는 데 적극적으로 나서지 않는다면 기후위기로 인한 경제적 대가의 상당 부분을 아시아 지역이 감당해야만 할 것입니다. 따라서 국제사회는 2050년까지 탄소중립을 달성하기 위해 탈탄소화를 위한 발걸음을 즉각 내딛어야 합니다.

마크 카니(Mark Carney)
UN 기후변화 특사, Brookfield Asset Management 부회장
/前 영란은행(BOE) 총재, G20 금융안정위원회(FSB) 의장

마크 카니 부회장: 청중 여러분 안녕하십니까? 글래스고 탄소중립금융연합(GFANZ)과 브룩필드 자산운용을 대표해 오늘 세계경제연구원과 우리금융그룹이 공동 주최하는 국제 컨퍼런스에 화상으로나마 참석할 수 있게 되어 매우 기쁘고 영광입니다. 우선 본격적인 시작에 앞서 한국의 3대 은행 중 하나인 우리금융그룹이 지난 2019년 처음 UNEP FI에 가입한 이래 바로 지난 달에는 탄소중립을 위한 국제적 은행간 연합체인 GFANZ 회원 가입 서명을 완료하는 등 국내외에서 ESG 주류화에 앞장서고 있는 것에 대해 진심 어린 축하와 더불어 깊은 감사의 말씀을 드리고 싶습니다. 우리금융그룹은 한국과 아태 지역을 넘어 전 세계 금융기관들의 훌륭한 모범이 되고 있습니다. 뿐만 아니라 지속가능 금융에 대한 지속적인 관심을 바탕으로 지난 2년 전부터 ESG 글로벌 서밋을 개최하는 등 탄소중립 전환이 갖는 중요성에 대해 정부와 금융기관들의 관심을 제고하는 데 중점적인 역할을 수행하고 있는 세계경제연구원에도 다시 한 번 감사의 말씀을 드립니다. 세계경제연구원과 같은 싱크탱크의 기후금융 관련 연구는 정부와 금융기관들이 탄소중립 전환을 달성할 수 있는 발판을 마련하는 데 중요한 전환점을 제공한다고 생각합니다.

며칠 후 이집트에서 제27차 기후변화 당사국총회가 개최될 예정인데 탄소중립 달성을 위한 10년의 기간 중 벌써 1/4이 지났습니다. 지구의 평균기온은 산업화 이전 시기에 비해 이미 1.1℃가량 상승했고 특히 지난 7년은 기후 관련 기록 집계 이래 최고 온도에 도달한 기간이기도 했습니다. 지난 해 영국 글래스고에서 각국 정부가 합의한 바에 따르면 금세기 말까지 온도 상승을 1.8℃까지 억제할 수 있다고 하지만 실제 기후 관련 정책을 자

세히 살펴보면 우리는 여전히 2.5℃ 상승의 경로에 있습니다. 따라서 이 같은 격차에 대해 단순히 인지하는 것을 넘어서 시급성과 위기의식을 가지고 적극적으로 좁혀 나가야 합니다. IPCC에 따르면 글로벌 탄소감축 예산은 법적 구속력을 갖춘 조약이지만 현재 속도대로 진행될 경우 10년 이내로 예산이 빠르게 고갈될 것이 확실시되고 있습니다.

한편 아시아는 전 세계에서 가장 빠르게 성장하는 지역이자 녹색기술의 선두주자로서 이러한 대전환의 최전선에 있습니다. 그만큼 향후 에너지 안보 개선과 복원력을 갖춘 도시 인프라 구축 그리고 지속가능한 성장을 위해 탄소중립이 제공하는 막대한 기회를 누구보다 잘 포착할 수 있는 유리한 위치에 있습니다. 하지만 동시에 아시아 지역은 기후위기의 파괴적 영향에 가장 취약한 지역이기도 합니다. 그렇기 때문에 우리 모두가 2050년까지 1.5℃ 이내 온도 상승 억제를 위한 공동의 목표를 달성하는 데 적극적으로 나서지 않는다면 기후위기로 인한 경제적 대가의 상당 부분을 아시아 지역이 감당해야만 할 것입니다. 따라서 국제사회는 2050년까지 탄소중립을 달성하기 위해 탈탄소화를 위한 발걸음을 즉각 내딛어야 합니다.

다행히도 최근 이러한 전환 작업의 속도가 이전에 비해 한층 빨라졌습니다. 지난 2년 간 각국의 탄소중립 목표를 통해 상쇄되는 탄소배출량은 2년 전에 비해 33%에서 90%까지 크게 높아졌습니다. 또한 글래스고 기후협약을 통해 1.5℃ 목표와 실제 이행 간에 존재하는 간극을 줄이는 데에도 합의했습니다. 인류 역사상 처음으로 전 세계 각국은 석탄기반 화력 발전을 단계적으로 축소하고 비효율적인 화석연료에 대한 보조금을 점진적으로 폐지하기로 했습니다. 한편 민간 부문에서는 1만여개에 달하는 기업들이 과학적인 데이터에 기반한 탄소배출 감축 목표를 수립해 나가고 있습니다. 이 같은 변화의 흐름 속에서 우리금융그룹과 같은 금융기관이 선도적인 역할을 수행해 나가고 있습니다. GFANZ의 일환으로 50개 이상의 국가들에서 550여개의 금융기관들이 130조 달러를 상회하는 천문학적 규모의 자산과 대차대조표 관리를 통해 1.5℃ 탄소중립 목표를 달성하기 위해 노력하기로 합의했습니다.

작년에는 기업과 금융기관들이 탄소중립의 주류화에 초점을 두었다면 올해는 이러한 목표 달성을 위한 실질적인 운영방침을 수립하고 실현시키기 위한 여러 전략들을 검토하고 있는 것으로 알고 있습니다. 이러한 맥락에서 GFANZ도 탄소중립으로의 전환을 달성하기 위해 금융기관과 금융 시스템이 필요로 하는 여러 도구들을 제공하고자 노력하고 있습니다. 이는 기본적으로 탄소중립으로의 전환 계획을 위한 범산업적 지침을 필요로 합니다. 며칠 전 새롭게 발표된 GFANZ의 프레임워크는 다양한 이해관계자들의 피드백을 반영해 금융기관들이 기후 관련 목표 달성을 위해 채택해야 하는 거버넌스를 포함한 다수의 지표를 제시하고 있습니다. 또한 GFANZ 프레임워크는 기후 전환 금융의 명확한 정의를 제시하고 이를 기반으로 단순히 지분매각 방식을 통한 포트폴리오 재구성을 넘어 실물경제의 탈탄소화에 박차를 가하도록 도울 것입니다.

이러한 관점에서 금융기관들의 기후 전환을 돕기 위해 다음의 4개 전략에 대해 고민해 볼 수 있습니다. 첫 번째는 무엇보다 기후 관련 해결책을 지원하는 것입니다. 다시 말해 탈탄소 경제 구현에 기여하는 기술과 제품 등을 지원하는 방안입니다. 둘째는 탄소중립 경제의 미래와 동일한 연장선 상에 있는 비즈니스 모델에 대한 자금지원을 확대하는 것입니다. 지금 말씀드린 두 가지 전략만으로도 충분할 것이라고 생각하시는 분들도 많겠지만 단순히 이미 친환경 자산을 보유하고 있는 기업에 대한 투자를 확대함으로써 대차대조표를 녹색화 하는 데 그쳐서는 안되고 궁극적으로 실물경제의 탈탄소화를 달성해야 합니다. 이를 위해서는 다음의 세 번째 전략이 반드시 동반돼야 하는데 탄소배출량이 높은 산업의 기업들에 투자함으로써 그들의 안정적인 감축 계획 및 이행을 지원하는 것입니다. 이러한 방법을 통해 탄소중립 계획과 일치하는 사업 운영 전략을 추진하는 기업에 대한 지원을 적극 확대해 그들의 성공적인 에너지 전환을 촉진해야 합니다. 마지막 네 번째 전략은 좌초자산의 단계적인 처분 계획을 지원하는 것입니다. 이를 통해 탄소배출량 감축이라는 본연의 목표 외에도 서비스 지속성과 사회 안정 등의 부수적인 효과를 얻을 수 있습니다. 이 때 금융이 중요한 원동력을 제공할 수 있습니다.

비록 금융이 탈탄소화를 현실화하는 데 중추적인 역할을 담당하고 있다고는 하지만 실질적인 변화를 만들어내는 것은 결국 실물경제의 영역입니다. 이러한 이유에서 GFANZ에서는 기업들의 전환 이행 계획을 평가하고 자금 지원 여부를 결정하는 데 있어 금융기관들이 참고할 수 있는 기준을 제시하고 있습니다. 이를 기반으로 금융기관들은 신뢰할 만한 기업을 파악하고 더 나은 미래를 위한 좋은 투자처를 찾을 수 있을 것이라고 믿습니다. 또한 내년 중으로 부문별 탈탄소 경로에 관한 가이드라인을 발표할 예정으로 이를 통해 석유, 가스, 항공, 철강 산업 등 탄소 집약적 기업의 비즈니스 모델을 1.5℃ 목표와 연계할 수 있길 희망하고 있습니다. 이를 통해 환경 문제에 대한 기업의 관심을 제고하고 에너지 전환을 위한 실제적인 행동에 옮기도록 촉구할 것입니다.

요약해서 말씀드리면 금융기관을 위한 탄소중립 계획 프레임워크와 실물경제의 전환을 돕기 위한 구체적 기준 및 부문별 경로 등은 일관되고 통일된 가이던스를 제공합니다. 이는 광범한 대상에 적용 가능한 보편적 도구라는 점에 더욱 중요한 의미를 갖습니다. 그러나 동시에 저희는 국가별로 각기 다른 특성과 지역적 중점 사안에 따라 가이던스를 다르게 조정해 나가는 것도 중요하다고 생각합니다. 저희는 GFANZ의 자원을 국가마다 다르게 적용할 뿐만 아니라 APAC 지역의 탈탄소화를 지원하기 위한 지역 네트워크를 구축했습니다. 이는 석탄 화력발전의 단계적 축소를 돕는 데 기여할 뿐만 아니라 신흥국 및 개도국의 에너지 전환을 위한 기회를 제공하고자 하는 저희의 두 번째 핵심을 구성합니다.

오늘날 상품 생산과 운송 그리고 조명 및 난방을 위한 연료 공급은 전 세계 탄소 배출량의 4분의 3가량을 차지하고 있습니다. 향후 온도 상승을 1.5℃ 이내로 유지하기 위해서는 전체 배출량의 막대한 부분을 차지하는 해당 영역의 배출량을 빠르게 감축해야만 합니다. 이는 인류 역사상 가장 복잡한 에너지 전환에 해당하는 만큼 분명 쉽지 않은 도전과제에 해당합니다. 그렇기 때문에 단순히 화석연료 사용을 줄이는 것만으로는 충분치 않고 청정 에너지 부문에 대한 투자 가속화가 반드시 수반돼야 합니다. IEA에 따르면 1.5℃ 목표 달성을 위해서는 향후 10년간 청정 에너지 부분에 대한 연간 투자 속도가 3배 이상 증가해야 한다고 합니다. 따라서 에너지 부문 투자에 관한 다양한 1.5℃ 시나리오에 대해 잠시 함께 살펴보겠습니다.

저희의 자체적인 연구결과에 따르면 2020년대 말까지 전 세계는 청정 에너지 부분에 대한 투자를 현재 대비 4배가량 확대해야 합니다. 구체적으로는 화석 연료 에너지의 용량 유지를 위해 투자되는 1달러당 최소 4달러 이상을 청정 에너지 인프라에 투자해야 합니다. 현재 해당 비율은 1:1 수준에 그치고 있습니다. 따라서 향후 투자 비율을 높이는 작업이 이뤄져야 합니다. 이는 역으로 기후위기 극복에 있어 최대 위협 요인이 청정 에너지 부문에 대한 투자 속도가 될 수 있음을 시사합니다. 그렇기 때문에 GFANZ에서는 특히 신흥국과 개발도상국의의 기후 관련 자금조달 격차를 해결하는 데 중점을 두고 있고 이러한 격차 해소를 위해 2020년대 말까지 청정 에너지 부분에 대한 연간 투자가 1조 달러 이상 추가로 확대해야 합니다.

또한 저희는 정부, 자선 및 다자간 개발 은행들과의 적극적인 파트너십을 통해 저희는 새로운 국가간 플랫폼과 공정한 에너지 전환 협력체(Just Energy Transition Partnerships, JETP)를 설립해 신흥국의 에너지 전환을 지원하기 위한 자금유입을 돕고 있습니다. 이미 인도네시아와 베트남의 JETP와 이집트의 국가 플랫폼을 통해 민간 부문의 에너지 전환을 위해 상당 자원을 투입했습니다. 그러나 이에 그치지 않고 향후 특히 아시아 지역내에서 다른 국가 및 이해관계자들과 광범위한 협력관계를 구축해 역내 에너지 전환이 공정하게 이뤄지는 한편 범세계적으로 확장될 수 있기를 기대하고 있습니다.

마지막으로 저희의 작업은 책임성에 초점을 맞추고 있습니다. 이를 위해서는 무엇보다 에너지 전환의 진행 상황과 단계를 개별 국가 및 기업별로 추적할 수 있어야 합니다. 이는 탄소중립 전환을 위한 저희의 글로벌 프레임워크부터 지역적 지침에 이르기까지 모든 작업이 탄소중립 관련 데이터의 공공성에 기반하고 있는 이유입니다. 이는 금융기관과 규제기관, 시민 사회와 일반 대중들로 하여금 기후 전환 관련 상황을 언제 어디서나 추적 가능하도록 하기 위해 정확성과 적시성을 갖춘 정보를 공개적으로 접근 가능하도록 합니다. 해당 프로젝트는 파일럿 형태로 내년 여름경까지 시범 운영될 방침입니다.

또한 저희는 블룸버그, 런던거래소, 레피니티브, 무디스, 모닝스타, MSCI, S&P 등을 포함한 세계 최대 금융 데이터 제공업체들의 협력과 지원을 바탕으로 기후 전환에 관해 책임을 촉구하는 방안을 추진할 계획을 가지고 있으며 이는 전례를 찾아보기 어려운 대규모 프로젝트가 될 것입니다. 유럽연합과 유럽위원회를 비롯해 영국, 미국, 프랑스, 싱가포르, 스위스 등의 각국 정부를 비롯해 OECD, FSB, IEA, IOSCO, UN 등을 포함한 국제기구와도 협력해 나갈 계획입니다. 따라서 파일럿 프로젝트 개시에 앞서 여러분의 의견과 관점이 절실히 필요한 상황입니다. 곧이어 발표될 저희의 협의문(consultation)에도 적극적으로 공감하고 의견을 개진해 주시기를 당부 드립니다.

금융은 어디까지나 탄소중립을 촉진하는 촉매제로서의 역할을 할 뿐이라는 사실을 다시 한 번 강조하고 싶습니다. 금융 자체로서는 탄소중립으로의 전환을 달성하는 데 있어서 분명한 한계를 가지고 있습니다. 그러나 금융은 기업과 정부의 탄소중립 추진을 가속화하는 데 결정적인 영향력을 행사할 수 있습니다. 이와 동시에 우리금융그룹도 참여 중인 탄소중립금융 관련 협약의 자금규모가 시사하는 바는 지속가능성과 복원력 그리고 공정성을 두루 갖춘 에너지 시스템을 원하는 시장 기대에 부합하는 기업들에 대해서는 금융이 지원을 아끼지 않을 수 있다는 점입니다.

물론 동시에 청정 에너지 전환과 확대에 걸림돌이 되는 제약 요인을 제거하는 한편 청정 에너지 기술혁신을 지원하기 위해서는 공공 부문의 정책적 협조도 매우 중요합니다. 그런 점에서 저희는 세계경제연구원과 우리금융그룹이 그동안 추진해 왔던 활동과 앞으로도 추진해 나갈 작업들에 대해 매우 고무적으로 바라보고 있습니다. 저희는 선도 금융기관과 기업, 시민사회와 정부 기관들간의 적극적이고 지속적인 협력이 탈탄소화 목표 달성을 좌우하는 열쇠가 될 것이라고 생각합니다.

이러한 발전적인 협력이 다가오는 COP27에서도 활발히 이뤄지길 기대하며 장기적으로도 탄소중립 현실화를 위해 다양한 이해관계자들이 협력해 나갈 수 있기를 기대합니다. 대단히 감사합니다.

영문 번역본

Contents

Program ·· *162*

Opening Ceremony ·· *163*

    [Opening Address]
    Jun Kwang-woo Chairman, Institute for Global Economics (IGE)

    [Welcoming Address]
    Son Tae-Seung Chairman and CEO, Woori Financial Group (WFG)

    [Congratulatory Address]
    Kim Joo-hyun Chairman, Financial Services Commission (FSC)
    Kim Tae-hyun Chairman & CEO, National Pension Service (NPS)
    Robert C. Merton Nobel Laureate in Economics/Chair Prof., MIT

    [Special Speech for Opening Ceremony]
    Hong Jong-ho Prof., Seoul National Univ.

    [Conference Keynote Speech]
    Henry Fernandez Chairman & CEO, MSCI

Session 1 | A New Chapter for Financial Industry: Spearheading ESG Management and Embracing Innovation ·············· *189*

    [Moderator]
    Henny Sender Managing Director, BlackRock/Fmr. Chief Correspondent, Financial Times (FT)

[Keynote Speakers]

Jin Seoung-ho Chairman & CEO, Korea Investment Corporation (KIC)

Mark McCombe CCO & Senior Managing Director, BlackRock

[Panelists]

Clay Lowery Executive Vice President, Research and Policy, IIF

Kevin Bong Managing Director, GIC

Rebecca Chua Founder & Managing Partner, Premia Partners

Ryu Young-Jae CEO, Sustinvest

Song Soo-Young Chairman of ESG Management Committee, Woori Financial Group/Partner Attorney, Shin&Kim LLC

Session 2 | Beyond Global Economic Challenges: Navigating Turbulent Waters for Sustainable Growth Solutions ·············· *215*

[Moderator]

Shin Sung-hwan Member of Monetary Policy Board, Bank of Korea (BOK)/ Prof., Hongik Univ.

[Conversation]

Anne Krueger Chair Prof., Stanford Univ./Fmr. First Deputy Managing Director, IMF

Sung Tae-yoon Prof., Yonsei Univ./President, Korea International Finance Association

Luncheon Special Session ·············· *225*

David Rubenstein Co-Founder & Co-Chairman, The Carlyle Group

Session 3 | **ESG Success Strategies for Nature Recovery, Circular Economy, and Supporting the Climate Vulnerable** ⋯⋯*231*

[Keynote Speakers]
Elizabeth Maruma Mrema Executive Secretary of the Convention on Biological Diversity (CBD)
Andrea Meza Murillo Deputy Executive Secretary, UNCCD

[Speakers]
Oyun Sanjaasuren Director of External Affairs, GCF/First President of the United Nations Environment Assembly(UNEA)
Jo Ji-Hye Director, Korea Environment Institute (KEI)
Park Jong-il Deputy President, Woori Financial Group

Session 4 | **MZ Generation's Recommendations for a Better World: Improving the Quality of Life of Future Generations and the Vulnerable** ⋯⋯*265*

[Speakers]
Amy Meek & Ella Meek Co-Founder, Kids Against Plastic
Vriko Yu Co-Founder & CEO, archiREEF Limited
Kim Ji-yoon President, Green Environment Youth Korea(GEYK)
Federico Pérez Founder & CEO of Platinum Capital

Special Address ⋯⋯*291*

Mark Carney Vice Chair, Brookfield Asset Management/UN Special Envoy on Climate Action and Finance/Fmr. Governor, Bank of England (BOE)

IGE–WFG International Conference
Sustainable Finance for a Better World: Nature Recovery and Circular Economy Transition

Date November 4th, 2022
Location Dynasty Hall(2F), The Shilla Seoul

		November 4th, 2022	
	Conference MC		Hannah Jun Prof., Graduate School of International Studies, Ewha Womans Univ.
08:30 - 09:50	Opening Address		Jun Kwang-woo Chairman, Institute for Global Economics (IGE)
	Welcoming Address		Son Tae-Seung Chairman and CEO, Woori Financial Group (WFG)
	Congratulatory Address		Kim Joo-hyun Chairman, Financial Services Commission (FSC) Kim Tae-hyun Chairman & CEO, National Pension Service (NPS) Robert C. Merton Nobel Laureate in Economics/Chair Prof., MIT
	Conference Keynote Speech		Henry Fernandez Chairman & CEO, MSCI
10:00 - 11:20	**Session 1** A New Chapter for Financial Industry: Spearheading ESG Management and Embracing Innovation	Moderator Keynote Speakers Panelists	Henny Sender Managing Director, BlackRock/Fmr. Chief Correspondent, Financial Times (FT) Jin Seoung-ho Chairman & CEO, Korea Investment Corporation (KIC) Mark McCombe CCO & Senior Managing Director, BlackRock Clay Lowery Executive Vice President, Research and Policy, IIF Kevin Bong Managing Director, GIC Rebecca Chua Founder & Managing Partner, Premia Partners Ryu Young-Jae CEO, Sustinvest Song Soo-Young Chairman of ESG Management Committee, Woori Financial Group/ Partner Attorney, Shin&Kim LLC
11:30 - 12:30	**Session 2** Beyond Global Economic Challenges: Navigating Turbulent Waters for Sustainable Growth Solutions	Moderator Conversation	Shin Sung-hwan Member of Monetary Policy Board, Bank of Korea (BOK)/Prof., Hongik Univ. Anne Krueger Chair Prof., Stanford Univ./Fmr. First Deputy Managing Director, IMF Sung Tae-yoon Prof., Yonsei Univ./President, Korea International Finance Association
12:40 - 14:00	Luncheon Special Session		David Rubenstein Co-Founder & Co-Chairman, The Carlyle Group
14:10 - 15:40	**Session 3** ESG Success Strategies for Nature Recovery, Circular Economy, and Supporting the Climate Vulnerable	Keynote Speakers Speakers	Elizabeth Maruma Mrema Executive Secretary of the Convention on Biological Diversity (CBD) Andrea Meza Murillo Deputy Executive Secretary, UNCCD Oyun Sanjaasuren Director of External Affairs, GCF/First President of the United Nations Environment Assembly(UNEA) Jo Ji-Hye Director, Korea Environment Institute (KEI) Park Jong-il Deputy President, Woori Financial Group
15:50 - 17:00	**Session 4** MZ Generation's Recommendations for a Better World: Improving the Quality of Life of Future Generations and the Vulnerable		Amy Meek & Ella Meek Co-Founder, Kids Against Plastic Vriko Yu Co-Founder & CEO, archiREEF Limited Kim Ji-yoon President, Green Environment Youth Korea(GEYK) Federico Pérez Founder & CEO of Platinum Capital
17:00 - 17:15	Special Address		Mark Carney Vice Chair, Brookfield Asset Management/UN Special Envoy on Climate Action and Finance/Fmr. Governor, Bank of England (BOE)
17:15 - 17:30	Closing Ceremony		

Host Institute for Global Economics(IGE), Woori Financial Group(WFG), Woori Financial Group Future Foundation
In collaboration with World Bank(WB), MSCI, BlackRock, The Carlyle Group, Brookfield Asset Management, Dimensional Fund Advisors(DFA), IIF, GIC, Kim & Chang, CBD, GCF, UNCCD, Kids Against Plastic
Support Ministry of Economy and Finance(MOEF), Bank of Korea(BOK), Financial Services Commission(FSC), Financial Supervisory Service(FSS), Korea Exchange(KRX), National Pension Service(NPS), Korea Investment Corporation (KIC), The Korea Federation of Banks(KFB), Korea Financial Investment Association(KOFIA)

Opening Ceremony

[Opening Address]
Jun Kwang-woo Chairman, Institute for Global Economics (IGE)

[Welcoming Address]
Son Tae-Seung Chairman and CEO, Woori Financial Group (WFG)

[Congratulatory Address]
Kim Joo-hyun Chairman, Financial Services Commission (FSC)
Kim Tae-hyun Chairman & CEO, National Pension Service (NPS)
Robert C. Merton Nobel Laureate in Economics/Chair Prof., MIT

[Special Speech for Opening Ceremony]
Hong Jong-ho Prof., Seoul National Univ.

[Conference Keynote Speech]
Henry Fernandez Chairman & CEO, MSCI

Opening Address

Jun Kwang-woo

> [Highlight]
>
> We must also strengthen our efforts to achieve sustainable growth at both corporate and national levels to keep up with the increasing social responsibilities if we are to secure a better future for the next generation. Furthermore, the role of finance is becoming more essential in facilitating industrial transformation for greater economic resilience and sustainable development down the road.
>
> Jun Kwang-woo
> Chairman, Institute for Global Economics (IGE)

Good morning, ladies and gentlemen and distinguished guests. It is a great honor for me to open the IGE-Woori Financial Group International Conference on behalf of the organizers and supporting institutions. I would like to extend my warmest welcome to each one of you. And also, at the outset, please allow me to say that we gather here today with the most profound sense of condolences and prayers for the victims of the tragedy occurred in Seoul last week.

Global economy has never been under such serious threat as tremendous headwinds continue to accumulate around the world. Our urgent task is to overcome the impending multiple crises, but we must not lose sight of the most pressing issue of our time: the climate crisis. More than ever, it is absolutely vital for humanity to work together for the revitalization of our ecosystems and transition to a circular economy. And we must also strengthen our efforts to achieve sustainable growth at both corporate and national levels to keep up with the increasing social responsibilities if we are to secure a better future for the next generation. Furthermore, the role of finance is becoming more essential in facilitating industrial transformation for greater economic resilience and sustainable development down the road.

Against this backdrop, the Conference is intended to explore a broad range of interrelated issues pertaining to the economic challenges and climate changes, which include the topics of coping with the new global economic landscape and geopolitical uncertainties, strengthening ESG principles as a crucial corporate management and investment strategy, and pursuing a green growth policy in the age of energy security and carbon neutrality.

Ladies and gentlemen, I am so grateful that we are joined by the world's leading scholars and business leaders, as well as senior officials in Korea. Although I cannot recognize all the outstanding participants individually due to time constraints, I would like to extend deep appreciation to Honorable Mr. Kim Joo-hyun, Chairman of Financial Services Commission; Mr. Kim Tae-hyun, Chairman & CEO of National Pension Service; and Nobel Laureate Prof. Robert Merton of MIT, who is also IGE's Honorary Chairman, for their congratulatory addresses.

In addition, allow me to thank our distinguished speakers, especially Mr. Henry Fernandez, Chairman and CEO of MSCI; and Prof. Anne Krueger of Standford, former Chief Economist of IMF and The World Bank, among many other prominent speakers, for joining us in person today. Likewise, special thanks must go to Mr. David Rubenstein, Founder and Chairman of The Carlyle Group; Dr. Mark Carney, who is the UN Special Envoy on Climate Change and Finance and Vice Chairman of Brookfield Asset Management as well as former Governor of the Bank of England; Mr. Mark McCombe, Senior Managing Director and Chief Client Officer of BlackRock; and Mr. Jin Seung-ho, Chairman & CEO of KIC, for their special messages.

Last but not least, I would like to thank Mr. Son Tae-Seung, Chairman & CEO of Woori Financial Group for his strong commitment to corporate social responsibilities, which made this gathering possible.

I sincerely hope that all the speakers and participants will join us to make our Conference a highly productive and successful event that contributes to creating a better tomorrow for not only Korea, but around the world.

I wish you all the best and thank you very much.

Welcoming Address

Son Tae-Seung

> [Highlight]
>
> The clock on climate change is ticking ever rapidly moving towards a crisis, we are not yet prepared for. In this era of the new normal, companies will not survive without dealing with the climate crisis by achieving carbon neutrality by considering coexistence with various stakeholders. If we give up the path of practicing ESG management in pursuit of short-term profits instead of accepting momentary inconveniences, we will not only be unable to adapt to the era of great transformation but will also pass on a heavy burden to future generations.
>
> Son Tae-Seung
> Chairman and CEO, Woori Financial Group (WFG)

Greetings. Distinguished guests, ladies and gentlemen, I am Son Tae-Seung, the Chairman and CEO of Woori Financial Group. Before I begin my welcoming remarks, I would first like to express my deepest condolences to the victims and their families who are in deep pain and sorrow over the Itaewon tragedy. And I would like to thank all the distinguished guests for joining us here for the international conference. And I would also like to thank Chairman Kim Joo-hyun of the FSC for being a strong pillar for Korean economy and finance. I'd like to express my very special appreciation to Chairman Henry Fernandez of MSCI, former Deputy Managing Director Anne Krueger of IMF, Executive Vice President Clay Lowery of IIF, and all the speakers and panelists for their much-valued presence and insights. Please accept my regrets for not being able to introduce all the participants due to time limitations. I also want to welcome everyone joining the conference via YouTube. Thank you so much for your interest and support.

Ladies and gentlemen, today's conference seeks a path towards a sustainable finance for a better world. As you all know, uncertainties in the financial market are deepening with sharp interest rate hikes due to global inflation, against the backdrop of a situation where the fear of the pandemic has not yet completely subsided. On top of these issues, the clock on climate change is ticking ever rapidly moving towards a crisis we are not yet prepared for. In this era of the new normal, companies will not survive without dealing with the climate crisis by achieving carbon neutrality by considering coexistence with various stakeholders.

On the other hand, embracing and realizing ESG value could be inconvenient and costly. However, if we give up the path of practicing ESG management in pursuit of short-term profits instead of accepting momentary inconveniences, we will not only be unable to adapt to the era of great transformation but will also pass on a heavy burden to future generations.

Ladies and gentlemen, ESG is no longer an option. It is something that we all need to do in order to ensure the survival of our generation. And as the Chairman and CEO of Woori Financial Group, I feel a greater sense of social responsibility than ever before, and promise to do my very best to make a better world. In this sense. I am very much looking forward to today's international conference with the theme of "Sustainable Finance for a Better World". And in each session of the conference, there will be presentations and discussions by prominent global thought leaders and I'm confident that various solutions will be identified through active discourse. Finally, I would like to express my sincere gratitude once again to all those involved in making today's event possible, especially Chairman Jun Kwang-woo and everyone at IGE. And I wish everyone good health and happiness.

Thank you very much.

Congratulatory Address

Kim Joo-Hyun

> [Highlight]
>
> Green investments at the center of ESG are said to be path-dependent. Meaning that depending on the level of our commitment in the early stages, the cost entailed in transitioning structurally towards a sustainable economy will differ. The more we drag our feet and the later we get to work, the cost of the transition will only mount.
>
> Kim Joo-Hyun
> Chairman, Financial Services Commission (FSC)

Good morning, ladies and gentlemen, I'm the Chairman of the Financial Services Commission. First, please allow me to extend my deepest and heartfelt condolences to the victims of the Itaewon incident. Our thoughts and prayers are with you.

Now I would like to congratulate IGE and Woori Financial Group for convening this very timely and meaningful event. And my special thanks go to Chairman Jun Kwang-woo of IGE Son Tae-Seung, Chairman and CEO of Woori Financial Group for bringing us all together - global leaders and experts - to talk about the meaning and role of sustainable finance in building a better brighter world. My thanks also go to Kim Tae-hyun, Chairman and CEO of the National Pension Service and Professor Robert Merton for your congratulatory remarks that you'll be delivering right after. And also thank you to Henry Fernandez, Chairman and CEO of MSCI for joining us as a keynote speaker.

Despite the slowdown in the global financial market, the flow of capital into sustainable finance remains intact. However, the recent economic, political and military whirlwind has sent shocks of uncertainty reverberating throughout the market across the world, raising concerns that ESG might just lose steam due to greenwashing among other issues. However, ESG - comprising the environment, social and governance factors - are values that are underpinned by sustainable finance in our quest to build a brighter, healthier and more sustainable future for our children and our future generation. The Financial Services Commission is working on a wide range of policies that can help sustainable finance reach its full potential.

First and foremost, transparent information-based ESG investments and require an overhaul of disclosure and reporting systems. Beginning in 2025, ESG disclosure mandates for companies publicly traded on KOSPI will be phased in and the companies required to do so and their disclosure items and standards will be fleshed out in more detail. Furthermore, the Financial Services Commission is committed to engaging in the process as ISSP sets global sustainability disclosure standards.

Second, enhancing credibility and ESG investments necessitate stronger independent assessments and ex post facto reporting on ESG bond issuances. And ESG washing will be prevented to the best of our abilities by helping companies utilize the K-taxonomy. Last but not least, ESG management capacity building is also an area that we support in cooperation with the Korea Exchange. The FSC has launched an ESG information platform where investors can get easy access to ESG data and information. The FSC's Green Finance Task Force's Green Finance Implementation Plan laid the groundwork for five financial associations to come up with a green finance guidebook for financial institutions to use.

Ladies and gentlemen, green investments at the center of ESG are said to be path-dependent. Meaning that depending on the level of our commitment in the early stages, the cost entailed in transitioning structurally towards a sustainable economy will differ. The more we drag our feet and the later we get to work, the cost of the transition will only mount. I hope that the world-renowned opinion leaders and experts gathered here today can put our heads together to devise solutions for overcoming this crisis, achieving an efficient economic transition, and building a better future. I look forward to your insights.

Thank you for listening.

Congratulatory Address

Kim Tae-Hyun

> [Highlight]
>
> ESG has become an essential part of the management strategies of financial institutions. Non-financial factors such as environment, society and governance are positioned as key factors influencing future capabilities related to the reputation and performance of a company as much as financial factors such as operating profit.
>
> Kim Tae-Hyun
> Chairman & CEO, National Pension Service (NPS)

Good morning. My name is Kim Tae-hyun. I'm the Chairman and CEO of the National Pension Service. Let me extend my congratulations on the opening of the IGE-Woori Financial Group's International Conference on the theme of "sustainable finance for a better world". Chairman Jun Kwang-woo of IGE, Chairman Son Tae-Seung of Woori Financial Group, distinguished guests, ladies and gentlemen, it's a pleasure to meet you. I'm very pleased to meet the honorable Chairman of FSC and Professor Robert Merton of MIT, speakers, and discussants.

The IGE international conference is one of the most prominent conferences in Korea, with participation by the world's foremost scholars and leaders from various fields. I hope the conference will be a meaningful forum for presentations and discussions for everyone seeking a path of sustainable growth in the financial industry through ESG management and financial innovation.

Ladies and gentlemen ESG has become an essential part of the management strategies of financial institutions. Non-financial factors such as environment, society and governance are positioned as key factors influencing future capabilities related to the reputation and performance of a company as much as financial factors such as operating profit. Right after the Asian Financial Crisis, transparency in corporate governance was relatively unknown and thought to be an inconvenience in Korea. But is now an essential, inseparable part of corporate management. ESG management is not so different. It is also a management strategy that can enhance corporate value by increasing profitability and cutting costs in the mid to longer term. Therefore, systematic management of ESG risks and opportunities is the key to ensuring corporate sustainability.

In this regard, the importance of responsible investment by financial institutions is on the rise. As you know, responsible investment is a part of ESG management. And it is a method that considers ESG issues in the investment decision-making process in order to pursue stable returns while minimizing investment risks in the long term. Institutional investors including leading global pension funds and asset managers, are actively considering non-financial risks related to ESG, and institutional investors' role in responsible investment is already a global trend. As a long-term investor that manages citizens' retirement funds, the National Pension Service of Korea began responsible investment in 2006 by introducing responsible investment requirements by external asset managers of local equities.

In order to improve our understanding of responsible investment and identify best practices, we have joined the international responsible investment councils and expanded exchanges with global institutional investors. NPS has also established its own ESG evaluation framework. ESG ratings are calculated twice a year to understand how companies invested by NPS are doing in terms of ESG activities. By the end of 2021, an ESG integration strategy that considers ESG ratings have been applied in the in-house management of local equities and fixed income. Beginning from this year, asset classes that must abide by responsible investment principles accounted for more than half of the NPS's AUM.

As external asset managers for local and international equities and fixed income will have the considered responsible investment requirements next year, we plan to apply the ESG integration strategy to the direct in-house management of international equities and fixed income. The gradual strengthening of responsible investment by NPS is serving as a catalyst for institutions in the domestic financial market to participate in responsible investment. By including a stewardship code and responsible investment elements when selecting an external asset manager and by having external asset managers, NPS and also brokerage houses in relationship with NPS have made responsible investment reports. And NPS is increasing market participants to lay their own foundation for responsible investment. Going forward, the NPS will further strengthen its assessment of its external asset managers' ESG activities. This responsible investment activities of the NPS will serve as a touchstone for enhancing the sustainability of the National Pension Fund and enabling the ESG management to be successfully entrenched in corporate management. And we will also transport and disclose our response we invest investment activities. I hope to this conference will serve as an opportunity to identify the right ESG engage management directions and enhance the sustainability of the finance industry. Thank you.

Congratulatory Address
Robert C. Merton

> [Highlight]
>
> Climate change is increasingly impacting our daily lives with heatwaves droughts and floods, worsening day by day. If this situation continues, vulnerable populations will be most at risk
>
> Robert C. Merton
Nobel Laureate in Economics/Chair Prof., MIT

Greetings. I'd like to extend a heartfelt welcome to the all of you attending the International conference co-hosted by the Institute for Global Economic, IGE, and Woori Financial Group.

I especially would like to thank Dr. Jun Kwang-Woo, Chairman of IGE for giving me the opportunity to deliver today's congratulatory speech. As an Honorary Chairman of IGE, I very much wish to attend this event in person and I seriously apologize for not being there today. However, it's still a privilege for me to be able to greet you through video message.

After experiencing unprecedented challenges of COVID-19 pandemic, the world is now facing its most significant set of hurdles since the global financial crisis including soaring inflation, High interest rates, the strengthening US dollar and the ongoing War in Ukraine. Additionally, climate change is increasingly impacting our daily lives with heatwaves droughts and floods, worsening day by day. If this situation continues, vulnerable populations will be most at risk.

Against this backdrop, I believe that the core themes of this conference with proliferation natural recovery and environmental protection will be an important catalyst in overcoming the climate crisis and achieving sustainable growth. I hope that meaning productive and innovative ideas will be discussed at this conference to help

Korea and even the world step up to the challenge of ensuring a better future for Humanity.

I look forward to visiting Korea and meeting all of you in person next time. Until then I wish everyone good health and hope that you have a successful conference. Thank you.

Special Speech for Opening Ceremony

Hong Jong-ho

> [Highlight]
>
> Overcoming the climate crisis cannot be solved with the power of one person. We need to gather everyone's will and create a new economic order towards carbon neutrality. The process will be difficult and sometimes painful. But it is an unstoppable road. We should not be evaluated as an irresponsible generation who gave up on responding to the climate crisis by being buried in the immediate interests of our descendants. Before it's too late, before we waste too much time, we must all join forces so that the 'present' can be a 'gift'.
>
> Hong Jong-ho
Prof., Graduate School of Environmental Studies, Seoul National Univ.

During the national mourning period, I stand here with a heavy heart. We pray for the souls of the young people who have passed away unfortunately, and we extend our endless condolences to their families and friends.

Everyone here, what did you feel about the video you just watched? The last two sentences from the film won't leave my mind; "The present is a gift." "Let's not waste any more time."

For a long time, people have regarded climate change as something in the distant future. This was all the more so in Korea, which has been running non-stop for more than half a century with economic growth as the best value. But as we saw in the video, climate change is no longer a problem of the future. This is the crisis facing us right now.

I would like to ask you all. Is the 'present' really a 'gift' to us? What should we do to make the 'now' a 'gift'? Someone said that the climate crisis is a 'fight against time'. If we, living in the present, waste this precious time given to us, the present will no longer be a gift. We should never be the generation that passes on the pain of the climate crisis to our young people, youth, children, and babies to be born in the future, the lovely next generation who will live on this land.

In 2020, the world has changed. An unprecedented pandemic has struck the earth. Humanity has been driven to the edge of a cliff while going through a triple complex crisis of a disease crisis, an economic crisis, and a climate crisis. The containment measures to prevent the spread of the virus caused economic activity to freeze in an instant. Greenhouse gases accumulated in the atmosphere have caused heat waves, forest fires, floods and droughts. Europe suffered from a heat wave exceeding 40℃, and Australia suffered a disaster in which an area more than twice the size of Korea was burned.

What is even more frightening is that these three crises are in a cyclical biting relationship. Rising global temperature increases the survival rate of wild animals and expands the range of movement, resulting in the spread of zoonotic diseases. The global infectious disease paralyzed the tourism, restaurant, airline and logistics industries and took away jobs. When the economy is in trouble, actions that exacerbate the climate crisis, such as coal use and logging, are likely to increase in developing countries. At the bottom of this vicious circle lies the 'carbon-based economy'.

A carbon-based economy refers to an economic structure dependent on fossil fuels. Since the 19th century, mankind has achieved remarkable economic growth by using coal, oil, and natural gas in large quantities. Fueled by the use of fossil fuels, the global economy has grown 100-fold over the past 200 years. However, serious red flags have been turned on in the way mankind has pursued economic growth. Climate change is caused by carbon emissions. Climate change has emerged as the greatest threat to human sustainability in the 21st century. We must remember that, if humanity does not overcome the carbon-based economy, the climate crisis will accelerate, the disease crisis will become more prevalent, and the economic crisis will become more severe.

We need to pay attention to the economic ripple effects of climate change that appear in two ways. First, climate change directly affects humans. People suffer casualties from heatwaves or floods, or suffer from inability to properly engage in social and economic activities due to climate change. A typical example is agricultural damage caused by floods or droughts. Severe drought could reduce agricultural productivity in many parts of the world, sending international agricultural prices skyrocketing. With a grain self-sufficiency rate of only 19%, Korea, which imports a lot of agricultural products, will be hit hard economically.

You may remember the tragic scene last summer when cities all over our country were submerged in water. According to the research I conducted, the economic damage from future typhoons is expected to increase. In the next 2 to 30 years, the maximum annual damage that Korea will experience due to natural disasters is over 25 trillion won. The largest natural disaster in Korea's history was Typhoon Rusa in 2002. Typhoon Rusa was a large typhoon that landed in Jeollanam-do and exited to Gangwon-do. Considering that the scale of damage at this time was about 6 trillion won, heavy rains in the future could cause more than four times more economic damage. Just thinking about it is terrifying.

Second, in the process of reducing carbon emissions to prevent climate change, economic costs and economic opportunities arise at the same time. Efforts from all economic players are required to save energy and increase energy efficiency. In order to move away from fossil fuels and achieve a renewable energy-centered energy transition, there must be preemptive investment and effective government support. It all costs money. If we push for the exit of coal power plants for a decarbonized economy, companies in related industries may face management difficulties and lose jobs. Government measures should be taken to minimize these economic damages.

Will a decarbonized economy only cost us money? It's not like that. Responding to climate change offers numerous economic opportunities. New markets open up and technological innovation takes place. In the era of the climate crisis, the whole world is concentrating its efforts on creating economies and jobs through the combination of green and digital. This is what we call twin transformation strategy of green and digital. Let's take an example. We create a large-scale, high-tech offshore wind farm, and manufacture and deploy customized unmanned drones to the site for effective monitoring and maintenance so that the wind turbines operate well. To preoccupy this attractive market, young people are building start-ups. It will revive the local economy and create high value-added jobs.

Many people ask me. "In a situation where the world is experiencing an energy supply crisis due to the aftermath of the corona pandemic and the Russia-Ukraine war, is it possible to properly respond to the climate crisis? Isn't it inevitable that we have to increase our consumption of fossil fuels?" I answer like this. "Responding to the climate crisis and energy transition are constants that do not change." "Expanding renewable energy is the most effective way to contribute to energy security and climate security and reduce geopolitical risks in energy supply and demand."

Let's go back in time for a moment. In 2020, as energy demand plummeted, global energy companies reduced investment and supply. In 2021, energy demand has increased due to improving economic conditions and liquidity in the market, but bottlenecks in energy supply and logistics have increased inflationary pressures. In 2022, as war escalated, natural gas supplies from Russia plummeted. The result is the energy crisis and inflationary pressure that the world is currently experiencing. The more this happens, the more we must strive to supply decarbonized energy for climate response and energy security. That is the policy direction that countries around the world are currently pursuing without wavering. It's not easy, but it's a goal you should never give up on.

In response to the climate crisis, the global market is changing rapidly. International organizations, investors, consumers and civil society are shouting with one voice the seriousness of climate change. Companies are pressuring companies to make things using only electricity made from renewable energy. Financial institutions are telling companies that they will change their investments unless they reduce carbon emissions. Countries are putting pressure on countries to bear the carbon cost if they want to export goods to them. Now, climate change is expanding beyond an environmental problem to an economic problem. International trade rules are being reorganized around a decarbonized economy. Depending on our ability to respond to the climate crisis, our industry is at a crossroads between leaps and bounds. An era is coming when carbon competitiveness is equal to corporate competitiveness, and climate competitiveness is equal to national competitiveness.

I would like to ask a question to all of you here. How about Korea? Are our people feeling the climate crisis? Are our companies practicing decarbonization management? Does the Korean government realize the importance of expanding renewable energy? Are our politics making the right decisions for future generations? Is Korea fulfilling its responsibilities as an advanced country and a responsible member of the international community?

Overcoming the climate crisis cannot be solved with the power of one person. We need to gather everyone's will and create a new economic order towards carbon neutrality. The process will be difficult and sometimes painful. But it is an unstoppable road. We should not be evaluated as an irresponsible generation who gave up on responding to the climate crisis by being buried in the immediate interests of our descendants. Before it's too late, before we waste too much time, we must all join forces so that the 'present' can be a 'gift'.

Thank you

Conference Keynote Speech

Henry Fernandez

> [Highlight]
>
> Two-thirds of the carbon emissions of the world come from emerging markets and developing countries, and they are the least equipped to deal with the problem. So, I think the big fight there first is going to be on the $100 billion commitment that the rich countries promised the developing countries.
>
> Henry Fernandez
Chairman & CEO, MSCI

Jun Kwang-woo: First of all, thank you very much Henry for making a very long trip to join us this morning. I very much appreciate it.

Henry Fernandez: It's such a pleasure to be here in person. I know I have participated via video to this incredible event and I want to thank you, IGE and Woori Financial for sponsoring these kinds of forums to have a good exchange of constructive ideas on how to solve many of the world's problems.

Jun Kwang-woo: All right, thank you. Given the time constraint, why don't we get started? I would like to start with the macro picture. Now, as you know, the world economy has been under tremendous pressure. Most analysts, including those at the IMF and World Bank, are predicting some sort of economic downturn. There are different views about the severity of recession, but we may likely have a recessionary environment next year. What is your thought, your MSCI view on economic prospects through next year and beyond?

Henry Fernandez: So, the global economy faces significant headwinds. And I think that it's going to get worse before it gets better. Unfortunately, we are faced as has been said before, with a number of global crises. Professor Merton talked about rising inflation, interest rates, King Dollar, a war in Europe, food and energy crisis.

So, many of the things have come to the forum together. There are a lot of changes in the geopolitical landscape between East and West, and obviously, between the West and Russia. So, it feels like this is a period of either a cyclical downturn, politically and economically, financially, or a start of a new paradigm in the world. And I think we need to make mind full of that.

As you said, the large IMF and World Bank institutions have downgraded growth next year to 2.7%. I just spend time with the Citibank Group people and their forecast is 2.5%. But interestingly, I asked them what the definition of a global recession was, and in their mind, it was basically 1% growth or below in the world. Their forecasts of 2.5% includes China. Excluding China, so the world economy excluding China is 1%. So that tells you the state of affairs going into 2023. And all of that will be obviously reflected in financial assets of all types and in commodity markets.

Jun Kwang-woo: Okay. Thanks. The other day the Fed has again taken a giant step. That's the fourth hike in a row to push its benchmark interest rate to 4%. Now, obviously, that will put enormous pressure on the growth and also affect the foreign exchange market in a big way. Some say that the US economy is relatively strong, and along with this high speed of rate increase, the so-called King Dollar trend will most likely continue for a while. What is your view on this dollar prospect and also the overall financial market trend? How do you see the equity market and bond market would respond in this very high-interest rate environment with recessionary pressure building up?

Henry Fernandez: So, the US economy is very strong right now. And how could it not be? If you have for two years zero interest rates and almost $5 trillion of fiscal stimulus on the demand side, and on the supply side, limited availability of labor by the results of COVID-19, and significantly reduced migration that took place during the Trump administration and during the pandemic. And on top of that, we've had supply chain issues in bringing materials in into the country. So, like any economist will tell you, if you stimulate demand very high and there is limited supply, inflation zooms up dramatically. As a former economist who in the late 70s and early 80s, spent most of my life studying macroeconomics and monetary policy at a time of high inflation, I may have forgotten a lot of that, but the one thing that I do remember is that inflation and inflationary expectations are really hard to break. Really hard to break. Larry Summers, former Treasury Secretary has said that since the 1950s. The US economy when faced with inflation of higher than 4% and unemployment lower than 5%, has always gone into a recession in the following two years. Well, inflation is 8.2% right now and unemployment is 3.5%.

So, I think the Fed has a big challenge. And I think they're going to go deeper and higher in their monetary policy. They don't want to lose credibility again. And they don't want to get a job half done. So, I think it's unlikely that the US economy will end up with a soft landing in the next couple of years. That has enormous implications for the rest of the world because very high US interest rates at a time of recessionary markets around the world are going to continue to propel the dollar higher. It's already very high. It may stabilize here, but my own view is that it's going to continue to be higher. And that unprecedented set of actions is going to have enormous implications for export-producing countries. Obviously is going to import inflation. And precisely I think the biggest effect is going to be in the emerging markets of the world. So, the US economy is going to take a while to break down its inflationary expectations.

Jun Kwang-woo: Just a follow-up. You said, like many others, the super-strong dollar is likely to continue for a while. Ken Rogoff at Harvard recently, when I had a webinar discussion with him, was saying that there's an upper side 10 to 15% more room for further strengthening of the dollar. Is that the kind of ballpark that you can agree with?

Henry Fernandez: So, I'm not currently an economist anymore, but I do try to look at all of that, particularly in the context of the MSCI business, which is a confluence of global investments and global economics and global policy. And I think there is a good shot that the Euro gets to 90 against the dollar. We'll have to see what happens in Japan in April with a transition in the Bank of Japan. But it could be that the yen will continue to weaken. And so will the won. The pound is already I think, the UK has been the first country in all of Europe that has shown us what the significant effects could be with high inflation and low growth. So, I think currencies will get a major realignment here for a couple of years. And the dollar will continue to be king and everyone who is betting on a weaker dollar here should so be aware.

Jun Kwang-woo: Well, let's turn our attention to a very important country, China.

Now, the Chinese capital market has been under tremendous stress lately, especially after this 20th Communist Party gathering, enabling Xi Jinping a third term and our market responded negatively and then went back, showing large gyration. Huge volatility has been shown over time, and a lot of anxiety about how we see the future of China, especially China's economy, under this new sort of leadership, etc. So, on top of that, the declining growth momentum in China has been very much noticeable. Lately economic prospect also has come down. Now, overall, what do you see the future of China, say for the next five years under Xi Jinping's third term. They have very serious economic challenges, structurally - aging problems, high debt, property sector collapse, all those things combined. Do you see any light or a bright spot for investors to be motivated to put their money?

Henry Fernandez: We're witnessing a significant shift in the governance of China, politically, economically and financially since Deng Xiaoping started the modernization of China in the fall of 1978. And I think there are a lot of areas. Clearly, the move away from private enterprise to state-owned is going to create maybe more control of the economy, but a lot more inefficiencies. As all of you know, the property and construction sector of China represents one quarter of the economic activity of China. That is right now a little bit of their stress and have to slow down. So that will slow down the economy.

Clearly, population growth is slowing down. I think we've had weak labor markets already. So, I think China is in for a retooling, you know, a re-positioning of its economy in a major way, in the next 5-10 years, is going to have to turn into a more consumer-driven economy rather than investments. That's going to benefit a lot of companies that export to China because on the investment side it's about raw materials going into China, on the consumption side it's going to be a lot of the things that people here in Korea, and in Japan and in the West produce. So that's going to present major opportunities.

I think the question will become, with much lower economic growth, let's say half of what they used to have, can they continue to create the social contract that the Communist Party has with the people of China? It's hard to say because they still have a lot of people in poverty. So, the last point that I will say is, I don't think that when people talk about a decoupling of China and the US and the West, or people make references to what happened during the Cold War with Russia and the Soviet bloc, it's a completely different set of circumstances right now. I think there's going to be a lot of friction for sure, geopolitically, militarily, in certain areas like technology, but at the same time a lot of cooperation in other areas.

Jun Kwang-woo: I think one of the most important parts of our conference is about climate change. So, let's talk about this. Now, as I understand, you wrote a very good article last spring, arguing that the energy crisis could provide the impetus we need to drive faster global climate progress, over a long time. Do you still believe in that proposition? Any change at this point? And also, beyond the growth of renewables, In additon to the growth of renewables, is it possible we could see a renaissance for nuclear power from the perspective of clean energy and energy security?

Henry Fernandez: Contrary to a lot of people in the world that are pretty dismal and pessimistic about the transition to a low carbon economy, I am cautiously optimistic. Clearly, what we're doing here in the next 15-20 years is the largest reconstruction of the global economy in the history of humankind. That $90 trillion global economy needs to go from reliance on fossil fuels to reliance on renewable energy. And I'd like to clear up for those economic historians in the audience here, the world economy never grew more than, say, 50 basis points throughout a millennia. And it achieved growth in the single digits, through fossil fuels, starting with coal, and then oil and gas, and all of that. So, it's a major driver of economic growth in the world that we need to replace.

And, of course, that is a major challenge of our generation that we need to rise up to, I am optimistic because every one of these transformations is powered by capital. The role of capital is absolutely essential, as you said in your opening remarks, and a number of years ago, when you know, MSCI has about 10,000 investment institutional clients in some 90 countries, it was hard to have a discussion on climate change and climate risk, even a few years ago. Today, more than half of every discussion I have, sometimes even the whole meeting is about climate change, and the risks and the benefits that people can have in their portfolios, if you're an investment institution on their loans.

And of course, it's not an easy transition it's going to be a very difficult one. But there is a massive mobilization of capital in the world to reprice it and reduce the cost of capital to low-carbon companies and increase it to high-carbon companies, and relocation of capital. And we're in the middle of all of that with a lot of our clients. So that was not happening. I think Glasgow last year was a major impetus to that. We're trying to get a benefit from that this year. So, the capital mobilization has started. Now, obviously, we have to rely on capital going into breakthrough technologies, in energy, and in green technology. And that has not yet happened. But there are a lot of promising areas.

So that doesn't mean we should relax. What it means is that we should be very keenly focused on continuing, this process. Going back to your specific question, yes, this year clearly, because of the fight for energy in Europe and other parts of the world, the world is carbonizing a lot more than it was in the prior years. The use of coal has increased dramatically, even the use of oil, because there's no alternative. We're not going to let people freeze to death in the winter. And we're not going to let businesses not run their operations. So, we got to grab whatever we can in the context of this energy crisis that Russia created by weaponizing their gas and oil exports.

But I think that what is happening right now is that every policymaker in the world has realized that energy security and energy independence are a must for countries. So, clearly, oil and gas and coal has sometimes been the most mobile form of energy. You can take it from one part of the world and transport it to another part of the world. So, people are now focused on what they have in their own country, whether it's wind, whether it's solar, to be able to create that energy independence and energy security. And there is keen focus on nuclear. Of course, nuclear is a socially divisive conversation. But there is no future in the world without nuclear power. And I think it's important that you all talk about that in every opportunity.

There is no future without nuclear power. And the old nuclear power facilities were maybe a little less safe. The current ones have incredible technology. In this area, Korea leads the world. Korea is the largest, you know, I think 27% of your energy comes from nuclear and you're trying to get it to 30% by the year 2030. Korea is a major exporter of nuclear technology and is helping other countries create nuclear energy facilities, including I think, the Arab Emirates. So, I think there is a major opportunity for the country, for the Republic of Korea to really lead the world in this respect.

Jun Kwang-woo: I appreciate the last point very much, because it's becoming very clear that in order for us to achieve carbon neutrality within the time frame, it's absolutely essential to have a good balance between renewable energies. And this nuclear power is becoming more real than ever, especially with this situation in Europe and elsewhere. Let's move to the last question, given the time constraint. After this conference, you will be leaving for Egypt to attend COP 27 global summit. What do you expect from that meeting? And what would you like to see?

Henry Fernandez: Well, actually I leave in a few hours. So, my trip to Seoul ended up being a lot shorter than I wanted it to be, but I do promise to come back again to another of your conferences. He and I've been friends for 15 years and look at the world similarly, and I thank you very much for the invitations you've given me to participate. In Sharm el Sheikh, Egypt, which is the COP 27 venue, it's going to be a very challenging UN conference there. Obviously, the role we play is in finance and capital, and I'll come back to that. But on the political front, it's a different world than it was last year with a different set of challenges.

This COP 27, since it's hosted by Egypt, is going to focus on the role and the impact of emerging markets. Two-thirds of the carbon emissions of the world come from emerging markets and developing countries, and they are the least equipped to deal with the problem. So, I think the big fight there first is going to be on the $100 billion commitment that the rich countries promised the developing countries. And it's going to be a difficult one because every developed market in the world is faced with incredible challenges. And in Europe, is going to be hard to tell the European population, we're going to give another $20 billion to emerging markets at a time in which, they don't have even the energy to heat their homes. So that's going to be the major political focus there.

On the part of finance and investments, the best outcome of this COP would be an agreement on the global price of carbon. I don't think it's going to happen, not that optimistic, but that would have been a good outcome. So, what we're hoping for, short of that, is that countries continue to make aggressive commitments to decarbonization. Secondly, that we get more people in finance and investments pledging to be part of the alliances, the various alliances that GEF funds.

So, that's something else. We're going from commitments that the investment and finance industry made in 2021 in Glasgow to measurement now. And we're unveiling with GEF funds and MSCI and Bloomberg Philanthropies, with Mark Carney, who is going to speak here later, and Michael Bloomberg, we're unveiling a public data utility. What we're trying to do is set up a portal with technology in which every issuer of either bonds or equity in the world can submit their carbon emission estimates into that utility for the use of everyone so we can create tools and we can create transparency. So, we're very, very focused on achieving that.

Jun Kwang-woo: Great, thank you very much. I think it's time to close.

Henry Fernandez: Thanks for having me and have a good time for the rest of the conference.

Jun Kwang-woo: All right. Good luck on your trip to Egypt, and look forward to seeing you again soon. Thank you very much.

SESSION 1

A New Chapter for Financial Industry: Spearheading ESG Management and Embracing Innovation

[Moderator]
Henny Sender Managing Director, BlackRock
/Fmr. Chief Correspondent, Financial Times (FT)

[Keynote Speakers]
Jin Seoung-ho Chairman & CEO, Korea Investment Corporation (KIC)
Mark McCombe CCO & Senior Managing Director, BlackRock

[Panelists]
Clay Lowery Executive Vice President, Research and Policy, IIF
Kevin Bong Managing Director, GIC
Rebecca Chua Founder & Managing Partner, Premia Partners
Ryu Young-Jae CEO, Sustinvest
Song Soo-Young Chairman of ESG Management Committee, Woori Financial Group
/Partner Attorney, Shin&Kim LLC

Keynote Speech

Jin Seoung-Ho

> [Highlight]
>
> I think of ESG more like a marathon than a sprint. It's a race that requires steadiness and tenacity rather than short bursts of energy. Because we'll never reach our goal of sustainable growth if we let challenges get in the way.
>
> Jin Seoung-Ho
> Chairman & CEO, Korea Investment Corporation (KIC)

Good morning, ladies and gentlemen. My name is Seoung-Ho Jin and I am the CEO of the Korea Investment Corporation. Congratulations to the IGE and Woori Financial Group on this auspicious event. And thank you to IGE Chairman Jeon Kwang-Woo, Woori Financial Group Chairman Sohn Tae-Seung and everyone who helped make this conference possible. It's an honor to be here. Also, special thanks also to Financial Services Commission Chairman Kim Joo-Hyun for taking the time to join us today. And of course, welcome to our distinguished guests, from home and abroad.

Ladies and gentlemen, it's not an easy time for ESG. The geopolitical crisis in Europe has triggered an energy shortage that has brought on inflation and interest rate hikes, all of which has led to unprecedented instability and uncertainty in the financial market. With international organizations like the IMF, World Bank and OECD having lowered their growth forecasts, concerns about a recession are growing.

So is skepticism about ESG and sustainable investment. But we have to remember – both are priorities we must pursue for future generations. I think of ESG more like a marathon than a sprint. It's a race that requires steadiness and tenacity rather than short bursts of energy. Because we'll never reach our goal of sustainable growth if we let challenges get in the way.

To share a bit of our ESG history as the sovereign wealth fund of Korea, KIC established our Stewardship Principles in 2018. We were one of the first domestic institutional investors to do so. A couple years later, in 2020, we established an ESG integration system that considers environmental, social and governance factors in the investment decision-making process for all assets.

Today, we continue to not only improve returns through ESG, but also to expand our sustainable investments. We have an ESG strategy fund that selects and invests in ESG-strong companies. We also look for opportunities that will create substantial environmental and social change through investing the proceeds of the Korean government's Green & Sustainability Bond. In 2021, we introduced an investment exclusion strategy. It's a comprehensive strategy through which we conduct research on ESG-related issues like coal, hemp and controversial weapons and exclude certain industries and companies.

To effectively respond to the climate crisis, we have also built a climate change model through which we measure the carbon emissions of KIC's equity and fixed-income portfolios and analyze climate scenarios. We have declared our support for the TCFD as well. TCFD stands for the Task Force on Climate-Related Financial Disclosures. And in line with the sort of disclosure it recommends, we recently shared the results of a climate analysis we conducted in our Sustainable Investment Report. We are also in the process of joining the UN PRI, or Principles for Responsible Investment, which is the world's largest consultative body for responsible investment.

So those are the broad strokes of what we've done in terms of ESG. But what I want to emphasize today is that ESG is a long-term priority – something KIC will continue to promote and pursue. We plan to keep increasing our proportion of ESG investments. And we will make ESG a substantive part of what we do.

Going beyond simply investing more in ESG, we will develop various ESG strategies considering the trends and characteristics of each asset class – for example, strategies related to renewable energy, greentech and impact investing. We will also strengthen our shareholder activities and collaborate more with partners. Specifically, we will work closely with our global stewardship manager to actively reflect the latest shareholder rights agendas while promoting solidarity with institutional investors on major issues.

We will also discover green investment opportunities through the PRI and other sustainable investment partnerships. All the while, we will promote responsible investment here and abroad through sharing information with domestic investors at ESG conferences like today's and in various other ways.

Ladies and gentlemen, while it's true that the world has made great ESG progress in recent years, the challenges remain. For example, one U.S. state has banned firms from doing business with it for not supporting the oil and gas industry. Another state has restricted ESG considerations in making investment decisions. To address these and other challenges, we need to pool our wisdom.

At conferences like this, we need to share our thoughts, ideas and suggestions on sustainable finance – and learn and grow together. So, I ask that you do so generously. It's the only way we can pursue sustainable growth.

Thank you again to Chairman Jeon Kwang-Woo and Chairman Sohn Tae-Seung, as well as to the IGE and Woori Financial Group, for this valuable opportunity to come together.

Keynote Speech
Mark McCombe

> [Highlight]
>
> An orderly transition towards net zero will benefit the economy and our clients in aggregate. We believe this is a matter of physics and economics, not values or norms. We project 25% higher GDP growth over the next two decades under an orderly transition, compared to a scenario in which the world fails to act.
>
> Mark McCombe
> CCO & Senior Managing Director, BlackRock

Good morning, everyone and greetings from New York. My name is Mark McCombe. I'm BlackRock's Chief Client officer. First and foremost, I'd like to say a big thank you for the invitation to speak today. And congratulations to IGE and Woori Financial Group for hosting this international conference. Now before I begin, I did want to take a moment to express my condolences and the condolences of everyone at BlackRock for the tragedy that occurred in Seoul over the weekend. Our thoughts and prayers are with all of you during this very difficult time. I do wish I could be with you in person, but I'm thankful for the opportunity to share BlackRock's perspective today.

In my role, I oversee relationships with our largest clients and engage in timely discussions around the global energy transition and how BlackRock is leading those initiatives. I also used to spend a lot of time in Korea and so I'm disappointed that I'm not able to be with you today. But I hope next year or in the years to come, we will have a chance to get back together again.

Now, of course, we all know what a difficult year it's been for investors. They've had to wrestle with an extraordinary volatile market and a lot of geopolitical uncertainty. 2022 has brought to the end of low interest rates, low inflation, and easy money and has ushered in a new regime of higher interest rates, higher inflation and market volatility. Within the span of only a few months, we've witnessed the conflict in Ukraine, policy uncertainty and a global energy crisis that's not been with us since the 1970s. We expect that markets and clients alike will continue to grapple with the investment implications of this worsening trade-off policymakers face between growth and inflation. And we're calling for a lot of uncertainty as we head into 2023 with a very high possibility of a global recession.

Now, two years ago, we actually anticipated a tectonic shift in capital into more sustainable assets as investors adapted their portfolios, presenting a historic investment opportunity. And whilst we're still only at the very beginning of this shift, we can see that it's well underway and over the past two years has certainly been accelerating. Of course, the transition is already uneven with different parts of the global economy moving at different speeds. It's going to take time to retool capital-intensive industries that provide essential services for the global economy. I know that you know that only two well, right there in Korea, we need to pass through shades of brown to shades of green. For example, to ensure continuity of affordable energy supplies during the transition, oil and gas, natural gas will play an important role both for power generation and heating in certain regions.

Now, of course, our job is a fiduciary to our clients. That means it's not our money. We have to act on behalf of our clients in the way that they mandate us to do so. But we also want to work with clients to help them understand, navigate, and drive if they so choose the transition. We expect to remain long term investors in carbon-intensive sectors because these companies play crucial roles in the economy and in a successful transition. We also use innovative data and analytics as well as fundamental research to identify issuers across all industries that are better prepared for the transition than their peers. It's about picking the winners and the losers like we do with any investment opportunity.

So, to be very clear, we do not pursue broad divestment from sectors and industries as a policy. We don't believe that that's the right way to achieve the desired outcomes. We have some clients who choose to divest their assets while other clients reject that approach. A portfolio fully divested from carbon-intensive sectors in the near term may be at odds with enabling an orderly transition to net zero economy over the long term. In our active strategies, for example, we believe that identifying carbon-intensive companies that are positioning themselves to lead decarbonization within their industries actually provides better opportunities for us to create value for our clients.

Now, let me turn a little bit to BlackRock's ESG and sustainability mission and purpose. Our work on climate is rooted in our fiduciary duty, as I said earlier, and as an asset manager, it's to help our clients improve their investment outcomes. We focus on climate, not because we're environmentalists, but because we're capitalists and fiduciaries to our clients. As an asset manager, BlackRock's fiduciary role includes helping our clients navigate the economic transformation. That component of our strategy has not changed. But of course, our clients' biggest challenges really lie in three categories.

The first of these is really around execution. Based on surveys we've done, 60% of our largest clients have made net zero commitments. So, they're looking for help in executing these commitments, including things like assessing starting points, transitioning assets, and measuring progress on a level playing field basis. And this can be far more tricky than it may seem to actually implement based on different regulatory reporting environments, different jurisdictional laws, and of course, when it comes to things like carbon reporting, there is not yet any global standards that they can work towards. So, all of this presents very high execution complexities for our clients.

Now along the same theme, the second issue is really around data and reporting. Measurement and reporting have been consistently cited by our clients as one of their top challenges. And it's driven by multiple data sets, as I mentioned, new regulatory requirements, inconsistent disclosures, and increased macro uncertainty. But we do believe that the world is moving towards greater levels of transparency and measurement in a way that is going to allow asset owners to really take a look at their portfolios in a much more holistic manner and be able to actually navigate the climate transition more effectively.

Finally, it is really around whole portfolio solutions. Clients are looking for customized ways to green the core of their broad market equity and fixed income exposures, and to incorporate climate awareness into their alpha and alternative books. Again, this is easier said than done, particularly when it comes to the fact that you're not starting with a clean sheet of paper. Many clients have long and deep investments in different asset classes. And one of the things is really to understand the starting point, and then the journey that you're taking the portfolio on in order to seek your desired outcome. So, it's no secret that climate risk is an investment risk that will impact returns in investors' portfolios as companies navigate both the physical and transition risks associated with climate.

The wholesale transformation of the way the world produces and uses energy, moves goods and people, and constructs environment will reshape the real economy and financial portfolios in over decades to come. An orderly transition towards net zero will benefit the economy and our clients in aggregate. We believe this is a matter of physics and economics, not values or norms. We project 25% higher GDP growth over the next two decades under an orderly transition, compared to a scenario in which the world fails to act. This is not a political statement. It's an economic statement. And it's a statement made by an investor in order to fulfill our fiduciary requirements and deliver the returns that our clients are looking for.

In closing, I think we can all agree that addressing climate issues and working towards an orderly transition is probably one of the most important existential risks that we all face as a global community. At BlackRock, we're committed to the concept of choice. We believe that people are in different places when it comes to how they're going to allocate capital and upon what basis they want to measure their returns. That's been our job as an asset manager since we came into formation over 30 years ago, and will continue to be our North Star.

For my part, I want to personally thank the IGE and Woori Financial Group for hosting their international conference and for giving me the opportunity to discuss how BlackRock is focused on delivering returns for our investors and tapping into these opportunities. I hope you enjoy the rest of the conference. And I look forward to seeing you in person very soon. Thank you.

Panel Discussion

[Highlights]

How does long-term money like public pension funds, public sovereign wealth funds deploy capital into private markets? And how do you balance the needs to help those who are most challenged with the need to generate profits?

Henny Sender
Managing Director, BlackRock
Fmr. Chief Correspondent, Financial Times (FT)

Things really aren't good in the world economy. And it's actually been even worse for frontier markets and emerging markets. Being able to issue debt in the markets has been extremely difficult. That makes sense. It has tighter financial conditions. But, that's not necessarily the case in the ESG. Area. There's actually been more investment.

Clay Lowery
Executive Vice President, Research and Policy, IIF

Henny Sender: Thank you very much. In his opening statements, Dr. Hong raised the question about is Korea bearing its share of responsibilities. And my panel has been saying to me, we want you to end on an optimistic note. And I'm convinced that for Korea, if not for the whole world, green growth doesn't mean slower growth, but there are those concerns, which we will illuminate. It makes sense that the first panel today is about finance. And there is an optimistic assumption underlying that, which is that it is the role of finance to be a means not an end. It's the role of finance to allocate capital. And if, we do it in an efficient, productive way, that means we will have green growth and not slower growth.

I have asked Dr. Ryu to start off our discussion today because for some reason our emails didn't connect, but we found that we had the exact same roadmap for our discussion today, starting with finance and the challenges of finance. And I'm going to start with him. And I'm going to ask you, first of all, for the people in the audience who don't know Sustinvest to give us a few minutes about what you're doing there. And then give us the roadmap and the challenges of short-term incentives versus long-term needs. And all three points that you made to me as we were getting ready for this panel.

Ryu Young-Jae: Yes, thank you very much. My name is Ryu Young-Jae. I'm the founder and CEO of Sustinvest. Sustinvest began about 16 years ago. We began to assess and analyze the ESG performance of Korean companies and provide those results to the Korean pension fund and other large institutional investors. I want to first define what investment is. I have been in the capital market for over 35 years. And I have learned that in order to do investment, we need to be able to read the trend of the globe and then allocate the capital in the long-term in the relevant sectors and industries. And I think that's what finance should do. If we could ride a time machine and go back to 20 years ago, we would buy cheap equities and we would hold it for 20 years. And if we did that, we would have made returns in tens and hundreds. And if you look at the 20 years, the global trends were the internet, social media, and platforms. Those are the major global trends.

And in the next 20-30 years, I believe the global trends will be net zero or ESG. If we look at many reports and research, for the humanity to reach net zero by 2050, there needs to be an investment of 150 to 400 trillion won for the next 40 years, which means that we're going to have a tremendously large market opening in front of us. And I think we need to find opportunities in this large market. If we're looking forward to the next 30 years, net zero and ESG will be completely restructuring the capital market. And I think that's in line with what Mark McCombe has said in his remarks. So sometime in the future, I believe that ESG investment, the term is going to disappear. So even when it comes to investment and finance, ESG is going to be something that is naturally considered.

So, I'm going to talk about three points. As our moderator has said, long-term investment is important for us to have net zero. We need to have long-termism, that is a long-term investment. If we just pursue short-term profits, we cannot really expect ESG investment by such investors. Here in Korea, there's a lot of short-term investment and to have true ESG investment, it's not going to be possible because we do focus on short-term investment here in Korea. And Korea is not a carbon-neutral economy but a carbon-centered economy. And for us to transition from a carbon-centered economy to a carbon-neutral economy, the government needs to not just launch new types of funds, the government needs to utilize public funds such as the NPS. And the public pension fund, such as the NPS can support private companies to promote ESG. And that's when we will have carbon neutrality here in Korea. And when such invest is made, I believe that the performance of such a public fund will be satisfactory. It will bring positive outcome if such investment is done.

And second, Korea is all about regulators and through the market mechanisms it is trying to change the companies. So, the government and the National Assembly need to make sure that such ESG mechanisms work properly. And to do that an ecosystem has to be set up. So, the rules and the regulations for the ESG must be set up and the government and the National Assembly should only serve as the referees, not the main players. But it seems that the Korean government still seems to believe that it has to be in the driver's seat, such as creating guidelines that's going to be led by the government. The FSC is creating its own platform to disclose the ESG information and to enhance ESG activities through regulations and laws. Well, if that happens, I think the ESG will not be able to live up to its positive values. And because ESG is going to become mandatory, something that is forced upon on the companies, the companies will not be able to have innovative management or innovation that can generate new opportunities. The companies will only try to satisfy minimum ESG requirements. So, the companies will only on the surface try to satisfy ESG requirements.

And I believe that lastly, the backbone of ESG management is the evaluation framework. And IFRS has come up with ISSB. The ESG context of different countries must be considered if there are unilateral guidelines, I believe it will not work because one size does not fit all. Of course, there could be some financial assessment, but ESG in particular, when it comes to S and G, where we have to think about different countries' cultures, just as BlackRock has its own corporate culture, different countries have different rules and regulations, different industrial structure, and developmental models. So, having one unified assessment model would not work. So, we need to have a system that is both global as well as national. So, a more globalized

ESG assessment model needs to be developed.

And Korea's ESG evaluation model has to be independent. The evaluation company must be independent from the companies that they will be assessing or evaluating. But that is not so easy here in Korea. And there has to be expertise. So, the human resources and capital-related are requirements must be satisfied. As for the assessment methodologies, it's currently in the black box. It has to be disclosed so that the companies that are being assessed will know by which criteria that they will be assessed. So, with that, I would like to conclude my remarks. Thank you.

Henny Sender: I think that's a wonderful introduction. And it shows all the challenges. You referred to the inherent challenge between global and national, and it's come up a lot. I am an American. I moved from Hong Kong to New York last year. And what's interesting to me is that Washington was so full of self-congratulation for coming up with the Inflation Reduction Act, very peculiarly named. But to many people, in the name of friendly environmental policies, there is an element of protectionism, perhaps and this is my view, not BlackRock's. And it gets to the challenges. Henry Fernandez was talking about energy security and the extent to which that is necessarily my country first. And we will go into these kinds of challenges.

And we've just had a very interesting explication from you as well, about what is the proper role between the public and the governments and private markets and how that comes together. How does long-term money like public pension funds, public sovereign wealth funds deploy capital into private markets? And how do you balance the needs to help those who are most challenged with the need to generate profits? So, these are all things that we will illuminate further. At the end of the day, Mark Carney is speaking. And I was at the Hong Kong monetary authority forum two days ago and Mark Carney said at that time, finance can only enable, it cannot dictate".

Clay, I'm going to turn to you. We talked about finance, as if it's a monolith in some ways. But banks, insurance companies, asset managers face different challenges, different conflicts of interest. And I wondered if you could illuminate the challenges that financial firms are facing? And what is the messages from your members? And one of the things that we talked about as we were getting ready for the panel was you need data, you need standards, you need disclosure, you know, how optimistic are you that we can move ahead with some agreement on these difficult questions?

Clay Lowery: Thank you Henny. Let me first of all, say a couple of things. One is, I want to thank IGE and the Woori Financial Group for inviting me. You've treated me very kindly and I appreciate it and you've put together a very good conference. Secondly, on a much more sad note, I was just about to jump on the airplane when I heard about the tragedy that happened over the weekend here in Korea. And for most of the flight, I thought about my two kids who are roughly about the same age as most of the victims. And I can only imagine, unfortunately, imagine the sadness and sorrow for those families and my deepest condolences to all that were involved.

So, Henny, let me take your question. We at the IIF, we are a global institution. So, we try to think about global problems, global standards, and etc. And we work with entities, banks, insurance companies, asset managers, and financial service providers from around the world. And lately, we actually have done a survey of Chief Sustainability Officers within those institutions. And they have different ideas and thoughts as Henny was mentioning, but some of the key areas where they came together was first, a problem that they have been trying to do is how do they better integrate within their own financial institutions, the issues around ESG investing and the risks that are involved from climate change. And I think that right now, the integration is still low to moderate, but it is improving. And that's an important point. And we've heard some of that from some of the other speakers today.

The areas where I would say that are our biggest problems are threefold. First, is data. In order to make the type of investment decisions and type of risk analysis that you need to do you need better data, and more consistent data across different jurisdictions. And that is something where there needs to continue to be a fairly significant effort in that. And there is an effort. And it's an effort that's being taken by the private sector, but also by the public sector. And I think that we'll have to continue to see progress.

Second, and a number of speakers have mentioned this, which is the harmonization or greater consistency in the area of disclosure. Henny just mentioned Mark Carney, he and his colleagues provided a service to us by helping create the TCFD, which is a way of trying to get better disclosure requirements as a standard across the globe. Has it been perfectly achieved? No. And that's because we have different jurisdictions with different legal regimes, and you have to try to figure out how to make that work.

Third, and much less optimistic, is trying to come up with how do you come up with a taxonomy or the ability to figure out you know, one of the speakers talked about going from brown to green in your investment decisions. Okay, well, what is brown? And what is green and what is yellow? And that's a lot harder to think about, particularly because different regions, different countries have different views on that very issue. And coming up with taxonomies that are somewhat consistent for global operators but also for regional operators, is going to be an area that we need to continue to work on.

There's a different issue, which is I said three, so this is a fourth, I guess, is trying to figure out what prudential regulation around these areas is. That affects probably more of the banking system than it does the asset management system. But it is an area that needs to be looked at because Henny asked for some optimism. So, there's the pessimism of greater fragmentation. What's happening in Europe is different than what's happening in the United States, which is different than what's happening in Japan, which is different than what's happening in Korea. And so having those come together is going to be an area that we'll have to continue to work on.

The optimistic point is a little bit of what I said on the TCFD, and by the way, there are way too many acronyms in this world, but another one is a number of speakers have mentioned it, which is the work that the ISSB has been doing. And that is an approach to try to bring together more consistency for evaluation and accountability in accounting. Will it succeed? We hope so. But financial institutions, the people that are working at them and doing the implementation, these are some of the areas that they're trying to work on there. They're boring and they're practical. They don't make the headlines, but these are the areas that folks are trying to think through. Anyway, I'm going to stop there.

Henny Sender: Thank you so much. If you're wondering about the order, basically, we're going from macro to micro. So, we'll end up with our two investors on either side of me. But now I'm going to turn it over to Dr. Song. One of the many reasons I have to be grateful to the sponsors is that she is spearheading the ESG committee of Woori Bank. I met the Woori Bank people when I was here in June. And I'm just so delighted to be back and have a reason to interact more. But I'd like you to illuminate for us what you're seeing in a bank as it goes about allocating capital and trying to manage the trade-offs between profitability and obligation to its shareholders and providing incentives to its clients to move forward as it allocates capital. Thank you.

Song Soo-Young: Yes, thank you. Thank you very much for that wonderful question. And I would like to thank the sponsors for organizing such a wonderful conference. I am one of the independent directors. I was actually appointed as the independent director in March of this year. And I have been learning about the ESG activities of the Korean financial companies. I have looked at what Korean financial institutions have been doing for the past three years when it comes to ESG. And about asset allocation and capital allocation, I've been wondering, how they have been done by the financial institutions in Korea.

Well, the asset allocation has to be done long-term for us to achieve ESG values. But Korean companies and Korean asset managers, their performance is measured in the short term. In case of Korea's net zero plan, we are trying to achieve net zero by 2050, and the NDC has been set for 2030. And on an annual basis, we have to reduce annual emissions by about 4.3%. And so, for us to achieve the NDCs, there has to be a lot of financial support for various industries in Korea. And for these financial assets that have been deployed to produce results, it takes time.

However, in terms of decision-making, the Boards as well as the managers at the financial institutions are having difficulty maintaining that long-term view. And up until last year, regarding ESG investment, there were a lot of optimistic views, but that changed this year. You see energy prices increasing and in the financial firms, fixed income and equities' prices have fallen. So, financial firms and institutions have a lot of concerns about their own profitability.

And just as the gentleman from BlackRock has said, ESG is something that cannot be avoided. And there also has to be financial support for the companies to transition to new types of energy and economy. So, financial support, I don't need to say again, is very important. The financial firms will have to make decisions thinking about ESG. And I believe that's the way we're going to be able to increase the value of the financial institutions and at the same time increase the value of the companies. And I think that in the long-term is going to increase shareholder value. And as a member of the Board of Directors of Woori Financial Group, I have been raising issues so that the Board does think of does think about ESG. With that, I would like to conclude my remarks. Thank you.

Henny Sender: Well, you can't conclude your remarks quite yet. One following question for you. Have you debated products that give incentives to borrowers to accelerate ESG, for example?

Song Soo-Young: Well, the products that we provide, for example, don't have active elements where we provide incentives for better ESG performance. But if we look at the financial products of financial institutions, there are products under the theme of sustainability, where good ESG performances can provide a discount on interest rates. So, if you look at financial institutions, setting a limit and getting the returns from that is good, but if you get it and if you provide a discount on interest rates on loans for good ESG performance, then the banks' revenue takes a hit. But it would be important in achieving ESG goals. So, whether it is in the interest of shareholders is something that we are still discussing about, but we didn't have an active debate about this yet. But I do think that if the risk premium is maintained and set at an appropriate and reasonable level, we can find an optimal point for promoting ESG. I think that's the role that banks need to play.

Henny Sender: So helpful. Thank you so much. And you know, your remarks really give us a good sense of the trade-offs and this whole debate on who bears the costs, how you allocate the costs. I'm going to turn now to my two investors on my panel, who, we've talked about the banks, now we talked about the asset managers. In his remarks, Dr. Ryu talked about the need for long-term investors. And we have two very different investors on his panel. Kevin is a sovereign wealth fund investor. He has a long-term mandate and he does a lot in the private markets. And Rebecca, who I have known for so many years now, has her own amazing firm, called Premia Partners, and she is on the Hong Kong Stock Exchange Committees. And before she talks about her investments, I'm going to ask her to talk a little bit about how the stock exchange of Hong Kong is changing as ESG becomes more and more a factor and how they think of the carrots versus the sticks. Thank you, Rebecca.

Rebecca Chua: Thank you very much Henny. And also thank you Dr. Jun and IGE for inviting me to join this very distinguished panel. And I would also like to express my condolences to the bereaved families and people that are affected by the very sad incidents at Itaewon.

As Henny mentioned, I am a member of the listing committee of the Hong Kong Stock Exchange. And increasingly, we found that the committee has been increasingly more focused on ESG matters to the extent that it has become a staple agenda item for us to go through for every listing application very detail ESG-related disclosure. So, a long time ago, most of the discussion tend to be more focusing on gender diversity in the board to make sure that there is a more balanced representation at the board level. But more recently, we actually have been also more focusing on the granular disclosure of how companies conduct their business - is their business model incorporating ESG principles in their business model? And especially for manufacturing-related companies or logistics-related companies, we also spend a lot of time discussing and trying to influence the companies to make sure that they have a proper disclosure and in such a way, influence their management's thinking into incorporating those in their process designs.

So, for example, in China, they have a very different from I guess the Western world where a lot of focus has been on carbon footprint. But in China, because a lot of the companies have a significant percentage of their business related to manufacturing and also logistics, a lot of the discussion will be also around their management of waste, especially toxic waste discharge on water pollution. For example, in the more recent years, a lot of them are also around discussion of the ability to cover product liability and also, for some logistics companies, how well are they taking care of their employees, and also people that they hire in the ecosystem. So, it's a very long list of ESG-related topics because of the listing requirements, a lot more listing companies are paying a lot more attention to as a result.

Henny Sender: I think that brings up so many important points. One of the things that I want to talk about is that accountability is everything. And it doesn't matter what the structure of the government is, but accountability is so important. And there should be some allowance for what your priority is. You know, most of our discussion today is about decarbonization. But I spend a lot of time in places in South and Central Asia, and water is one of the biggest issues. And I worry that wars will be fought over water going forward. So, I think every country, every company has to think about what the biggest challenges are for them.

Mr. Bong, you live in a wonderful city-state, you run a lot of long-term capital, you also have a luxury that many investors don't have. Can you describe how you see your mandate? And give us an example of an investment decision that you made that maybe wouldn't have been possible 10 years ago?

Kevin Bong: Of course. Thanks. Thanks Henny and thank you to Dr. Jun and IGE for having me at this panel as well. It's wonderful to be here. Unfortunately, the scale of the tragedy that occurred over the weekend as well, I'm at a loss for words to add to it. But I do want to convey my condolences to everyone who was affected as well. But Henny to your point, GIC, as the sovereign wealth fund of Singapore does have a significant mandate to invest everywhere else in the world except Singapore. And in some ways, living on, thank you for calling it a wonderful city, but an island makes a lot of climate change concerns very existential for us.

Henny Sender: It is not abstract or tomorrow.

Kevin Bong: No, it brings it to life very significantly for us for sure. In terms of our mandate, and the way we think about it, I'd actually never heard of anyone referring to us as micro before, but it does help to bring in some perspective to the scale of the challenges that we face. If you think about it, finance and investing are probably just one of three different pillars to solve a lot of the challenges that we face today - the other two being policymaking, that hopefully will be effective, as well as industry that needs to be innovative to find a lot of the solutions that we need to solve the challenges that the world faces.

Capital is just one source of that solution. And in that way, we are somewhat micro. Some of these solutions did not exist 10 years ago. And for us, we have had the opportunity to invest in a number of different projects around the world that we think are making that difference towards a sustainable transition. And it had to be the confluence, I think, as Mark McCombe mentioned, of physics and economics, if you will. The technology needed to be there. The capital needed to be willing to facilitate it. And regulators needed to be willing to support it as well.

So, we are investors in a significant project that produces about I believe 7.5 GW of power in an emerging economy, where clean and sustainable energy is not just a substitute for what they have, but an imperative for the development of the economy, as well. And the ability for us to do that had to have the confluence of some of these technologies for production and for storage of that energy, as well as the willingness of regulators to work with us and with the company that we work with to facilitate a lot of the development that needed to occur, as well as the capital and the willingness of some of our partners to be able to invest with us as well.

And all of that needed to come together at the same time. We invest at a particular scale, and we have to look for projects that are financially both viable, but also significant enough for the portfolio as a whole. And one of the biggest opportunities for us is in facilitating the green energy transition. Because when you're looking for utility-scale opportunities, those require a significant amount of capital. And if technology does exist to solve that, if the regulators are willing to work with us, we have the capital to work with them, as well.

Henny Sender: You know, that gets back to the point that green growth doesn't necessarily have to be slower growth. But you also talk about sequence issues, right? And how everything has to come together? How confident are you that there will be innovations that make things possible? Because in some countries, everyone's talking about EVs, for example. But if you don't have the battery infrastructure, the charging, then you have, I love the phrase, "range anxiety", right? I think that's existential.

Can you talk a little bit about how you see the challenge of finding innovation? And when you think about deploying capital, you have a lot of money, you need scale. But can you talk about, you know, I find that Singapore is such an awesome investor in all sizes, there are so many different pockets of money in Singapore that you have the freedom in Singapore generally to deploy small to large. Where do you see innovation coming from? And do you think that we will see innovation come from traditional conglomerates or from new smaller companies? To what extent do you see legacy companies reinventing themselves? Let's talk about innovation, because that's a more positive topic, and everyone will feel happy for a few minutes anyway.

Kevin Bong: I feel we're all getting forced to speak a little bit more to optimism to account for your general pessimism, Henny. Innovation can come from anywhere. And I think that that's the absolute truth of it. There are incumbents who will find that they need to reinvent their business model because of the imperative of the challenges that we face and because of the commercial consequences if they don't.

There will be innovations that come from startups because there is an opportunity for a tremendous amount of growth. All of the challenges that we're talking about today are up a global scale. If you're able to find a solution for it, you will have no lack of demand for what you want to do.

I think that is the key message behind a lot of this transition. It is so significant. It is a once-in-a-lifetime opportunity. And actually, if it's not done this once in a lifetime, there will not be much of a lifetime to speak of. And so, it is absolutely necessary that it occurs. And as we know, necessity is the mother of all invention. There's innovation that will go on in places that many of us would not even be aware of. And I think it behooves us to actually go out there and find it and try and find a way to facilitate it as sources of capital, as regulators, as well as industry leaders. It is out there. We just need to be able to find it and find opportunities and ways to make that scale.

Henny Sender: Rebecca, I'm turning back to you now. Rebecca sees more clearly and more long-term than almost any investor I know. You were very early on in being impressed by and setting up funds to invest in new economy companies. Recently the world has fallen out of love with new economy companies. And we would talk four years ago, in a pre-COVID world, about all the deflationary effects of technology and how technology was changing things. So, the sharing economy meant that cars would go from being things to being services.

And yet one of the most amazing and strongest sectors in China and the way China is leapfrogging the world is in EVs. I recently met with the head of one of the Chinese EV companies. His company charges more than Tesla for his cars and they're doing an amazing job. Could you talk a bit about how you're deploying funds in new economy companies that offer all the benefits of ESG? And why the world seems to have kind of fallen out of love with new economy companies at the moment?

Rebecca Chua: Thank you Henny. So as an ETF firm, we are very data-driven and rules-based. So, everything that we do and I guess in our product development process, we do spend a lot of time studying data, including climate and ESG-related data in in our index and product design. So, for example, Henny mentioned about our new economy ETF. In fact, we are the first one to include a lot of, not necessarily EVs, but green economy-related companies into the strategies because it actually started less for ESG purposes, but more from elder generation purposes.

So, for example, I think the panel just now discussed about the attention that investors have been paying on ESG. But in fact, from our empirical studies, we find that there is actually a very high correlation between companies that have been spending time on managing ESG and have a lower carbon footprint with their earnings volatility. As a result, low footprint is actually a factor that I think conventional factor investment has been spending a lot of time too. So, we like that. And that's why we actually have been one of the first to include companies like CATL, which is the largest EV battery manufacturer in the world into our strategy.

And then later on, as we dig deeper into the data disclosure of these companies, we find that because they are put as the poster child for what they're doing in the green economy, these company also actually create a positive feedback loop in the sense that they also consciously put a lot more effort in the process redesign. So, for example, CATL is already a net zero factory because they redesigned their process and also energy consumption such that more than 80% of their energy actually come from hydropower. And there are a lot of similar things that are happening.

But I guess the difficulty is, for a lot of Asian and especially Chinese companies, for language reasons, a lot of these things are only disclosed in local languages. So, for data scientists or data or rule-based investors in order to capture these types of data and factor that into the strategy designs, it will take a longer time. But luckily, like I said, technology helps us. A lot of the AI machine learning and LP technology allow us to pass through a lot of these data and better make use of them.

Henny Sender: Thank you. Dr. Ryu, I want to turn to you again, because sovereign wealth funds and pension funds do have the luxury of being long-term. You know, GIC doesn't invest in Singapore, the Kuwait Investment Authority doesn't invest in Kuwait. And the reason is so that they're less vulnerable. Well, I don't want to speak about GIC but say, Kuwait Investment Authority, it's less subject to political pressure from home and to deploy capital to support vested interests.

And I wondered if you could talk about what you see as best practice for sovereign wealth funds in the world today, and whether they have an important role and how to structure the incentives because they have the luxury of being more long-term. You know, my concern is, and it's always and it's something that you and I talked about a little yesterday is will the countries or companies who need capital the most be deprived of that capital, just because their situation is more desperate and they have less resilience? So, it is a riskier investment in many ways. Can you talk about how you see that issue?

Ryu Young-Jae: Well, it's difficult for me to talk to you about the details of the operations of the sovereign fund. But as the CEO of the KIC has said, the KIC, in the past two years, has been integrating ESG in all asset classes, including equities and fixed income. And they have also set up a team that would specialize in ESG. And the KIC's mandate is to promote the Korean industry. Although you don't invest in all countries, except Korea, but also KIC has to promote industrial growth here in Korea. And that is why KIC is helping other financial institutions, that is ESG financial institutions to come to Korea and cooperate with Korean companies. So KIC is helping indirectly for Korean industries to go low carbon. I think that's what KIC is doing.

Since I have the microphone, I want to talk about, where our ESG innovation comes from. You ask the question to another panelist, but I want to make a comment about that. I think ESG investment is all about innovation investment. Those in the investment community have only been focusing within the existing communities or the fields. But they need to talk to other stakeholders, such as environmental groups, or gender-related groups or human rights-related groups. So, they need cooperation with other types of stakeholders. And I think that is going to extend the existing scope of traditional finance.

And I think innovation failure is not just a failure. Failure becomes assets. When failure is assessed as assets, I believe that we will truly have a wave of innovation. And I also want to add that in order to secure innovation in a society, capitalist should not allocate capital only for financial purposes. The capitalists also need to have entrepreneurship in their decision-making process. Thank you.

Henny Sender: You know, these are wonderful points, and I do want to spend some time on innovation for a bit longer. Clay, I want to turn to you now, because innovation by definition, you know, many countries have problems accepting the risk and the failure and there are cultures that sort of lobby against it. To what extent do you think your members are too risk-averse? To what extent will it have to be a very specialized group of financial investors that can finance innovation and live with that risk?

Clay Lowery: So, risk obviously, is a key aspect of any financial institution and some of them have more ability to think through risks. But let me kind of take it in a slightly different direction. We have a lot of investors that work with us, whether they're banks or insurance companies, or asset managers that invest in emerging markets. So, by nature, that's a little more of a risky adventure than investing in more a developed market. What they are telling me is they have mandates, so their mandate is to invest in emerging markets, but now they have a new mandate. And that new mandate is to invest in sustainable financial issues. So, in green investing. So, what they're trying to figure out is "Okay, I want to do that, that is my mandate. I have been told by my investor class that I should be investing in emerging markets and in environmentally friendly programs".

What they're running into a problem is, how can they do that? And not because of the risks. The risks they are what they do for a living. They understand how to mitigate it as best as they can. That doesn't mean they always get it right. But that's what they're looking at. Instead, it's how do they actually find well-defined and consistent program. So, A, they're actually meeting their mandate, B, they're not having what everyone calls greenwashing. So, there's some sort of a way of actually figuring out that what they are investing in is actually green or is more sustainable.

So, it was an interesting point of listening to the investors up here. They look at the specifics. I have to look at more of the macro. And the macro is actually in some respects, quite positive. We've heard a number of speakers today. Mr. Fernandez was the clearest. Things really aren't good in the world economy. And it's actually been even worse for frontier markets and emerging markets. Being able to issue debt in the markets has been extremely difficult. That makes sense. It has tighter financial conditions.

But, that's not necessarily the case in the ESG. Area. There's actually been more investment. If you look at the numbers. And actually, I think the chair of the financial services agency here in Korea mentioned this as well, it's actually up this year, even though everything else is down, that's actually up. And so that suggests to me that basically that mandate is very much, I think it was Mark from BlackRock who said this, this is a market issue, this is a market driven issue. And the market is telling us invest more in these areas. And so that's what people are trying to do.

Now, that means they're going to be taking risks. They're going to be risking in more innovation. But they also need to find ways that they can do it that is more consistent, that has good transparency, that as good disclosure regimes. And we have enough trouble with that in the United States or in Europe. Think how much more difficult that is in emerging markets. So those are some of the areas that I hear about when I'm listening to my members.

Henny Sender: Thank you very much. We only have about five more minutes. I did want to talk a bit about how confusing it is to go through the data. Henry gave us the data point of a 93 trillion global economy having to transition from the fossil fuels that powered the growth of the economy. There was a data point at the Hong Kong monetary authority of upwards of 100 trillion in stranded assets. And not only do the numbers don't really add up consistently, but they're changing.

So, when I talk to insurance startups, one of the areas they say we can't get into is weather, because the data, the historical data does not predict the severity or the frequency of weather. And precisely because we've lived in a low to negative interest rate environment for so many years, we don't have the capital cushion to absorb it.

Before I leave you all, I want to ask the audience one or two questions, but before I do that and conclude and I will conclude on an optimistic note about Korea, if not the rest of the whole world, I wanted to ask my panel if you have any questions for each other. You have two seconds to think about it.

Rebecca Chua: Henny, I don't have exactly a question for each other, but maybe a question for us to think about. ESG to a very large extent and Mark Carney said in his book Values that things only get managed when they get measured. So, a lot of it is also still down to how much data we have. One story that I would like to share with you is you mentioned about technology companies being bought and more receptive to innovations that are ESG-related.

Before COVID, some of the technology companies in China, they were really implementing it down to the individual level. I remember a friend telling me that there was a building in Xinjiang, where all the toilets have QR codes. So, every staff when they go to the washrooms, they need to scan a QR code to get the toilet paper.

And they are not limiting the amount that people use. But that would be the data that HR gets. So, you can imagine suddenly, all the toilet paper wastage was reduced quite significantly. But that also means people lose some of their privacy. So, I guess it is a question that we all need to think about. How do we balance between privacy and the provision of data to track and facilitate ESG management?

Henny Sender: Thank you for pointing out exactly what we need to think about at this moment.

Before I wrap up, I just want to say that one of the reasons I am so grateful to come here so often is Korea is a small country, but it has punched way above its weight in producing national champions and intellectual property up until this point. And I'm confident that going forward, the definition of intellectual property will change a lot, but I'm confident, especially being here with all of you today, that Korea will continue to do so. Thank you so much for giving me the honor of being your moderator and I'll turn it over for the next panel.

SESSION 2

Beyond Global Economic Challenges: Navigating Turbulent Waters for Sustainable Growth Solutions

[Moderator]
Shin Sung-hwan Member of Monetary Policy Board, Bank of Korea (BOK) /Prof., Hongik Univ.

[Conversation]
Anne Krueger Chair Prof., Stanford Univ./Fmr. First Deputy Managing Director, IMF
Sung Tae-yoon Prof., Yonsei Univ./President, Korea International Finance Association

Keynote Speech

Anne Krueger

> [Highlight]
>
> Another negative and almost for sure, and that's true for Korea, it's true for China, for sure, Japan, they're the worst, but not the only ones with low population, lower or negative population and labor force growth. That is a negative more than I think any of us understood ahead of time. And it's pressing down or economic activity in all kinds of ways that are giving us more negatives than before.
>
> Anne Krueger
Chair Prof., Stanford Univ.
Fmr. First Deputy Managing Director, IMF

Shin Sung-Hwan: Professor Kruger, would you please start?

Anne Krueger: Thank you very much. I'm of course very pleased to be here and congratulate the organizers on putting together an excellent conference, which is always very hard to do. I just want to thank both Woori Financial Group and IGE for their support and for inviting me. But I guess most of all before I start, obviously, the whole world was incredibly saddened by the tragedy here last weekend and I want to express my sadness and sympathies along with everybody else for the terrible tragedy and for the loss of life and for those who lost it and of course, for the people who were left behind. I'm sure it's very hard for all of you even to focus on this this soon afterward. So, thank you for that. And you have my sympathy.

Okay, I'd like actually to give you a title for my talk, because it will simplify things. And my title is going to be "Crosscurrents in the World". Meaning that we have a lot of things that make it look as if things will be good. We have a lot of things that will make it look bad. And some things that we don't know which way they will go. But there are just a lot of forces that work. And at least in my professional life, there are more crosscurrents and more things going in opposite directions than at any time I can remember by a longshot, not just a little bit, but a long shot. So let me go through some of them in sorted order. First off, I'm going to start by being optimistic and talking about some of the very positive things.

First off, we do have COVID recovery, which in itself is good. And we may have more pandemics, as some people are worrying. But even if we do, we have learned how to handle it. So, it cannot very likely be as severe as before. But on top of that many countries, including United States, certainly Europe, I think Korea ended up with pent-up demand, meaning that consumers have not been able to spend as much as they wanted to. Certainly, that was true in my country. The savings rate went from about 5% of personal income to well over 10%, double the savings rate. And when COVID vaccines finally came in the requirements for masks and all that diminished, people began wanting to spend more.

So, there was clearly pent-up demand. And there were clearly supply constraints. So that was upward pressure on economic activity. But even more on inflation. I'll come back to inflation because that was a negative. But the pent-up demand is a positive. But there's an uncertainty about that too, that I'll come to. Everything is mixed in this situation. We have an ongoing electronic revolution, which is leading to a lot of demand for additional investment. And for the cost of a new fab for semiconductors is now estimated to be $20 billion for minimum size. And that's now. We don't know what the future will bring.

But quite clearly, simply getting the efficiencies that come from moving more towards electronics and making them easier to use, and I'm convinced they have to be easier because it's driving me nuts, but in any event, getting those efficiencies is going to be expensive. There is ample scope for lots of investment there, both for the ESG reasons we've discussed and for simple business reasons. So let us hope that in fact, there's room for those investments. Because when you add things up in a minute, I'm going to say that there's more than enough investment there if we could afford it.

There's a striking parallel actually with the 1920s. The parallel is that actually electricity was discovered in the 19th century, not the 20th. And lots of things could have happened early on, but it looked by about 1910 or 1920, by that time, it almost looked as if there were no efficiency gains. And in the 1920s all kinds of additional uses came on, and the productivity gains and things from electricity came much later. And I think the same may be true because so far, we are not seeing very many productivity gains from the electronic revolution. I think we will and that's another positive.

There's also, as we are discussing, a huge need for both public and private and business environmental expenditures. And if there's any slack in investment demand and if there's any need for the public sector in particular to speed up its activity because of stagnation or something, there's lots of room for doing wonderful to use for the environment, and our big problem is going to be lack of demand. So, all of those are positives. We've also learned, I think, a fair amount about macroeconomic management. Not enough, but we are better than we were. If we do have another pandemic, it won't hit the economy quite as hard. Although, of course, we never know what kind of will be. But even so, I think we can do better than we did. We do learn from what's happened in the past.

So, I ended up with the conclusion that whatever else goes on, we cannot end up I don't think with secular stagnation of any kind for very long, unless our governments are silly or stupid in some way and don't see it because there's plenty there to invest in. There are lots of things we want to do. And it's easy to show the estimates, even in the environmental alone. But there's a lot of uncertainty. And one of the problems with uncertainty is the fact that it itself makes businesses reluctant to invest. It makes all of us more cautious in many ways. And that is at the moment, I think, a big negative for all of us. It's always a drag on what people will do, and especially on what businesses will do.

I think there are two main groups of uncertainty, both of which are important. The first of which is geopolitical, and the second of which is economic and they interact. And, of course, geopolitical, there are at least two big ones and lots of more little ones - the Russian invasion of Ukraine and the ongoing conflict is itself a major source of uncertainty. We do not know how long it will go on. We hope and pray that we can keep it contained to those countries in that area. We hope that it will work out in a way that brings back the world as we knew it. But I kind of doubt that. I think we're at least going to see some kind of regime where for certain kinds of goods and so on, there's a separation between what I will call the countries that want to participate in the intellectual property rights that are necessary for high-tech stuff and those that don't. But I'll come back to that if time permits.

Obviously, defense spending is up worldwide. And defense spending needs are up even more. So once again, there's something positive coming out of that, if indeed, we can get the things settled quickly. But whether that will happen or whether it will drag on for this winter or longer? We don't know. And that's a question mark on what will happen everywhere. And I haven't even mentioned tensions between the US and China, which are clearly a big factor in lots of things. And how they will evolve is, I think, a major question for everybody throughout the world.

Our chat now I'm going, however, to the downsides, because there are many of those too. One of them is the debt and unsustainability of debt, particularly in the poor countries, for some of the emerging markets, Turkey in particular, India, to some extent I could come back to that, but won't some of the smaller ones, Sri Lanka has big debt troubles right now, some other countries look as if they're very dangerous, Zambia and a few in Africa are already there. So that's going to be a big issue I think going forward, especially as interest rates rise and that happens.

Going on there also many other challenges, inflationary pressures themselves, of course, raise big issues with of course, the need to raise interest rates, if for no other reason, the negative real interest rates, i.e., the rate, the nominal rate of interest rate minus the rate of growth, when that's negative, then when I can borrow now, buy some good hold for a year and sell it for more than I bought it at zero interest rate is wonderful, or negative would be better. And of course, we can't have that. So, at least in the United States and in Europe, nominal interest rates are going up. They're still negative in real terms. They've got to get positive again. And that can happen by inflation going down or by interest rates going up. And the question is how that will happen? How quickly it will take hold. And there's a lot of uncertainty about that.

This is not a normal time because the recession itself, if it comes will have come because of inflation, which itself will come because of COVID. And that's not the normal recession. It's something different. And so, it's hard to say what's going to happen there. I'm on the optimistic side. It is certainly possible that we can have a gradual increase in supply which is starting to happen, and a gradual diminution in the pressure of excess demand in such a way that the nominal interest rate could go up and find a path that does not lead to recession, at least in the United States for which I'm more confident. For Europe, there is the additional question of energy pricing, which makes it more difficult. But having said that the US is a big country and if it could avoid recession, which is possible, but uncertain, if it could, it would be very good news for many other countries, including, of course, Korea.

So that's in my uncertain category, a big one is how well the monetary authorities can manage in this unknown environment. It's not their fault if they miss guess to some extent, but if they can manage well and find that tunnel between too much inflation, too much downward pressure, that could be a very good thing for all of us in the world economy. And of course, if they can't, we have recession and all of that. But managing inflation is important. If inflation accelerates, that will be a disaster for the whole world over time for a whole variety of reasons that I can't go into, but we can discuss later.

Okay, some downward and almost surely negative things are, of course, the energy prices. It's interesting that we talk here about wanting to move to the carbon-free, and all that zero-carbon initiative, whereas at the same time, we're talking about "Oh, my God, what will Europe do when they don't have enough heating for the winter" and things like that, and we have crosscurrents there both because of the underlying situation, and because of policy, but on that I think that for the moment is a negative. There have got to be a lot of investment in energy and other areas. But that will take time. And no matter what we do we have a problem.

Another negative and almost for sure, and that's true for Korea, it's true for China, for sure, Japan, they're the worst, but not the only ones with low population, lower or negative population and labor force growth. That is a negative more than I think any of us understood ahead of time. And it's pressing down or economic activity in all kinds of ways that are giving us more negatives than before. So far, I still see the positive other pressures outweighing that. Whether that will continue or not, I don't know.

And, of course, the last one of those is the tension between China and the US, which is, of course, in my view, greater than it has to be, but certainly the US has contributed unfortunately, its share to it. But there are some genuine issues there. How they are resolved is terribly important for everything. So, I don't know how much time I have left. But I want to come to one major uncertainty that's terribly important. And that is world trade.

The history of mankind is the history of starting where nobody was able to stay put, they have to forage even to get their food and what have you to settlement and then to trade and more trade and more trade. It's been going on it's been a benefit to us all. In the 19th century, in England, it is estimated that 95% of all Englishmen never moved more than five miles from their home place during their lifetime. Five miles. And now London to Manchester is sort of every day. It used to be a 90-hour trip two centuries ago. The world has changed.

And the change has been integration, integration, integration, lower transport costs, lowered communications cost, this has all been good, it's been important. It almost has to continue. There's tremendous scope for increasing productivity and services, especially if we could get the trading system restored. The World Trade Organization is hugely important. It's kind of the air we breathe. We don't even appreciate it. And unfortunately, the Americans who did lead it, and I was always very proud of that, under the Trump administration have done great damage to it.

I think countries like Korea that are dependent on trade, need to have loud voices making clear how important it is to restore the open trading system in all non-high-tech goods, at least, so that we can have that and have that worldwide and go back to expansion. We need the WTO to bring on new issues, e-commerce, intellectual property, those things are important. We need to reform it and make it better. The meeting last June was encouraging. We need to move that forward. And I think if we do not do so the world is in trouble. So, I think we will eventually get there. But if we don't get there quickly, we will have a hard time in between, so I think it's urgent.

Countries cannot go isolationist. There's too much we cannot do on that score. Even the semiconductor industry cannot be separated into each country doing its own. Taiwan has a virtual monopoly on some aspects. The Netherlands has a virtual monopoly on some things. The British have a monopoly on some things the US has a monopoly. We may not have a monopoly in semiconductors, as you know, the regular ordinary chips, we have a monopoly on a lot of the high-tech machinery to make the semiconductors, and so on. And any one of these countries, even the big ones try to do it by themselves, it would take more investment than they can possibly afford just to do that.

I mentioned $20 billion for a semiconductor factory. Can you imagine what it would take for a Dutch company which uses 427,000 different components to make its high-tech machinery to make the high-tech computer chips, what it would take them to replicate that in other countries. It just can't be done. So, I'm convinced we will not go isolationist. We may go to trading blocs and even that would not be a good thing. And it's negative for the world. So, I think what's going to happen to the world economy is not given. I think some countries will be smarter enough to avoid a lot of the protectionism, a lot of the other mistakes and as other countries see that I think they will go that way. So, if you ask me, am I optimistic for 20 years from now? Yes. Am I optimistic for next year? I'm hopeful. And I'll leave it there. Thank you.

Luncheon Special Session

[Speaker]
David Rubenstein Co-Founder & Co-Chairman, The Carlyle Group

Special Address

David Rubenstein

> [Highlight]
>
> We have to make certain that we work together with a common cause of reducing climate change and reducing life extinction. If we don't do so, all the other problems we're dealing with - all the other economic challenges, trade challenges, manufacturing challenges, political challenges - will in time seem insignificant.
>
> David Rubenstein
> Co-Founder & Co-Chairman, The Carlyle Group

Hello, I'm David Rubenstein, the co-founder and co-chairman of the Carlyle Group. And I'm sorry, I cannot be with you this year. But because of schedule constraints, I'm just not able to be in Korea today. I have been there before. And I look forward to coming to Korea again to talk about the relationships between the United States and Korea, and the relationships between my own firm and many other firms in Korea. As I talk to you today, I want to talk about one important subject, which is sustainability. And I do so in an atmosphere where we recognize the economy is not wonderful in the United States and in Asia.

Clearly in the United States and in Europe, and in Asia, there are economic challenges, stemming in part from the fact that for quite some time, we've had to deal with COVID and COVID has forced governments to increase spending and as a result of increased spending there has been some inflation. The war in Ukraine has also contributed to this factor. And as a result, we now see interest rates going up as an effort to get inflation down and further down. Clearly, what will happen as interest rates go up in the United States and around most of the world, you will see lower GDP growth, and lower GDP growth will not be good for anybody's economy and for anybody's lifestyle.

So, this is not going to be a happy period of time. I suspect it will take a year or two before we sort through the post-COVID and post-war environment. And as we deal with this post-COVID and post-war environment, we should recognize that recessions are not terrible in the sense that they happen every seven years or so. They do have some unfortunate consequences. But they are tolerable if we work together. And we work in ways that make certain that we want to modify and minimize the effects of a recession. If that recession occurs in the United States or in Asia, or in Korea, particularly or in China, or in Europe, we do have a common interest in working together to solve one other problem. And that problem is sustainability and climate change. And let me address that for a moment.

I think it's going to be clear to everybody that the world is changing in terms of the climate. It wasn't recognized 100 years ago, or 200 years ago as the industrial age began. But I think it's clearly recognized now that the carbon that's been put in the atmosphere is making the earth less tolerable, less safe, less humane, and also a place that we cannot sustain in this way and for many, many decades into the future. We all have an obligation as humans to work together on certain issues. We may have our differences economically, technologically, and politically. But we all have one thing in common. We're all humans with the desire to make certain that our children and our progeny have a happy and healthy life. We can't leave that happy and healthy life for them if we have a planet that is not safe and is not healthy.

We recognize now that the effect of putting carbon in the atmosphere has been damaging to our environment and damaging to their health. And it clearly is leading to a dangerous situation that is going to get more and more dangerous. I have thought for some time that a better phrase for climate change was "life extinction". Because life extinction makes it clear that we're actually going to begin to extinguish life, human life, and other types of life on the face of this planet, unless we do something about it. And we need to do it relatively quickly. So, while we have some economic challenges in the United States. We have some economic challenges between us and China. And clearly there are challenges throughout the world. It doesn't mean we should abandon our effort to deal with climate change and sustainability. We can work on these issues, despite the fact, despite the fact that we have some political and economic differences.

The US-Korea relationship is good, but can always be better. There are some trade differences, for sure. And we don't agree on everything. But there's no doubt that we do agree that we have a common interest in solving the problems of climate change, or as I say, life extinction. What can we do about this? Well, one thing we can do is make certain that we are very efficient in using energy, we're using energy that is not polluting the atmosphere, we're using energy that is more conducive to human life continuing in a happy and healthy manner. That is not going to be easy. Clearly, the United States recognizes that developing parts of the world feel that they have had a disadvantage for many, many generations. And now that they are able to produce products and do things that the developed world has done for some time, they perhaps should be able to do so in a way that the developed world did, which is to say, pollute a little bit more than maybe the developed world is allowed to do. That's a debate that is going on for some time, and I won't get into it now. But clearly, we recognize in the United States that developing market countries have a different situation than developed market countries. However, this is resolved, all of us have a common interest in working together. All of us have a common interest in preserving life. All of us want to have children who are happy and healthy and grandchildren are happy and healthy, and our descendants from there on also happy and healthy. That will not be possible if we continue to conduct our affairs the way we are doing now.

We're manufacturing things with too much carbon. We're transporting ourselves with too much carbon. And we're living our lives with too much carbon escaping into the atmosphere. Now, the truth is virtually nothing we do today will dramatically affect the carbon in the atmosphere. It will take a while for that carbon to evaporate. But we can do things to make Earth much safer and healthier. We can do many other things. We can transport ourselves in a healthier way. We can conduct our affairs in a healthier way than we're doing now. And we can use materials in the manufacturing process, which are more sustainable. And I hope that the United States and Korea can be leaders. In working together, you're showing that a bilateral relationship is one that can produce a sustainable economic relationship. It doesn't necessarily mean that because you are doing things in a sustainable way, you're going to have lower growth, you're going to have less economic GDP, you're going to have lower employment. That isn't necessarily the case, I think we need to make it clear that you can have a sustainable economic environment and a sustainable way of producing products and services without decreasing employment and doing it in a way that's happy and healthy for society. It's not going to be easy. Clearly, the easier path, the path of least resistance, is to continue doing what we're already doing. But the path of least resistance is the path we can't take. We need to do something much more difficult than just taking the path of least resistance. We have to work much harder than we are today to produce sustainable processes, sustainable manufacturing, and sustainable transportation.

I think that the Americans that I know and the Koreans that I've met with over the many years, have a view that it is important that we work on this problem. Now I realize everybody in Korea, everybody in the United States doesn't share that view. But I do think we have it incumbent upon us to educate people, to educate people about the challenges we face, and to not just take except as a matter of course, that some people are not going to agree that there is climate change going on, or what I call life extinction. So, as you meet at this conference, I hope you think about one thing above everything else. Economics is important. Political stability is important. War and peace is very important. And obviously, peace is more important than anything else. But we have to make certain that we work together with a common cause of reducing climate change and reducing life extinction. If we don't do so, all the other problems we're dealing with - all the other economic challenges, trade challenges, manufacturing challenges, political challenges - will in time seem insignificant.

We have an obligation as humans to leave this earth happier and healthier than we found it. And if we don't do so, it's an unfortunate situation for our heirs, because they will not be able to enjoy the freedoms and the pleasures of living on this earth that we have had. So, I hope all of you will think about as you go through this conference, ways you can improve what you're doing towards sustainability and ways you can work with others from other countries and in your own country to improve sustainability and manufacturing, and transportation and the way we live. I know I'm going to try to do what I can do in a better way. And I hope all of you will do the same. I wish I could be with you again. Sorry, I can't be with you this year. But I hope all of you will take my message and do something about it, which is to say do something about sustainability and work together in ways that bring together Korea and the United States and also our neighbors in Asia and the rest of the world. So, thank you very much for giving me this time. I appreciate it.

SESSION 3

ESG Success Strategies for Nature Recovery, Circular Economy, and Supporting the Climate Vulnerable

[Keynote Speakers]
Elizabeth Maruma Mrema
Executive Secretary of the Convention on Biological Diversity (CBD)
Andrea Meza Murillo Deputy Executive Secretary, UNCCD

[Speakers]
Oyun Sanjaasuren Director of External Affairs, GCF
/ First President of the United Nations Environment Assembly(UNEA)
Jo Ji-Hye Director, Korea Environment Institute (KEI)
Park Jong-il Deputy President, Woori Financial Group

Keynote Speech

Elizabeth Maruma Mrema

> [Highlight]
>
> With over 44 trillion US dollars of assets globally, over half of the world's GDP is at risk from biodiversity loss. We are at the pivotal moment in time.
>
> Elizabeth Maruma Mrema
> Executive Secretary of the Convention on Biological Diversity (CBD)

Greetings to you all. I am pleased to be here with you today for this international conference on sustainability hosted by the Institute for Global Economics and Woori Financial Group.

As I'm sure you are aware, there is a very dense international policy agenda on climate and biodiversity as we near the end of 2022. With COP 27 of the UN Framework Convention on Climate Change just closing in Egypt, and the second part of the Conference of the Parties 15 of the UN Convention on Biological Diversity just about to start in Montreal, we can expect change on the horizon. We know that corporate and financial assets are largely dependent on biodiversity, causing material, physical, and transition risks. And with over 44 trillion US dollars of assets globally, over half of the world's GDP is at risk from biodiversity loss. We are at the pivotal moment in time.

As Executive Secretary of the UN Convention on Biological Diversity, I'm honored to also co-chair the Task Force on Nature Related Financial Disclosure or TNFD. The TNFD is also progressing its ambitious work program, having released the third iteration of its better framework and guidance in early November. It is now being supported by an extensive program of pilots en route to further developing and publicly issuing the TNFD framework for disclosure of nature-related risks, impacts, and opportunities in 2023. The second part of the Conference of the Parties 15 this December in Montreal, Parties to the Convention will have the responsibility of finalizing, building consensus on, and adapting a landmark agreement, the Post-2020 Global Biodiversity Framework. There is a growing expectation amongst government, society, businesses, and financial institutions that this framework will be a landmark agreement for biodiversity similar in scale to the Paris Climate Agreement. The global biodiversity framework will steer the world on the right path in order to achieve our vision of living in harmony with nature by 2015 and create a sustainable future for generations to come. It is comprised of qualitative and quantitative goals and milestone targets that aim to put biodiversity on a path to recovery by 2030. I'd don't have to tell you that we have a very narrow window of opportunity. And it will take ambition, commitment, compromise, and strong collaboration across all sectors of society to successfully achieve the goal of living in harmony with nature.

Believe me when I say that the Draft Global Biodiversity Framework recognizes the critical role that businesses and financial organizations have in supporting this vision. Given the system wide dependence of society and the economy on biodiversity and ecosystem services, biodiversity loss driven by human activities is exposing a multitude of risks to our health, livelihood, and economy, all with negative impacts to business and financial institutions. The Draft Post-2020 Global Biodiversity Framework, places emphasis on various directives for businesses and financial organizations, including mainstreaming biodiversity within policies, strategies, and operational decision-making. Essentially, we want to systematically and effectively integrate the consideration of biodiversity within all levels of decision-making to minimize risks and negative impacts, and enhance positive impacts on to habitats, species and ecosystems. Aligning financial flows with objectives to reverse biodiversity loss and achieve conservation, regeneration, sustainable and socially equitable use of biodiversity and ecosystem services. Aligning financial flows points to the mobilization of dedicated resources towards actions that are positive for biodiversity or as many call it, financing green assets and activities. This also means reducing risks and negative impacts to biodiversity in all other activities, assets and investments, public and private, as well as seeking to generate positive impacts through appropriate mitigation, offsetting, ecosystem restoration and regeneration, pollution reduction, zero deforestation, and natural habitat conservation policies, etc. This concept is often referred to as greening finance.

And finally, assessing, reporting and disclosing on impacts and dependencies of businesses and financial institutions on to biodiversity with a view of reducing impacts to biodiversity and risks to businesses and financial institutions. Setting the right policy and regulatory landscapes to achieve the milestone targets and vision of the Post-2020 Global Biodiversity Framework is first and foremost a responsibility of the Parties to the Convention on Biological Diversity. They will be responsible for the implementation of the framework at jurisdictional level. This will include cultivating and enabling legal, regulatory, financial, physical and commercial environment for business and financial organizations to transition towards business models that support the halting and reversing of biodiversity loss by 2030. That said, businesses and financial organizations already can and should take steps towards integrating the considerations of biodiversity within their policies and operations and start their own green transition without waiting for regulatory developments.

We are running out of time. Acting now and acting quickly to align with the targets and vision of the Draft Global Biodiversity Framework is a collective responsibility shared amongst each of us in society and the economy. I am happy to report that we are seeing some organizations already engaged in this process. And I salute the very strong interest that many businesses and financial institutions are showing in the Conference of the Parties 15 process. Conference of the Parties will include a dense and strong sequence on business and financial engagement. And I encourage every corporate and financial decision-maker to be attuned to the developments that will take place during the conference. This will provide useful and necessary elements for a roadmap to halt and reverse biodiversity loss by 2030 and achieving the vision of the framework by 2050. On the matter of disclosures, I would like to emphasize that consistency of the TNFD initiative with the Draft Post-2020 Global Biodiversity Framework. Of course, the Task Force on Nature Related Financial Disclosure or TNFD is not a policy or regulatory initiative. This is a voluntary market-led initiative that is not directly associated with mandatory disclosure. That said, the TNFD framework is set to provide invaluable methodological and technical guidance for organizations to locate, evaluate, assess, and report on nature-related risks, impacts, and opportunities. This reporting is critical to account for the risks that the loss of biodiversity and natural capital creates for organizations and should be included within the overall enterprise risk management process. This is a critical element to the successful mainstreaming of biodiversity within business and financial strategies and decision-making.

The objective is to make progress in reducing nature-related risks to organizations and reduce negative impacts from organizations onto biodiversity, while also leveraging on the opportunities for positive impacts. I'm extremely pleased that Woori Financial Group is a member of the TNFD forum and is participating in the piloting program on the draft TNFD framework in collaboration with the United Nations Environment Programme Finance Initiative or UNEP FI. This active engagement with the TNFD is a strong sign of commitment from Woori Financial Group, a proactive approach to sustainability and to the recognition of the importance of nature-related risks, impacts and opportunities for financial portfolios. This is a genuine opportunity to lead by example, as Korea's first financial institution with leadership extending well beyond Korea. I wish you rich and fruitful discussions. Thank you.

Keynote Speech

Andrea Meza Murillo

> [Highlight]
>
> The second edition of the Global Land Outlook shows that up to 40% of land is already degraded, affecting half of our humanity and endangering almost half of global GDP. Currently, global investments that degrade nature exceed conservation efforts by at least 600 billion US dollars each year. By 2050, the world's population will have increased to over 9 billion, with twice the current demand for agricultural products. If current trends continue, an additional land area the size of South America will be degraded by 2050 at a cost of 23 trillion US dollars to the global economy.
>
> Andrea Meza Murillo
Deputy Executive Secretary, UNCCD

Your Excellencies, distinguished guests, dear colleagues. As you well know, land resources – soil, water, and biodiversity - provide the foundation for the wealth and wellbeing of our societies and economies. They provide the food, water, fuel and other raw materials to meet the growing needs and the desires that shape our livelihoods and lifestyles. However, the way we currently manage and use these natural resources is threatening the health and continued survival of many species on Earth, including our own.

The second edition of the Global Land Outlook shows that up to 40% of land is already degraded, affecting half of our humanity and endangering almost half of global GDP. Currently, global investments that degrade nature exceed conservation efforts by at least 600 billion US dollars each year. By 2050, the world's population will have increased to over 9 billion, with twice the current demand for agricultural products. If current trends continue, an additional land area the size of South America will be degraded by 2050 at a cost of 23 trillion US dollars to the global economy.

The conversion of land for agriculture to meet the demands for food, feed, fiber and bioenergy production is the leading driver of land use change. However, transforming the way we produce and consume has enormous potential to reverse land degradation and biodiversity loss to mitigate climate change, to future proof our economies and contribute to a land degradation-neutral world.

The involvement of the private sector in the restoration and protection of ecosystem is key to ensuring sustainable supply chains that do not threaten the survival of future generations. The fact that you are all here participating in this conference shows that you are ready and willing to make a positive change and are committed to being a part of the solution. So, what do we need to do? Nature-positive investments need to triple by 2030 and keep growing. Most investment is currently coming from the public sector and now the private sector must step up its investments as well to finance a transformation that will allow humanity and the planet to thrive, to start moving beyond making the right noises and taking the right actions. We need to rethink productive capacities to support positive outcomes for nature that also delivers socio-economic benefits. We must consider land and soils as an essential component of ESG standards. We need to leverage private sector expertise, innovation, solutions, and funding to achieve our sustainable development goals and ensure more sustainable production and consumption for a healthy planet and people. We need to provide for the growing class of 'conscious consumers' that use their purchasing power to demand transparency and accountability of supply chains in the products they consume.

Therefore, I would like to invite investors and businesses to join the UNCCD's Business for Land Initiative. Launched at UNCCD COP 1. in Abidjan, Cote d'Ivoire, the Business for Land Initiative aims at bringing visibility to the commitments made by participating companies towards land degradation neutrality, both in supply chains and CSR activities. We already have commitments from Woori Financial Group along with several companies and foundations, including Mirova, Elyx Foundation, GS Retail Company, Hyundai Livart and the World Business Council for Sustainable Development, and hope many more will join in the future. Colleagues and friends, fundamentally, land restoration is about creating opportunities and future-proofing our economies for a sustainably managed world. We must all be united for land, for nature, for climate and for people. Thank you.

Presentation

[Highlights]

As we've recently seen, with the floods in Pakistan, vulnerable, most vulnerable, poor, and also women and children are disproportionately affected.

Oyun Sanjaasuren
Director of External Affairs, GCF
First President of the United Nations Environment Assembly(UNEA)

Climate change gives rise to disease, food shortage, detriments to livelihoods, and devastations to nature. Climate change knows no borders. It's a universal phenomenon. And as a result, migration, refugees, armed conflict, state bankruptcies, and protectionism occur compounded together to reach extremes. Let me elaborate on the disasters caused by the climate crisis.

By expanding support for green finance and renewable energy, by bolstering support for vulnerable populations, Woori Financial Group will do its part to the fullest in creating opportunities for a sustainable society.

Park Jong-Il
Deputy President, Woori Financial Group

Oyun Sanjaasuren: Thank you so much. Ladies and gentleman, a very good day to you. It's a really distinct pleasure to be invited. I'm very happy to see that the theme of today's conference organized by the Institute for Global Economics and Woori Financial Group is indeed on sustainable finance.

How do we work together public and private sector, civil society, every citizen towards a more sustainable future, nature, circular economy, and of course, how do we fight the climate crisis as well? I represent the Green Climate Fund. It's based in Songdo. So, this morning I drove from Songdo. And we there the Green Climate

Fund are very, very happy and grateful to Korea for being a global host of one of the main climate finance institutions now. GCF, Green Climate Fund has been now working with more than 140 countries. Korea is one of the also main contributors on top of being on the board but also being a global host. So, we are very grateful and we commend Korea for being a pioneer, a global leader, not only to announcing to achieve the carbon neutrality by 2050, but also approving a legislation, which is underlying the climate neutrality goal, and also supporting developing countries through, for example, hosting GCF on them to transitioning to greener, cleaner, low carbon world.

As many of you probably know, in two days, in Egypt, in Sharm el Sheikh thousands and thousands of participants will gather - heads of state I understand there will be more than 100 heads of government and heads of state, negotiators, media, private sector, CEOs, civil society representatives - they will all gather for what we call COP, Conference of Parties for climate change. And this time, it's COP 27. They will gather 30 years after the first climate convention was approved in 1992 and seven years since the Paris Agreement was approved because we all know about the historical Paris Agreement in 2015. Just before the Paris Agreement was approved, also, Korea decided to host or won the bid to host the Green Climate Fund. So next year, it will be 10 years of GCF being hosted in Korea, and seven years since our first funding proposal was approved. And now we have about $40 billion worth of mitigation adaptation projects programs, financially approved for 140 countries and more than 10 billion comes from GCF funding and the rest comes from co-financiers. One third of our funding actually also goes to the private sector. We're very keen to work with the private sector.

As was mentioned previously, and this morning, the needs for financing circular economy, needs of financing climate is really huge. And how do we make sure that $1 of public taxpayers' money can shift and move every $10 of private sector money? How do we de-risk? How to entice those investments? So those who, actually gather in Sharm el Sheikh next week, it's, of course a somber reminder of the climate crisis that the planet and humanity is facing, because there will be two perspectives, and I think it was already mentioned also this morning. On one side, the need for urgent climate action is actually more acute than ever. And nations must transition much faster from fossil fuels to retain any hope of preventing a catastrophic future on an overheated planet. We've been seeing more floods, droughts, heat waves, and wildfires. And every additional rise in global temperature increases the risks that people face around the world.

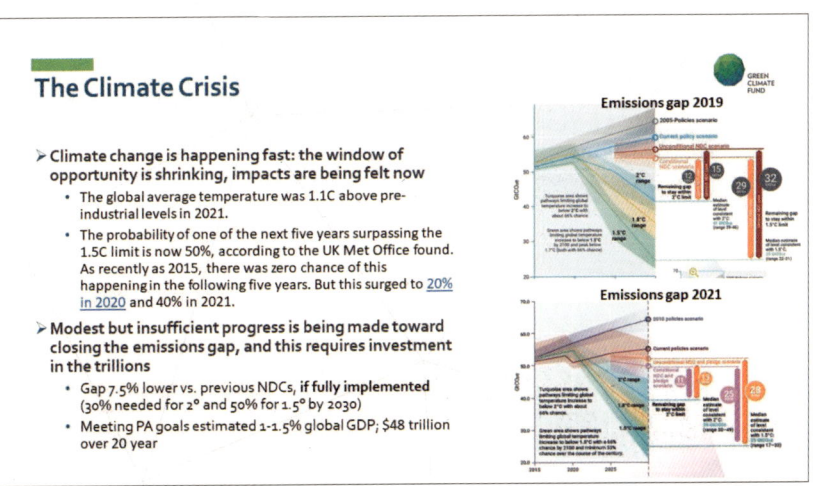

And maybe I'll just show you one slide. Okay, I have one slide on the climate crisis. Yes. So this one. The probability that we may be getting to 1.5 ℃, this probability has increased dramatically in the last few years. Just maybe even a decade ago, the probability was not there, but we are seeing that the climate crisis is running faster than we are. That's what the United Nations Secretary General Antonio Guterres actually mentioned a couple of years ago. And as we've recently seen, with the floods in Pakistan, vulnerable, most vulnerable, poor, and also women and children are disproportionately affected. At the same time, of course, we're seeing that the global economy is experiencing one of its deepest recessions, the post-COVID health, economic, financial challenges have been now exacerbated by volatile energy and agricultural food prices and inflation, stagflation, which have also been mentioned this morning. And of course, Russia's war in Ukraine, leading to higher prices for oil, energy and food, also higher transport prices, and as a result, we're seeing you know, the consumer price inflation everywhere. So, one may say, look, of course, the climate is important, but at the same time, there are immediate other crises that we have to deal with, and then they're sort of more security and peace-related.

But at the same time, we also know that climate change is a threat multiplier. David Rubenstein, so clearly emphasized in his intervention during lunchtime, that climate change and climate crisis is indeed a threat multiplier. We're talking about potential extinction. So, this is the major risk that the world is facing. And that's also a major responsibility on all of us.

There is also good news. And that is, although the global risks have been dominated in the last few years by inability to respond to climate change, natural disasters, extreme weather and biodiversity loss, at the same time, we have seen this major momentum being built, especially in the last 24 months, both the political will built where the net zero race has started, and Korea, as you know, also announced the carbon neutrality by 2050 promise two years ago, of course, we've seen European countries, the United States with the recent administration of Biden, Japan, during the race, and of course, China announced that they will go for net zero by 2060. India, not that early - 2070. But still, there is a pledge. So now if you look at the total pledges by 140 countries, it equals to about 90% of the global economy and 80% of total emissions.

So, on one side, of course, there is hope. We're definitely seeing very much public support growing especially from a new younger generation. But at the same time, all those pledges, the race to net zero has to be translated into concrete actions. You know, last year we've seen some of the enhancement commitments at Glasgow COP 26. Next week, hopefully, some expected at COP 27 in Egypt. But there is a lot of also expectation from the private sector from the financial sector as well. Challenges we're facing are huge. At the same time, consider the scale of transformation that is needed to limit dangerous warming. So, this major transformation could also mean major opportunities that are forthcoming. This decade, 2020 to 2030 is well known as a decade of nature and climate action. This decade is very crucial. They need to halve the emissions in this decade, halve the emissions the decade after, and then reach net zero by 2050. On biodiversity, we've heard the Convention for Biodiversity Executive Secretary Elizabeth Mrema just before me, and reversing biodiversity loss, also the targets on the land restoration, which minister Andrea Meza also mentioned from UNCCD. These are really enormous tasks. But at the same time, we've been also seeing that this disruptive potential decade not only the challenges, but also the decade that may bring innovations with technologies, and these huge opportunities may show that whoever is in front of the race may also gain meaningful progress as well.

So, finance, of course, is key in this transformation. Finance is key to catalyze and lead to systemic changes. And we've seen the financial sector, also banks, investors, financiers, asset managers, many started aligning their policies and actions with the Paris Agreement, but also with sustainable development. More and more, there is a requirement that companies reflect the risks and opportunities related to climate change in their risk management and decision-making. This also includes ceasing lending to companies that participate in coal projects. Investors increasingly recognize that climate risk is also an investment risk, and they want to know every firm's plan for managing those risks. There is a growing realization that the risks and economic costs of climate change have been underestimated. You may have seen World Economic Forum's top global risks report, they come out every January, and of course, the one which we're expecting January 2023, may have most of traditional security risks, like peace and interstate conflicts coming again to the top, but for the last five to six years, these were the major risks. So, there is more realization that actually, climate, biodiversity, and nature risks are actually the global top risks as well.

If I can just explain briefly how we're trying to contribute at the Green Climate Fund, developing countries to leapfrog to more sustainable and greener development pathways. By the way, on the left side, on the left top is a picture from Mongolia. I come from Mongolia, and of course, in Mongolia for hundreds of years, our nomadic herders traditionally lived more or less in harmony with nature, they really didn't contribute too much to climate change. And they learned how to, you know, move from one pasture to another, let one pasture rest, and how do we keep the nature and the land clean because this is their livelihood. But all of a sudden, in the last few decades, they see the seasons changing.

They see also more pasture degradation, they see more desertification, they see glaciers melting, which means that the source of water will be less, we even see the permafrost melting in Mongolia. So, without contributing too much to climate change, all of a sudden, the nomadic herders in Mongolia, they are at a loss, they don't know how to tackle how to deal with those changes, how to adapt. So, I think this is the very typical picture in many vulnerable to climate countries in the world.

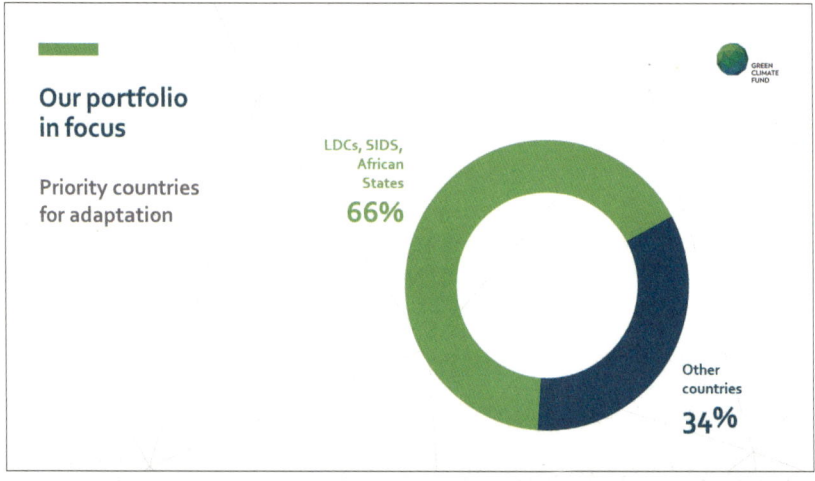

I already mentioned the figures for our investment with co-investment in 140 developing countries, of course, our focus is also in least developed countries, SDIS, small island development states, African states, and also, we invest at least 50% of the funding into adaptation as well.

I just wanted to emphasize that just increasing the volume of climate finance into developing countries is not enough. Investments are required and different sets of assets. It is best if this investment creates also co-benefits for COVID recovery, for green recovery. And of course, you know, key is innovation, not only with projects and programs. The key is also innovating policy and regulations.

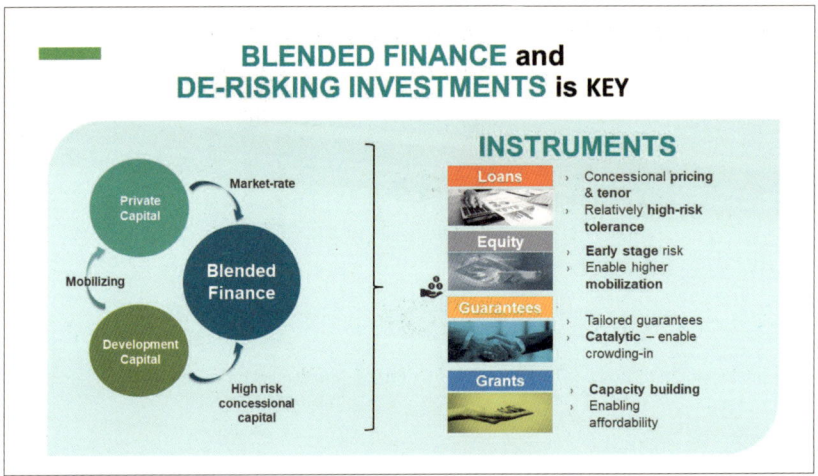

How do we integrate both policies, national policies with climate and the Paris Agreement? How do we capture multiple wins, innovation in institutions, capacity building, innovation and technology, but also innovation and financial tools that we use? And one interesting, maybe example, so as I mentioned, one third of our funding goes to the private sector.

Basically, what we do is we tried to come up with a flexible combination of not only granting concessional loans, and of course, you know, but the World Bank, Asian Development Bank and various development banks and international financial institutions. Mostly it's either a small amount of grant or typical concessional loan, but for middle income countries, they're not very that much highly concessional. So, in our case, as long as the developing countries' investment can leapfrog to low carbon investments, we try to use a flexible combination of you know, whether it's guarantees, equity instruments, highly concessional debt, we can include high volume of grant as well, so that to leverage blended finance and crowd and private investment, and things like first loss equity, first loss guarantee, anchor investment is really pivotal to unlock private capital. So, this flexibility enables us flexibility of financial instruments, supported by also capacity building project preparation, facilities, etc., which is supported by grants, enables the fund to pilot new financial structures and support the green market creation. We work with accredited entities, our partners, and so it's a major sort of hub of climate solutions and innovations.

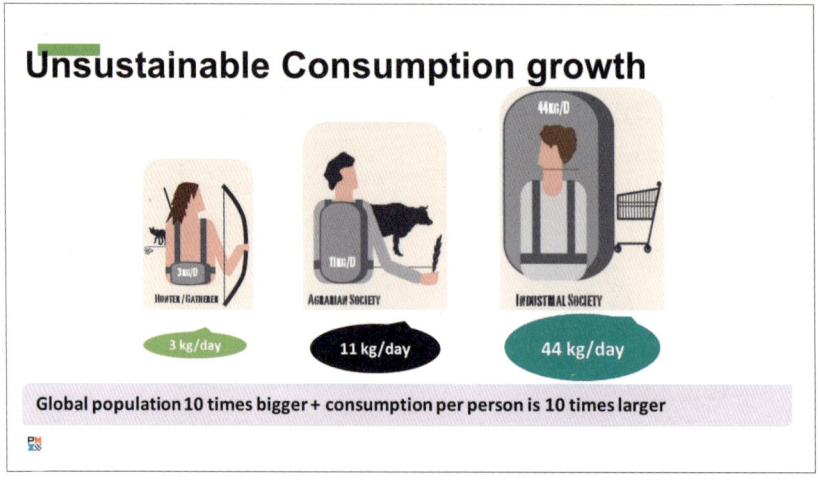

And we're trying to de-risk both the private sector and public sector to support early stage project development. So, I think my time is more or less over, so those are some examples of our innovative project, but I think I will skip those. I just want to finish with one slide. You know, just a few 100 years ago, the population of the world was 10 times smaller. Of course, population of the world is growing, but it's not only the sheer size of the population. The consumption per capita, for every one of us sitting in this room, increased ten-fold compared to, again, when we were a hunter agrarian society. So, if the population is 10 times bigger, and if everyone consumes 10 times more, our Mother Earth has to sustain and absorb 100 times more consumption of the human species basically. So, I think it's very important now that I want to finish with the calling on every one of us to recognize the challenges that the planet and humanity is facing and be part of the solution. And this Anthropocene epoch, which means, you know, our human species, we have to be very, very responsible. So not to know not to create this havoc on this earth.

So, thank you very much for your attention and it's a pleasure. Now, I was asked to introduce the next speaker, which is Director of the Korea Environment Institute, Ji-Hye Jo, welcome and to the stage. Thank you very much for your attention.

Jo Ji-Hye : Good afternoon, ladies and gentlemen. My name is Jo Ji-Hye. I'm the Director of the Resource Cycle Research Department of KEI. I would like to thank that the IGE and Woori Financial Group for inviting me to talk to you.

With the growing awareness of corporate sustainability around the world, ESG is drawing attention as a new paradigm of management strategy. I would like to talk about opportunities and challenges of circular economy in the ESG era. Under the linear economic structure where a large number of products are produced and consumed and mostly discarded, a large amount of waste is inevitably generated. And as it continues to increase various environmental and social problems arise. At the same time, significant amounts of greenhouse gases are emitted from mining and processing of natural resources used in production, consumption and disposal of products, which has a significant impact on the climate crisis. In order to develop more sustainably in the future, it is necessary to shift from a resource consuming linear economy to a resource efficient circular economy.

Here, sustainable development means growth in which input and output are balanced within the capacity of a natural ecosystem. After becoming aware about the finiteness of the Earth, globally, the move to transition to a circular economy has been in full swing since 2010. And circular economy is an economic system that decouples resource consumption and economic growth and is currently on the rise in connection with carbon neutrality. As shown in the following figure, about 45% of global greenhouse gas emissions are related to products. Although energy transition is critical to reach net zero, circular economy that emphasizes resource utilization efficiency and circularity is just as important. The circular economy is an economic system that reduces the use of resources in the overall product lifecycle, and extends the value and lifespan of products as much as possible through reuse and re-manufacturing. In addition, it aims to establish a closed loop system by putting recycled raw materials back into the industrial process. By doing so it's possible to reduce energy consumption for natural resource extraction and processing, and contribute to reducing greenhouse gas emissions from landfilling and incineration of waste. Such a low carbon circular economy system is an important means for more sustainable development.

Furthermore, the circular economy can not only contribute to waste reduction and carbon neutrality but can also help resource security. As was mentioned by our previous speakers, in recent years are weaponization of resources through export controls by of resource holding countries has become a more widespread. And competition for rare metals is accelerating due to increased adoption of e-vehicles. And the circular economy is attracting attention because it can help to replace raw materials such as natural resources and rare metals that are used in manufacturing by resource cycling and expanding the market for recycled raw materials. At the same time, new business models are created through the circular economy, which can create new added values and jobs. And accordingly, the circular economy is becoming a new opportunity as a new growth engine. And I believe that the circular economy is going to be more discussed about as well as more important.

As sustainability becomes more important, corporate ESG management strategies are also becoming important. As a number of major investors around the world including asset managers such as BlackRock are emphasizing the importance of ESG management, the beginning of the ESG era has been ushered in. As ESG management accelerates, climate change, carbon neutrality and circular economy are attracting attention. In particular, efforts to minimize environmental impacts throughout the product lifecycle and initiatives to increase sustainability throughout supply chain have been put in place. In addition, as supply chain management to secure low carbon and renewable raw materials is also becoming very critical. And in the future, the circular economy is positioned as a factor that must be considered in ESG management.

ESG is something that is a combination of the first letters of environment, society and governance and refers to three key factors for achieving sustainability in corporate management. In the past, investment management decisions were mainly based on financial profitability. But now non-financial factors, such as the environment, are additional key factors and are directly affecting the industry and is linked to company's financial performance. Against this background, not only in manufacturing industries, such as steel and petrochemicals, but also distribution, food, beverage, fashion, apparel and cosmetics industries are putting ESG linked with the circular economy at the core of their corporate management.

In March of this year, the SEC in the US announced the mandatory disclosure of a carbon emissions for listed companies. This applies to all listed companies and the listed companies are required to disclose climate related financial indicators in their financial statements. In particular, previously, scope one and scope two, which are direct and indirect emissions per business unit, were targeted. But now it has been expanded to include a scope three as well. And as shown in the figure, scope three corresponds to the carbon emission for the entire product lifecycle from raw and sub materials, part and equipment manufacturing to product distribution, use and disposal.

Accordingly, in the future, suppliers and subcontractors to search companies should also provide relevant carbon emissions data to manage their carbon footprint. Governments also need to provide sufficient support to help companies' efforts to lower greenhouse gas emissions throughout the product lifecycle as well as for the data necessary for calculating carbon footprint.

The transition to a circular economy is emerging as a core global agenda for the implementation of carbon neutrality and is mainstreaming climate in industries and trade policies. In particular, the need for circular economy policy has been raised in the EU since 2010. And the product lifecycle management is strengthened through the circular economy package of 2015 and this is an international trend. In the Green Deal, announced in 2019, the circular economy is presented as a core element to achieve carbon neutrality and a resource efficient economy. And since it is reported that up to 80% of product-related environmental impacts are determined from the product design stage, sustainable product policies are strengthened.

So, countries such as the United States and Japan and EU are strengthening product environmental regulations in the product design phase so that products may incorporate the limits in the circular economy. In case of the EU, the Integrated Product Policy or IPP was announced in 2003 to minimize the environmental impact of products. The policy converted regulations at the business side level to the whole of the product cycle level. Eco-design directives in terms of energy efficiency were announced for products that use energy and then later to all of the products that are energy related. And so, implementation regulations to ensure resource efficiency for six product of families such as refrigerators and washing machines have been established as a circular economy package in 2015. As part of the Green Deal, a new action plan for the circular economy was presented. And in March of this year, eco design regulation proposal for sustainable product was announced. And eco design regulations will be applied to all products except for some human derived products and will also be applied in all member countries as they have now been elevated to regulations from directives.

So, all the products that we export will be the target of this regulation. And in addition, it is required to take into account durability, reparability and presence of renewable raw materials and carbon footprint in product design. And also, the content of renewable raw material will be looked at. So, this is going to be looked at from, as I said, from a scope three perspective. And they are going to be very important in international trade. And as Korean companies exporting to the EU will be directly affected, it is imperative to prepare in advance. In addition, through a digital product passport, information is to be provided to consumers so that consumers can make their purchase decisions knowing the sustainability of these products in advance. To summarize, our policies being pursued in the direction to have global product competitiveness only when these key considerations related to the circular economy are reflected in product design, including in products such as the batteries and electrical and electronic products. At the same time in order to solve the problem of plastics which has become an international issue, the UN Environment General Assembly agreed to prepare an international agreement on the plastics lifecycle with binding force by 2024, thereby establishing a plastic circular economy system on the international stage. And implementation reinforcement is currently in full swing.

And according to the Secretariat for the first INC, more emphasis will be placed on monitoring methodologies related to plastic pollution, and circular economic approach and measures related to sustainable consumption and production. For reference, today's conference's co-host, Woori Financial Group has been invited to participate in the multi-stakeholder forum of the INC one meeting for the establishment of plastics agreement to be held in Uruguay in December of this year. It is expected that international cooperation in connection with the circular economy will further be strengthened in the future.

And so, for the management plastics as a key item in the circular economy, it is necessary to strengthen the lifecycle value chain in the product service area and prepare a plastic circular economy strategy and roadmap that comprehensively considers not only land-based plastics, but also marine microplastics and hazardous chemicals, which have done have direct impact on the health of the people.

In Korea, our policies to transition to a circular economy are being implemented in earnest. In particular, in addition to the 2050 carbon neutrality strategy announced in 2020, the legal basis is currently being laid such as that Circular Economy and Social Transformation Promotion Act. And the Korean New Deal also incorporates this. And by 2050, what sort of circular economy or policies will we have? Well, the need for those policies have been identified, laying the foundation of for the circular economy. And the bill is currently pending in the National Assembly.

In the future, five strategies to reduce the carbon footprint over the entire resource cycle and to secure competitiveness as a circular economy innovative industry and at the same time to create a more sustainable circular economy ecosystem will be implemented. It is necessary to allow companies to lead sustainable product design efforts and to build a consumer culture that people can relate to and promote more environment friendly recycling. And I believe the government's support in this overall process is very important. And consumption needs to be linked to production. And so, we need to have a new, as I said, consumer culture. And at the same time in order to be established as an economic system on innovative circular economy model in connection with industry, trade and financial policies will have to be built. And active support in terms of policy and technology, finance and infrastructure will also have to be provided so that companies that engage in circular economy activities can gain an edge. So, we do also have to have a scientific and very quantified numbers. And also, in order for this circular economy to be adopted at local levels, a system has to be put in place, so that even cities we are which are resource intensive spaces can truly become a circular city. And these are circular economy policies here in Korea to this end. It is necessary to establish a system that allows implementation of this circular economy more widely and for those implementations to be fed back into policy through monitoring. And there should also be better material management and reinforcement of circulation throughout the entire resources cycle. And of course, we would need to develop the indicators and the indexes that we can use in order to do more close monitoring. And that is something that I wanted to emphasize from this slide page.

Now, I would like to talk about the work we need to do going forward. First, we need to expand the market for renewable raw materials by using raw materials that consider our resource circulation. There need to be incentives to drive a sustainable product design. And these products need to be made a competitive in the market. We do have many different have reusable or recyclable, recycle-related technologies. However, we need to define the concept of renewable raw materials first. And we also need to have quality standards for such renewable raw materials. So, the standards have to be developed. And related to our product development. there's going to be an introduction of the resource efficiency rating system. And with this, consumers will be given a choice as they can assess the durability, renewable raw material content, and re-manufacturability in product design in the future. In order to induce eco-friendly design, it is necessary to establish a resource efficient rating system based on which consumers can easily recognize these products. And product with high ratings need to be given eco-labels or public procurement opportunities. And in order to prevent our greenwashing, we also need to have necessary regulations and laws in place. And about reuse of the products on multiple cases, we need to vitalize so called re-manufacturing and upcycling industries.

And we also need to revitalize so called urban oil fields to replace petroleum-based NAFTA through pyrolysis plastics as well as the recycling of the materials which were previously are called urban mining. And going back to the re-manufacturing and upcycling, I want to emphasize safety for instance, in batteries. In order to be able to reuse the batteries, we need to have our criteria related to safety. And this is related to resource security. We should be able to identify essential raw materials that are reusable raw materials. And I previously talked about the urban oil fields. And this is related to the used batteries. And those batteries used to be landfilled or incinerated. However, we need to find ways for these batteries or other types of batteries to be reused in the industries. Now, there are many, of course challenges that we'll need to deal with - how we're going to secure the space that we need, as well as how we're going to be able to supply the necessary equipment and infrastructure. And in particular, for the future with resources that will be disposed of in large quantities in the not-too-distant future, such as batteries and photovoltaic panels, we need to establish a stronger recovery and recycling system in advance. And now we are just mostly talking about the batteries for the e-vehicles. But we also need to think about the batteries that are used for other purposes. And we need to establish a stronger recovery and recycling system in advance to provide support so that the recovered energy can be reused from a carbon neutral of perspective.

And so, what sort of industrial support can we provide? What sort of policy support can we expect? For the companies to respond to reducing carbon footprints, we do need a globally interoperable or globally compatible certification. We do need our SI-based databases, which is difficult for, as you know, individual companies to build. And there also needs to be a support for new services as well as new technologies. In addition, new technologies and services are necessary for process improvement and the circular economy needs to be designed as new growth driving technologies under the restriction of special taxation act. And tax support benefits should also be granted. And above all, a methodology for estimating emission reductions according to these circular economy activities should be developed, so that the resulting reduction in greenhouse gas emissions can be recognized. And also, the financial support is needed. So, we need to have a clear investment criterion by which the financial institutions make their decisions to invest in the companies. And business models related to the circular economy must also be developed.

And so, we do need, as I said, regulation exclusion criteria for the companies in the circular economy. And I want to emphasize the importance of data. All of this data needs to be controlled in an integrated manner. So, as I said, product lifecycle data management is critical. And because of that, we do need a platform to be able to do this. And SMEs will find it quite difficult to be able to do this sort of data management or a system of management. They would definitely need support from the government as well as the financial institutions. And not here talking about just the technical support, but also financial as well as advisory as support.

As you can see, a circular economy has a multi-departmental or multi-ministerial relationship. So, it is important to strengthen the governance of the circular economy across ministries and build a cooperative system. At the same time, it is necessary to further strengthen international cooperation related to circular economies such as the Global Circular Economy Federation, the Plastics Agreement and the Marine Environment Summit to actively participate in international discussions focusing on standards and labeling related to the implementation of the circular economy. And in order to realize a circular economy in the future, systematic structural changes and transformational innovations in society are essential and collaboration and efforts from all of us are required. I want to thank you for providing a forum for sharing and discussing circular economy policies today. I want to introduce our next presenter.

And the next presentation is going to be from Woori Financial Group, which has recently been producing internationally recognized results in various environmental fields. I would like to introduce Park Jong-Il, the Deputy President of Woori Financial Group.

Park Jong-il: Ladies and gentlemen, good afternoon. As introduced, my name is Park Jong-Il, and I'm in charge of ESG at Woori Financial Group.

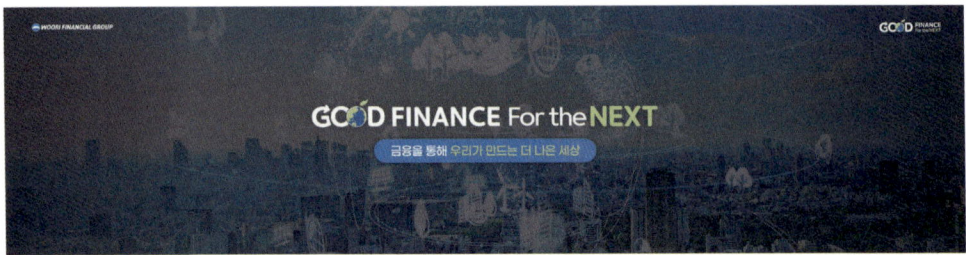

Here, you'll see the slogan "Good Finance for the Next". This is our ESG vision. Now, let me walk you through the efforts that we have made at Woori Financial Group over the past two years to build a brighter future through finance.

Do you see the forest here? It's beautiful, isn't it? Well, I go on a walk every morning. So, naturally, the first thing I do after waking up is checking the weather. I pay special attention to fine dust levels, whether it's good, normal, or bad. A clear sunny day always gets me more excited for my morning walks. According to surveys, the climate satisfaction level of people in Korea regarding fine dust is merely 4%. Atmosphere and air pollution would probably be a better way to put it. Fine dust, much like the massive floods and wildfire, is a devastating natural disaster.

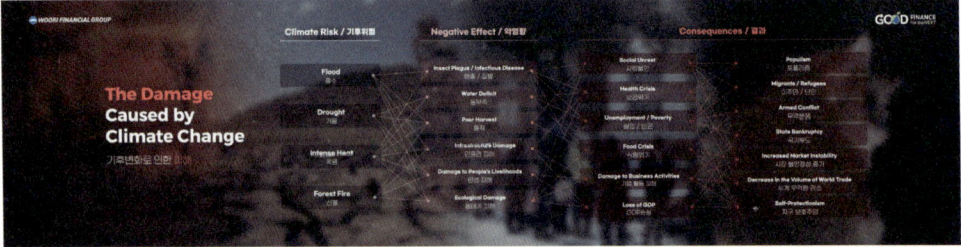

Then let's take a moment to think about these natural disasters and the consequences of these crises and disasters. I don't need to remind you that severe floods, droughts, and wildfires are occurring more frequently at an alarmingly large scale. Climate change gives rise to disease, food shortage, detriments to livelihoods, and devastations to nature. Climate change knows no borders. It's a universal phenomenon. And as a result, migration, refugees, armed conflict, state bankruptcies, and protectionism occur compounded together to reach extremes.

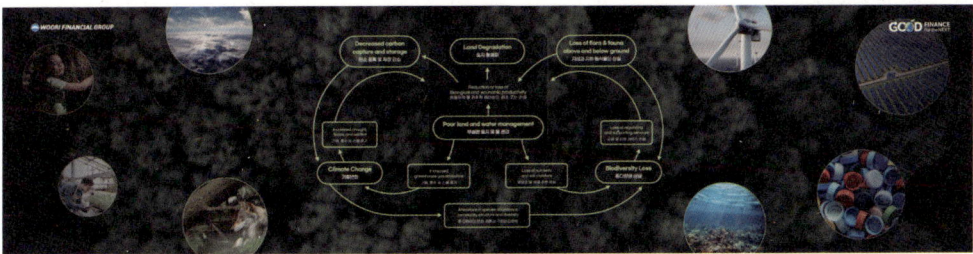

Let me elaborate on the disasters caused by the climate crisis. Desolation makes it uninhabitable for both plants and animals above and underground. This hampers ecosystem services and results in loss of biodiversity. This ultimately feeds back into our system to harm mankind and societies as a whole, ultimately making it worse for every single one of us deeply interconnected and affecting each other like a never-ending boomerang.

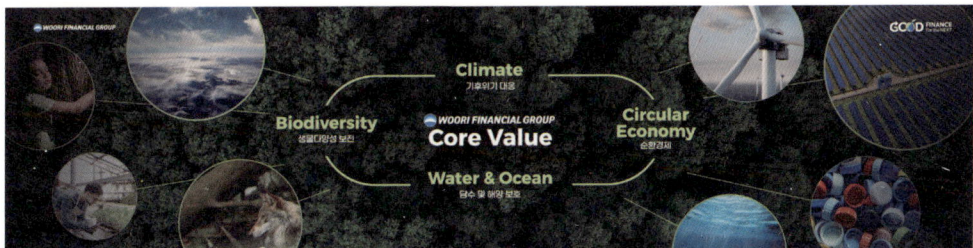

That is why we, at Woori Financial Group, focus not only on its core mandate as a financial institution, but also on building a brighter future through climate action underpinned by four main values. First, climate action; second, biodiversity conservation; third, building a circular economy; and fourth, last but not least, freshwater and marine protection.

These are our core main four values. Now let's take a closer look at our initiatives for a better world.

First, let me touch upon global environmental initiatives and the ESG assessment results. MSCI Chairman Henry Fernandez is here with us today and we got an AA rating from MSCI, which is two levels above from what it was a year ago. And we expect to get even higher grades by the end of this year. You'll see the word "first" appearing a lot at the upper right-hand corner of this slide. Since joining TCFD, Woori Financial Group has been an active member, and not to mention the first in Korea to join global initiatives such as TNFD, B4L, PBAF, and the East-West Trail. Why? Because, as we've heard today, carbon reduction and environmental protection are not initiatives that you can go solo in achieving. The UN and other international organizations and groups' solidarity and cooperation is key to achieve the common goal of nature-positive and nature recovery.

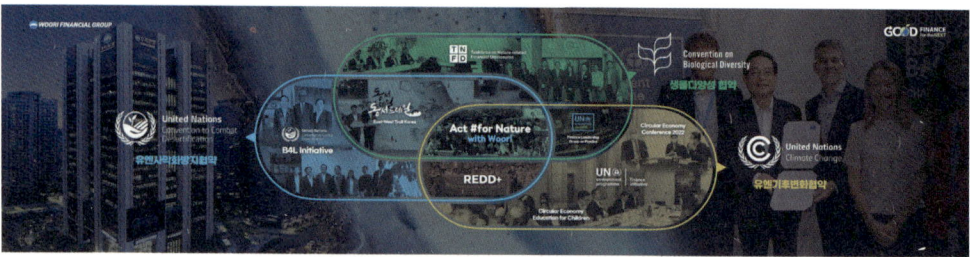

Cooperation with stakeholders from both home and abroad are undergirded largely by the three UN international conventions. The UN conventions, again, climate change, biodiversity, and deforestation. As you can see here, our activities are in partnership with international groups such as the UNFCCC, UNEP FI, UNCCD, IUCN, and WWF.

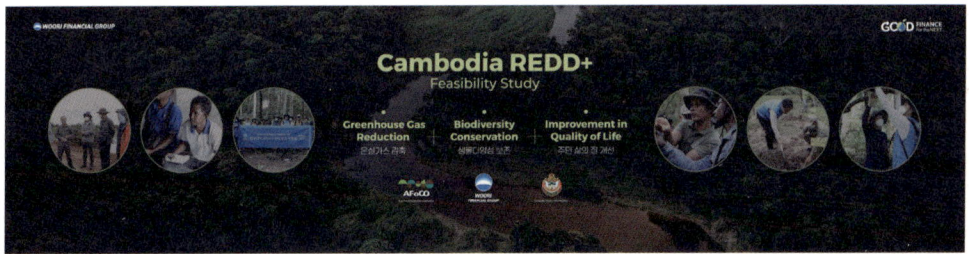

And now allow me to share with you a short video clip about the feasibility study on Cambodia's REDD+ on climate action.

Did you enjoy the video? Well, let me tell you about an anecdote that an employee that went to Cambodia told me. Did you know that lung cancer onset rates among females in Cambodia are exceptionally high? In rural Cambodia, firewood is the main fuel used for cooking, and the smoke from burning that wood is what causes these exceptionally high rates of lung cancer. Through the Cambodia REDD+ project, we aim to facilitate a transition towards using livestock excretion to produce gas that can be used to heat stoves. This will not only help conserve forests, but also improve the quality of lives of women in Cambodia. Our goal is to reduce greenhouse gas emissions, conserve biodiversity, improve the quality of lives of people living in the rural areas of Cambodia through REDD+. We have a branch in Cambodia, where we have a network of 140 or so partners and we will be working with the Cambodian government beginning next year to implement this project with AFOCO or the Asian Forest Cooperation Organization.

Next, I would like to introduce to you our four areas of activities regarding biodiversity conservation and nature recovery - TNFD, B4L initiative, East-West Trail, and global diversity framework building.

Let's take a closer look at these four areas of activities. First is our TNFD activities. We've heard about TNFD from other speakers. TNFD is about nature-related financial information disclosure. To put simply, TCFD is about the climate; TNFD is about the nature. Woori Financial Group became the first Korean company to join the initiative and other companies are following suit. Upon a request from UNEP FI, we are conducting a pilot test on two sectors – offshore wind and forestry, where the TNFD framework will be applied.

Next is our B4L Initiatives. In May, during the first part of the Conference of Parties 15 of the UN Convention on Biological Diversity, our Chairman and CEO made three commitments. First, building an international forest; second, pursuing REDD+ in developing countries; and third, youth environmental education. Next year, we have numerous global initiatives in the pipeline to cooperate and coordinate in partnership and solidarity with the private sector.

Next, we are also supporting the East-West project, which will be the Camino de Santiago of Korea, which spans 849 kilometers. This project aims to lay a large-scale nationwide forest trail that begins at the eastern end of the Korean Peninsula in Uljin and connects to Anmyeondo Island in Taean at the western tip. We will be in charge of 16 kilometers of this trail, and next year we will conduct our pilot projects. Once finished, the trail will underscore the importance of nature and become a global landmark. And once the total of 849 kilometers are finished, people will flock from all over the world to enjoy this East-West trail.

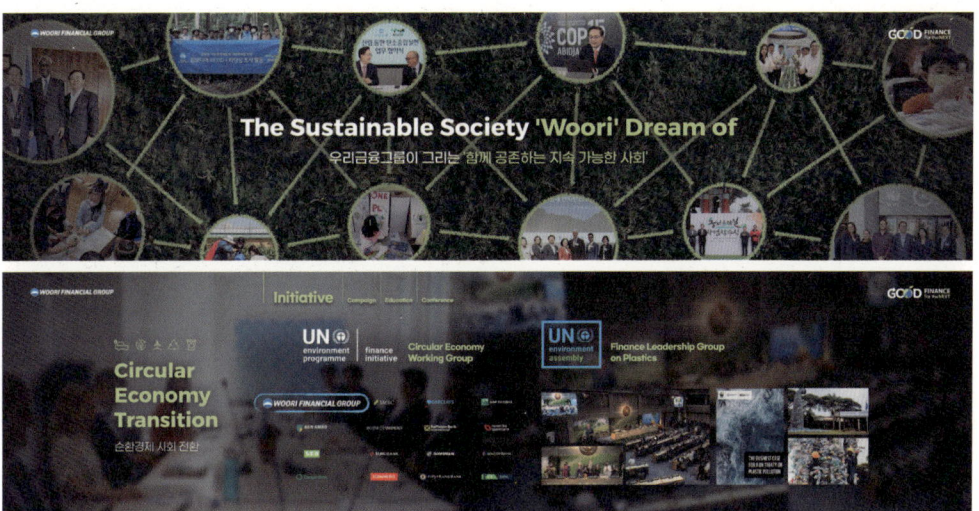

Last but not least, let me share with you our initiatives geared towards building a sustainable society in which the environment and humanity live in harmony. First is, as Dr. Cho talked about, the transition towards a circular economy and society. Plastic pollution in the land and sea have devastating impacts that have direct bearing on our daily lives as humanity. Woori Financial Group, in collaboration with UNEP FI and joined by 16 financial institutions, is participating in a circular economy working group. Next year at the invitation from the international community, we will be representing the private sector in formulating the UN Convention Against Plastics.

Now, Dr. Cho touched upon this as well, but to elaborate on the transition towards a circular economy, achieving a circular economy is also aligned with strengthening resource security. Achieving carbon neutrality by harnessing EVs and ESS technology requires multiple times the current level of mineral resources. We must guard against the weaponization of resource among countries. Thermal pyrolysis that melts plastics and other ways are needed among other renewable energy alternatives. Active investments must be made in promising sectors backed by ESG management strategies, which is what Woori Financial Group plans to do in our efforts to spearhead a circular economy and society.

What you're seeing here is 20,000 or so students from 35 elementary schools collecting plastics. Students made their own collection bins. And the detergent containers and dispensers and toothbrushes that were gathered one by one ended up totaling one ton in waste that was collected. Students also made their own gardens using 125 flowerpots made from upcycling this waste. The result was absolutely beautiful. This was a precious moment that our children participated in to help build a better world. In August, we hosted a conference with the World Wildlife Fund or WWF, to engage in discussions with various stakeholders on the importance of a circular economy.

As I said in the beginning of my presentation, our ESG vision is embodied in our slogan to build a brighter better world through finance, "Good Finance for the Next".

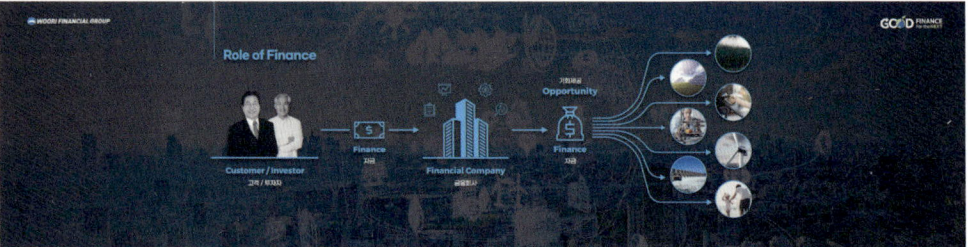

The role of finance is critical as our consumers and investors' funds create new opportunities for people and companies across the world.

Finance, in the end, exists to enhance quality and value of our customers' lives and to strengthen corporate competitiveness. In the years to come, our vision is to build a better world with our partners. By expanding support for green finance and renewable energy, by bolstering support for vulnerable populations, Woori Financial Group will do its part to the fullest in creating opportunities for a sustainable society.

Woori Financial Group will continue to work ceaselessly and tirelessly. Let me go back a slide. Sorry about that. Well, this was actually a slide I wanted to show you. We talked about our one and only Earth a lot today.

But let me close by talking about how we see Earth from space. In the 1960s, in the US drama Star Trek, Captain James Kirk, was, as you remember, played by William Shatner. And last year, he traveled to space and said that "I saw death, darkness, emptiness, and sadness in space. I realized beauty lies in none other than here on Earth." I hope this serves as an opportunity to really take in and remind ourselves of the beauty and value of Earth.

So, to close, moving forward, Woori Financial Group will work ceaselessly and tirelessly to create a better future and brighter world. As the starting point of our promise and commitment, we have prepared eco-friendly pencils made out of used coffee grounds. We hope that you take this as a token of our gratitude and our promise to build a brighter future. Thank you for listening.

SESSION 4

MZ Generation's Recommendations for a Better World: Improving the Quality of Life of Future Generations and the Vulnerable

[Speakers]
Amy Meek & Ella Meek Co-Founder, Kids Against Plastic
Vriko Yu Co-Founder & CEO, archiREEF Limited
Kim Ji-yoon President, Green Environment Youth Korea(GEYK)
Federico Pérez Founder & CEO of Platinum Capital

[Highlights]

I was troubled by the business-as-usual extractive practices at the expense of the local communities. So, I took action and turn into an opportunity to integrate underserved communities into global value chains.

Federico Pérez
Founder & CEO of Platinum Capital

These days, it's easy to criticize other generations, and I think the hate and that exclusion never wins. So, I think cooperation is the best solution for us.

Kim Ji-yoon
President, Green Environment Youth Korea(GEYK)

Amy Meek & Ella Meek: Hello, everyone. Hello, again, should I say. It's great to be here again, speaking to you all. My name is Amy. I'm Ella. And we are the co-founders, as you've heard, of the environmental charity Kids Against Plastic. Now, we are thrilled to be part of the final session today, a session that is really important and focused on the MZ generations' views on environmental change and really building the better future and a world that we'd all like to see.

Now to start this session, each of the speakers are going to give a short presentation on the work that they're already doing to try and build a better future in a variety of different ways, before we move into a panel discussion, and finally have a chance to ask questions at the end. So, to get started, I'd just like to say it's a privilege to be up here speaking to you all again. And as people who have an interest in sustainability problems, but also a real power to help address them and to have the opportunity to be here speaking about our work alongside other young people, and for our generations actions and opinions to be the topic of a whole discussion on the global stage is incredibly exciting and an opportunity that we would never have imagined when we first began our charity.

Our journey started back in 2016, when we were just 10 and 12 years old. And we started studying the United Nations Sustainable Development Goals. And when we were studying these goals, there was a problem that stuck out to us in particular, and that was plastic pollution. We came across facts that really shocked and upset us, like the fact that 100,000 sea mammals and 1 million seabirds are killed by plastic in the ocean every year. We learned that trucks of plastic enter the oceans every single minute and that by 2050, there'll be more plastic in the oceans than fish. We heard crazy statistics about the scale of the plastic waste crisis - how they're approximately 51 trillion microscopic pieces of plastic in the oceans, weighing 269,000 tons. That's as much as 1,345 blue whales. And these pieces of plastic are making their way into the food that we eat, the water that we drink, even the air that we breathe.

Plastics that are full of chemicals are associated with conditions like cancer, infertility, and autism. We also now know that there are more and more links that are being found between climate change and plastic pollution, with 99% of plastics' raw material being oil, and the extraction of oil and gas that's used to make plastic releasing large amounts of CO_2 and greenhouse gases, but also some waste management systems that release toxic chemicals such as dioxins into the atmosphere and into our soil and the air that we breathe because of plastic pollution. Now, the scale of the plastic waste crisis, I think from those facts, is clear to see that it's scary to say the least.

And back in 2016 when we discovered this issue, we were shocked that nowhere near enough action was taking place to try and stop this issue from getting any worse. So, we decided that we wanted to do something about it. So that's what we did. We began our then tiny campaign called Kids Against Plastic, which has now grown into an award-winning environmental charity. We started really small with litter picking. But we realized very quickly that if we were to pick up litter, it would be replaced by more litter even as soon as the next day. And that's when we realized that we were only going to see less litter polluted in the environment, if we cut plastic waste from the source. And that means all of us. This is when we began our Plastic Clever initiative.

Now the idea of "plastic clever" is to encourage people to be more discerning users of single use plastic, and in particular, to stop buying and using their top four most use to single use plastic items. Now, these items can often be so simple to avoid through the use of non-plastic alternatives, or ideally, the use of reusable items instead. Plastic Clever is so simple and achievable that it'd be can be applied to all sectors. And that's exactly why we work with families, businesses, festivals, councils, schools and more, to try and help them reduce their plastic usage. But we have a particular focus on our schools' initiative at the moment, which aims to help schools reduce their use of plastic and eliminate their top four plastic items in some simple ways. So many schools around the world are already doing incredible work to spread environmental education and action, such as the Yeoul Elementary School here in Seoul, which we had the pleasure of visiting earlier this week during our trip here. Environmental education can and should be accessible for young people around the world. And yet in many countries, including our own, climate education is sidelined and forgotten. Through Plastic Clever Schools, we're really hoping to change that. And we do our best to support schools around the world to get started with integrating education on plastics into their curriculum. We're really excited to have over 1,500 schools already signed up to the scheme around the world so far, engaging over 450,000 young people and counting in environmental action from a young age.

We're really passionate about working with and inspiring young people through our charity. After all, it's in the name Kids Against Plastic. And often kids are deemed too inexperienced or young to care about these issues facing our planet. But they really hold an untapped power to be a crucial part of solutions in environmental crises that we're facing. And that's exactly why we also run our Kids Against Plastic Club, which is a group of over 240 young people from over 10 different countries all over the world, to try and help facilitate their own action against plastic pollution. The kids that are part of the club are a range of ages, from 5 up to 14 years old. And they all share the same passion and enthusiasm and the belief that they can make a difference. And that being young is not a barrier for taking action.

And actually, far from it. They show that you don't need to have a certain type of background or previous knowledge or to be a certain age to make a difference against these issues. Just have the willingness to speak up about something that you're passionate about. And that doesn't just apply to young people. We all, every single one of us in this room, have a vitally important role to play in ensuring that we see the action that desperately needs to take place to serve people and the planet. And everyone here is in a position to make that change happen, because we all have a connection to the very thing that underpins and is impacted by the crises affecting our planet, the natural world. And that's exactly why Kids Against Plastic aims to connect us all in this issue. No matter our ages, or our jobs or our nationalities. Kids Against Plastic might be based in the UK, but your action doesn't have to be. We can all have a role in combating the issues like plastic pollution that we're facing. And we're here to help with our schools' initiatives freely accessible online with five translations and counting. And there's access to get involved in our youth campaigns, and a little logging app that anyone in this room can use to log their litter picks.

But most importantly, remember that sustainable thinking around plastic waste and climate change is something that we can take with us into all of our lives. The changes that we make really do make a difference, even if it's just through a few 100 or less coffee cups being used each year because just one person in this room decided to make the small switch to use a reusable mug. But even better, we can take that thinking into all areas of our lives. The business decisions made on a daily basis that have the potential to have a huge impact on the planet and its people. Climate change, plastic pollution. These aren't new problems, but previous generations have failed to acknowledge and address them with the urgency that they require. And that means that for us, we have an important role to play. Thank you and over to you, Vriko.

Vriko Yu: Thank you for sharing, Amy and Ella. That's very inspiring. So, I would like to take this opportunity to introduce myself and share my story from Hong Kong. So, I'm from Hong Kong. And, of course, Hong Kong is known for being a financial hub and a coastline that's filled with skyscrapers. But I think what's more interesting for me is what's below water. I'm an active diver and I got my diving license in Hong Kong, which you might be surprised because it's usually turbid water. But there's a lot of marine life in there. This photo was taken in one of my favorite sites, in Sia Kung, Sharp Island. As you can see, there's like a massive coral community there. And the camera that I'm holding, is actually for me to catch the Pokemons in a water. And these are the Pokemons. So, in Hong Kong, we actually have more than 25% of China's recorded marine species. And all of these are dependent on coral reefs. And this is a global statistic. So everywhere, for every ocean, all 25% of the marine life are dependent on the coral reefs. I really enjoy diving in Hong Kong, although this might be a surprise for you.

But one of my most traumatic experience, diving experience was also in Hong Kong. This is a photo taken in 2014. And it was, as you can see, almost like what I call "remnants of post-war". It's a bunch of coral communities and this is one of the most fragile coral species that's called brain coral. It's heavily eroded, heavily degraded. And I've seen that the disappearance of small communities just within two months. I am a science student. And I've always believed in climate change. But I have never expected that I would witness the impact of climate change, first person. So that got me to think about if there's anything that I can do. And what we're seeing in Hong Kong is not just a local issue, it's a global issue. In fact, we have already lost 50% of the world's coral cover since 1950. And scientists have already proven that if there's nothing changes, if we're going business as usual, we will lose up to 90% by 2050. These would impact in a number of areas. Because this is a financial group, I'll put on the price tag here, just so we have an idea. The $36 billion reef tourism industry will disappear along with the reefs. The fishing industry that feeds 1.2 billion people around the world is going to collapse and suffer with the loss of biodiversity. The coastal communities will suffer from the likes of tsunami, and the cost of rebuilding the infrastructures out there protecting the community would cost more than $270 billion.

So, when I saw all those statistics, almost 10 years ago, I felt like I wanted to do something. And that was first how I first started. And Amy and Ella would be like "oh, plastics". But that's how I started. That's the first attempt when I first wanted to build coral communities. Obviously back then you can see that I have very limited resources and knowledge. And with four years of failing, trial and error, we figured out that we need an innovation that can help us to mitigate climate change and also accelerate coral reef recovery. Eight years ago, I started researching on coral restoration, specifically as part of my PhD degree. And we co-created the world's first 3d printed reef tiles made in clay. How does it work? You can see that the structures here consist of three layers. And what's special is the top layers where we incorporate algorithm so that we source the local data, biological and environmental data, feed into the algorithm and then the algorithm create the most customized design for the local coral species to tackle their local challenges.

Very fortunately, this year, the product itself got a Gold Geneva Award and also the Sustainable Award called Energy Globe in Austria. And this is how it looks like in water. We deployed the first product to two years ago in Hong Kong, backed by the Hong Kong government. As you can tell, the background is an underwater desert. And what we do is basically renovating the sea floor, so that it became a livable and hospitable substrate for coral to regrow. 12 months later, this is the result. If you can see the structures behind it, they are basically the little buildings, little mini hotels for our marine life guests. And as you can see, it's not just that the tiles are seated with corals and oysters. But in the middle, you see a cuttlefish. I know that it's a she because at this moment of time, the moment that we're taking a photo here, she was laying eggs, generating her future generation right under the reef tiles. I started doing this converting a research project into a commercial product two years ago. We started in Hong Kong, and this year we're expanding to the UAE being backed by ADQ, one of the largest sovereign wealth funds in the UAE. Out story is being featured on Bloomberg, Forbes, CNN, if you want to know more about us, please have a look. But while we enjoy the public recognition, there are thousands of square kilometers of coral reefs that need to be restored.

And this morning, when Dr. Sender asked how optimistic we are in accelerating and combating climate change, I was sitting on the floor doing this in the middle when she asked who is pessimistic and who is optimistic. As a scientist looking at the numbers, I know that practically we are facing a very challenging time and it is very aggressive. The goals that we are we set there is very aggressive. It is possible because we have the right technology. And from what I'm hearing today at this event, I know that we are on the right direction. I know that we have right frameworks to make the change. But still, it needs public buy-in and we need to act faster. Quoting Ji-yoon, sharing earlier today, that this generation is likely to be the last generation that will be able to make a positive climate reverse before we hit the tipping point. So, this will be the end of my presentation. But here I would like to pledge a more aggressive call. And please join us in reversing the impact of climate change. Thank you.

So, the next speaker, as quoted will be heading over to Ji-yoon, the President of GEYK. Over to you, Ji-yoon. Thank you.

Kim Ji-yoon: Thank you, Vriko, for your precious word. This is Ji-yoon Kim. I'm the president of Green Environment Youth Korea. So, we are first, a global climate change youth organization in Korea. And when it started, there were three people and now we have around 60 members. And we all have different jobs and different backgrounds. Everyone is a part timer activist. So, I'm including myself, I'm also working in a private financial institution in my daily life. So, I would like to rephrase the sentence again. So, we are thinking that it is important for young people to have awareness on climate change because we are the ones who are mostly affected by the climate change in whole life. So, we need to speak out and demand climate justice. So, we focus on dealing with climate change in a more trendy and fun way so other youths can join our movement.

So next slides are showing the activities we've done. We try to make it fun as much as possible. So, we went to the music festival and running a booth. Also, we run street booths in Sinchon area on marine debris and trash. And also plugging is quite famous in these days. We started into 2020 with the running crew. So, they are teaching us how to run and also we are teaching them how to throw the trash. And also, we made a publication and also we are doing the urban farming, also hosting the climate rally or Climate March. We are using the power of the media, running several Instagram accounts. And also, we are issuing a newsletter every week. So, we are translating the famous news like media like BBC, Bloomberg and other news press.

And we also had a clubhouse. And every year, we are also attending the Conference of Parties. So, we are hosting a site event at the Korea pavilion and every year we are inviting other Asian youths to have a dialogue on specific topics. So, this year will be methane trash. And also we are making diverse movement. So, we try painting on the street and also bicycle marching. So, we are trying to raise awareness as much as possible. So, it started in 2014, as I mentioned, and after doing these kind of activities for several years, we feel like even though we tried to make a lot of effort in my daily life, but still in my daily life, I still get unwanted garbage and also couldn't do the boycotting the bank investing in coal, cannot use the electricity wholly generated by renewable energy. Also EVs are still expensive, and there wasn't an even an option for individuals.

So, we decided to join the Seoul Youth Policy Network. And we started proposing the policy to the Seoul City. So, we are making several proposals every year. Even though the shoot rate is quite low, at least one or two are actually passed. And one of the biggest accomplishments is this one. So, this is the Ordinance Revision for Seoul

City Designated Banks. I'm sure pretty much everyone is unfamiliar with this term and concept. So, this is simply saying the city designates one or two banks to run and manage their money for their convenience. So, it gives a lot of advantage to the commercial banks. So, it's very competitive. And I'm sure Woori Group was also a designated bank last term. So, every four years, there are selections process and we suggest the financial department of Seoul City to give extra point to the bank that declare the divestment and invest in the renewable energies.

At that time. None of commercial banks in Korea declared the divestment but in global, there are many financial institutions actually made a declare the divestment. So, it was the 2019. And Seoul city officials rejected to review this proposal because they said it's related to climate change and environment, not the financial sector. So, we hosted the public forum. That's the picture of that. So, we invited the Seoul city officials, financial experts, civil society and youth to emphasize if the bank keeps investing the fossil fuel, it's threatening the financial solvency since the global trends is divestment from the coal, and it will be the stranded asset. So, after forum I had a chance to. and this is anyway the documentation I proposed to Seoul. And I had a chance to have a talk with the former mayor of Seoul, Mr. Park. I told him that if Seoul wants to take the initiative for the climate change policy, you should take this proposal. And he gave a he actually gave me a positive answer. And next year when Seoul declared the Seoul Green New Deal, it's actually included in a small part of it. But the next day of the release of this plan, he's disappeared. And so, the mayor was vacancy for a long time. And it seems like this proposal goes nothing. So we decided to find another way to make this amendment become true. So, we found a council woman who is interested in this proposal and we started working with her.

And finally, 2021 May 4, it's right before the Children's Day in Korea, the amendment passed. So right now, the Seoul designated bank, when they are selecting the designated bank, they had to consider this extra point. So, what I want to say is the policy is not just subsidizing or granting the money. But sometimes this like this, it doesn't need extra money. And also, this policy could give signals to the financial institution a clear guide that we have to deal with the sustainable finance and try to make a change the flow of the money. Because of the time constraint. I will end up my words here, but I will answer more questions when we have the Q&A session.

Thank you. And I would like to invite next speaker Federico Platinum Capital.

Federico Pérez: Thank you Ji-yoon for your insightful remarks. So let me tell you a story. I'm Federico Pérez, the Founder and CEO of Platinum Capital. I come from Medellín, Colombia. And I started this company after working in a venture capital fund in Israel. And I came back to Colombia and I decided to scale the country's commodity export potential. It went well, but I was troubled by the business-as-usual extractive practices at the expense of the local communities. So, I took action and turn into an opportunity to integrate underserved communities into global value chains. Here, the coffee industry was ripe for disruption. And we impacted thousands of families, but this was not enough to move the needle. There are still millions of indigenous, Afro Colombian, and peasants living in precarious conditions. With no other economic alternative, they turn to a unsustainable production of practices that lead to deforestation and ecosystem degradation at alarming pace. And this threatens local biodiversity.

A threat in Colombia, the second most biodiverse country on Earth, a country that has over 41% of its landmass covered by the Amazon rainforest. And this is even more imperative because the Amazon rainforest has the highest potential of forest loss globally. If these trends remain unchecked, the impacts on communities, the natural capital of stocks, and the future health of ecosystems could be severe. Moreover, climate change could further induce the internal displacement of people, increasing the risk of conflicts. And as some of you may know, Colombia already suffered from internal conflicts that led to the internal displacement of 8 million people. Fortunately, there was a peace agreement and things are getting better. So, these communities are going back to their lands and the government is even awarding them millions of hectares.

The great challenges, how we can leverage these land grants, if the public resources are limited and the private investment is scarce? Therefore, I turn into nature-based solutions and its potential because there is this socioeconomic shock and the high rate of rate of emissions present an opportunity to reduce emissions through this nature-based solutions actions. We see that nature-based solutions can provide from 30 to 37% of the emissions reduction needed by 2030. That's why at Platinum Capital, we are streamlining the complexities of these nature-based projects with this platform, harnessing remote sensing technology like geospatial imaging. Over here we bring together the different stakeholders like carbon credit buyers, investors, corporations, local communities and other land stewards. Therefore, we leverage the carbon economy to finance agroforestry and ecosystem restoration. Our goal is to restore nature on a large scale with integrity and at the speed that the climate crisis demands. But this is not viable, or it's not possible in the long term, if these projects are commercially viable. So, that's why I turn to my theory of change. If we properly value nature, then we can mobilize a large scale of private capital towards the nature sector, therefore, enabling information and access and market accessibility, sizeable transactions, technical capacities, and an attractive risk return profile.

Below you can see the different stages where you have to go through this nature project. And above you can find the user interface where you can select the polygon and start planning your nature-based project. And as you know, nature is a complex system. And I cannot do this by myself. So urgent cooperation is needed in order to address the investment needs and the systemic barriers. For example, financing nature-based solutions have the largest proportional investment gap across all climate sectors. This portends not only a critical need, but also a great investment opportunity. So far, we partnered with the Westerville Foundation, the US Department of State, IUCN and other organizations. I just want to end by emphasizing that the actions we take and the decisions we make the next 10 years will determine whether nature, society and the economy will breakdown or break through. Thank you.

Amy Meek: Thank you so much to all of the speakers. And if you'd like to join us all on stage, so we can have our panel discussion now as well. Amazing, thank you very much. And I'd just like to start really by saying I just said thank you for all your wonderful presentations. And it's so incredible to hear the hugely important work that everyone on this stage is doing to have such an impact on the really pressing environmental issues that are facing our planet, but also really showcase the role that the MZ generation really has to play in really providing the solutions to these issues that we really need to see. And I think we're lucky now that we get to kind of pick your brains a bit more to find out more about what drives you and about what your projects do. And I'd like to start really by asking each of you whether you think that being a youth change-maker has really impacted you or helped you or challenged you in your really diverse journeys to making change happen. And what do you see the role or importance of the future generation being in climate conversations? And perhaps we'll start with you, Ella, and then we'll go down the line.

Ella Meek: Okay. Yeah, sure. So, I think, obviously, being here today, at a conference, where we get a whole section on being able to talk about this perspective of young people does show that we are all pretty lucky to have a voice as young people, because I think a large frustration that young people can feel is that they aren't listened to and are dismissed by the older generation. So, I think, obviously, we have it pretty lucky to have these opportunities and speak here today. So, I'd say our journey, being young hasn't really impacted what we do and the challenges that we face. So, we're very lucky for that. But I would say that young people do have a massive role to play and should be listened to, and their voices should be valued so much, especially in such pressing times like we have nowadays, just because I think young people feel the passion for these problems with a different urgency than adults feel them with. Because as has been a theme in this section where people were speaking just now and also throughout the whole day, young people are the ones who are going to be facing this problem even more when we grow up. And it is kind of down to us to really put the pressure on making this change happen now. So, I'd say that's really why young people are so important to be listened to and valued not just invited to, greenwashing is a massive problem for young people, being invited to speak and it seems like you're being listened to, but really, it's kind of to show progression, but not really being followed through. So, yeah.

Vriko Yu: Yeah, cool. So compared to Ella and Amy, I'm not particularly young. But I think what is interesting is that we are in an era where we have so much information out there. We have a lot of lessons learned from the previous decades. And also, we're at the technology and information era that we just have a lot of important decisions to make. So, I think this era for me is that I'm very lucky to learn from what has happened in the past and being able to foresee what's going to happen next while being able to use technology as one of the tools to mitigate. And hopefully we can guarantee a better future for our future generation as well.

Kim Ji-yoon: I'm think I'm older than Vriko. So, I'm also working in a private company. So, I can be an activist at the same time being officials in the company. So,

I can see that, why the government and the company is not moving. Because if they are making a bold action, maybe they get a fight back from the public, if public is not really wanting. So that's why we have to raise the voice and then give them clear signal that what we want. When all the government and the companies have obligation to listening their public and also customers. So, when they get complaining or like their opinions from the public, they can when they are making the proposal they can, using that as like back data, you know, like there are so many people are complaining about this. So, I think that's the main reason that we have to express ourselves. Thank you.

Federico Pérez: Yes. And from my side, I would say every young person should see what you can do about it. Because let's say in the past weeks or months, we've seen people throwing food at art masterpieces or doing protests outside of financial institutions. That maybe might bring like an immediate impact, but in the long term is not really going to make a change. So, what I've done is that I turned into entrepreneurship, how we can build different entrepreneurship skills. So, for example, when there were some protests in Colombia, I mean, I wasn't going to go there and participate in that. So, I just sent a cold email to the International Trade Center. I told them that I want to start a chapter to build a youth community in Colombia. It's basically a community that helps young entrepreneurs with resources, mentoring, financing, and other types of tools to grow their business. And that slowly started building up by just creating partnerships, and I work with the UNCTAD Youth Action Hub. I've been able to get into other programs and collaborating with the youth entrepreneurs. And as we see over here, these ladies have great projects. And that's what we have to support overall. And lastly, I would say that I'm going to build an accelerator that helps young entrepreneurs, I cannot disclose yet, which organization is going to fund this, but I'm just happy to say that we should look and see how we can work towards value creating proposition.

Amy Meek: Yeah, thank you so much. And I think that's a really powerful point to end on with that the question is actually building the solutions, you know, feeling like we can have an active role to play in really building the future we want to see and I'd like to touch on that a bit more with you Vriko, about especially nature-based solutions. It was something that both yourself and Federico mentioned in your presentations, and what do you see the power of projects like Archireef really being? And can you tell us more about the impacts of nature-based solutions and how they can really help to create really nature positive future?

Vriko Yu: So, nature-based solutions by itself is basically using the power of natural ecosystems to mitigate some of the environmental challenges that we're facing today. And one of the most discussed topics is about carbon recapture and carbon sequestration. And when it comes to the marine conservation side, I will say, we need more metrics to other than just carbon capture and achieving carbon neutrality, of course, it is very important, but also, we're also at a stage where we should look at biodiversity crisis, which if we don't tackle it at the same time, we will be suffering from it in the foreseeable future. So, I will say when it comes to nature-based solutions, it all comes down to how do we measure our impact so that we can engage and inform our collaborators or buyers, adopters, to know that what they're impact they're generating and also how we're communicating the impacts that these projects have. So, I will say, having more comprehensive data, not only looking at the carbon sequestration, carbon recapturing, but also the impact of enhancing biodiversity in a quantifiable way would really help accelerating the adoption and also scaling of different nature-based solutions across different geographies and different levels.

Amy Meek: Yeah, that's fascinating. And I think, you know, you mentioned about the data. And I think that that's played such an important role already in driving, I think, awareness and perception of the climate crisis and other environmental issues. But it's almost now about driving that and furthering that knowledge to actually put it into the solutions, like the ones that you're already spearheading, which is fascinating. And I think, you know, you mentioned about collaboration there and actually the role of this data and getting other people involved, and I'd like to kind of touch on that with you a bit more Ji-yoon just because you mentioned about the role of young generation in these issues and how we're the last generation that really have the potential to make and have to make a difference on this issue. But I know that you also speak a lot about the role of other generations to get involved and intergenerational collaboration. So, could you explain a bit more about the importance of this and really how you see the younger and older generations working together effectively?

Kim Ji-yoon: Sure. So actually, my presentation title was including the intergenerational equity. The reason why I put it on that title is I was one of the working group in Paris. So, when we are seeing the Paris Agreement, the first page, the term of the intergenerational equity was actually put in there. So, it's kind of legally binding right now. So, we can, asking them to money or capacity building for the climate crisis. But people easily misunderstood this intergenerational equity, just future generation is asking them money and demanding a lot. But what I try to explain here is, it's not just generational conflict. What I want to emphasize is cooperation between the generations. What I mentioned previously, that revision of ordinance that actually had a lot of difficulty, you know, as the officials said, this is not related to finance and you just go to the Ministry of Environment, blah, blah, blah. So, I mean, I had a lot of difficulty. They don't want to make a change. But at the same time, there are some government officials or lawmakers actually helping us. Because they are much more familiar with the system, they create the system, and they know well better than us. So, we can leverage their knowledge and their experience. Also, they can leverage our passion on climate change. So, these days, it's easy to criticize other generations, and I think the hate and that exclusion never wins. So, I think cooperation is the best solution for us.

Amy Meek: Thank you. Yeah, absolutely. And I think, you know, you've spoken a lot there about the role of government and the important role that government has to play in policy around climate change, which obviously, you know, completely agree. And it's so important to see, you know, young people like yourself, being open to collaboration. I think is so important, and something that would be great to see more in climate networks. And moving away from government, I think, perhaps to a business focus more, I think, Federico, it would be great to hear from you, especially since your company is all about finding the intersection between business and driving these nature-based solutions that you talked about to really build positive social and environmental change. How do you see the business landscape changing in the future to really better harness some of these values and integrate them into businesses?

Federico Pérez: Yes. So, I would like to emphasize on how we have to build partnerships. And adding to this, like she was saying, I want to bring out a successful case study on how the different private entities or the conglomerates from my city work along with the public sector and the communities to bring a successful model that was replicated in many emerging markets. So, this is the cable car. And actually, my business, my company advisor is the one that came up with the idea. So, as you know, Medellín, Columbia was, in the 90s, it was one of the most dangerous cities in the world. It was besieged by the drug cartels and all sorts of violence. Nevertheless, through investment and mobility, and planting trees, education and health care, we were able to build the cable car to decrease the time it takes and the emissions in the city. And through that, it made a huge impact on the quality of living and the emissions of the city. And as we see right now, it's already been replicated. And many of the emerging markets saw it as something that was used just as like a tourism mechanism like the going up in Namsan tower. Now it's used to help community people. And I do believe that it's very important to emphasize and we shouldn't not only keep this with words or just me portraying this information, like if you're here, getting together in person is to actually take action and build partnerships to do something better. And I think that will be my call to action in general.

Amy Meek: Yeah, that's a great call to action. Thank you. And I think moving on to you now, Ella, I think as we can fairly say, the youngest person in the room here today at 17 years old, I think it would be great to hear your perspective on touching on that business note. What more would you like to see from business or government sectors to really address the climate and biodiversity crises that we see facing the planet?

Ella Meek: Well, I would say like we mentioned briefly earlier, when we approach issues like plastic pollution, we need to approach them in a similar way to how we did with the Coronavirus pandemic. Because there we saw this worldwide collaboration of people trying to figure out how we could stop the Coronavirus pandemic, perhaps from having such a massive impact and trying to find a vaccine and the best way to stop it from spreading. And I think we really need to see the same thing with plastic pollution. Because plastic and climate change are problems that we are facing now and we are starting to see the impacts of now, but not in the same way to Coronavirus. But more and more we're seeing places being impacted by floods and droughts and storms. And it is starting to impact us in our lives now.

So, I think we do need to see it in a similar way with just as much danger as Coronavirus, in a different way, though. And so, I think there are some really good changes being made around the world to address climate change and plastic pollution. We're seeing bills being put in place by governments around the world and also think people like the UN. And that's really valuable. And it's what we need to be seeing. But I think it needs to be joined up around the world because there are places that are managing to ban certain items of plastic from their countries. And that can be shared in other countries if we all collaborate together on this. And so, I think that's something that's really important to see. And also, urgency on the issue. Because there are countries, so for the UK example, in England, there was going to be attacks on plastics and that would have had a massive impact, but unfortunately, the government went back on that. And so, I think we need to see it with urgency to make change happen. And no, we don't have time to be going back on these decisions that would have an amazing impact. But we actually need to be doing them now as soon as possible.

Amy Meek: Yeah, absolutely. And I think it's quite powerful to hear a few kinds of common threads coming through from all of your answers. And I think urgency and also collaboration, being some really key themes is something that is really great to see. And hopefully something that we can all take away from this discussion is that actually the only way that we have any chance of solving these crises, even as speaking on the younger generations' perspective here, is if we all work together and collaborate, and I think that's something that hopefully everyone in this room can really relate to when it comes to solving so many of these problems. Now, we've been speaking about the youth perspective, younger perspective, even if admittedly, some of you guys are saying that you perhaps wouldn't class yourselves and that category anymore, I'm not sure. But you've been involved in in youth action or in environmental action for quite a long time. And because of that, I'm sure you have some different perspectives and probably some different experiences being on the global stage for so many years. And so, it'd be great to hear if you have any particular experiences that have stood out for you as meaningful ones, perhaps funny ones that you'd like to share with everyone in the audience here today. Perhaps we can start from Federico this time and go the other way. Or we can start with Ella if you prefer. Okay, we'll start with you. And I'll put you on the spot instead.

Ella Meek: Thank you. I'd say this is quite a recent experience. So maybe not from when we were younger, but we were actually put up for an award in our local area in Nottingham recently. And alongside us was a member of our kids' team for the charity, which was so amazing to see. And she's a lot younger than us and doing so much to try and tackle plastic pollution, going out and doing loads of litter picks. She's just very passionate. So, it was very, very cool to be put up for the same award as her. And she actually won it, which we were very proud of. But now it was just it was a funny moment for us because we were meeting people who we've only ever met online from joining our charity. So, it was so nice to meet her in person. But it was really funny for us to actually be put up for the same award as someone who's part of our charity and a young person who won. And so that's quite a cool moment for us.

Vriko Yu: Yeah, I can share a little bit of experience from myself is that growing up, I was like, when I was younger of even before university, I don't think I've been given a lot of opportunity to be the leader on stage. But at the same time, we were at the transition where at some point, you were more like being tokenized, rather than being truly empowered. And I've seen that, not personally but seeing that, like I was just saying that we were all stories was featured on different channels and there was a quite a period of time that I get a lot of emails from all over the world. And some of the most, I think is really cute is really a heartwarming one, was from a seven-year-old. And of course, he didn't really send out an email by himself. But a I think his mother tried to find my email and they're like "okay, your solution is really cool can get my kid help to design one or he wants to be part of this. He can swim. Can he put a fish in it?" Not let alone the idea where the how practical it is, but the fact that the idea that a kid would know and would want to help, and also knowing that like "mom, can you help me to reach out?", I think that proactiveness is what I didn't see during my childhood. And I'm really happy to see that. And I think you guys are, of course, inspirational role models, but what makes me even happier is that I'm seeing a younger generation trend to like the youngest email that I've gotten was from a seven-year-old. So, I think that really encouraging. I'm really happy to see more of that happening around different places too.

Kim Ji-yoon: One of the episodes popped up is the definition of global south and global north. So, it can be replaced by developing country and developed country. So, I think right now it has changed, but when I was in COP25, I guess, and we used to gather together and we sometimes making action together, also we making interruption. We have an interruption time during the negotiation. So, the UN gave us like three or five minutes to urge the negotiators to go make a progress. So, this is quite a precious opportunity for every youth. So, it's quite competitive to be selected. So, I also applied and then somehow, I got selected. But you know, there Korea is in

UN categorization, we are, at the time, developing country. So, I was a global south. And then other global south youth delegations were pissed off, why South Koreans are selected as a global south. So, I said, you see the Wikipedia, South Korea is a global south, and the guys who are from Africa or other poor country, and they just don't want me to speak up. So, we are quite made a lot of arguments on like how the Korea can be categorized, so it ended up anyway, the negotiation got delayed for five or six hours. So, we were waiting and waiting. And then nobody could make a speech. But that was quite a frustrating experience for me.

Federico Pérez: Okay, yes, no, I have this story. So, there is this association of private enterprises in Medellín. And there's this mechanism they built in order to maybe lower the rate of protests in the sense that they communicate with the leaders of these protests and they just basically through a back channel, they say like, "What do you need? How can we help you with education? Even with a job? With other employment opportunities?" And from the outset and from the media and the newspaper, you would think they're criminals and they should be in jail. But in one of these meetings, I was actually meeting and talking with them, they were just like any other kid that was misguided that had a rough background. And the funny aspect of it is that one of them was like a stand-up comedian. So, when you really get to meet with people, have empathy and really connect with each other, I do think you can work towards a mutual goal. And in this sense like knowing what they need and really bringing and allocating those resources into that. So, I do believe that it was quite interesting.

Amy Meek: Definitely some really nice stories there, actually. I think sometimes when we hear perspectives from the global stage it can be quite differing in people's experiences, but really nice to hear some positive ones there, perhaps with the exception of you, Ji-yoon. But you did mention COP actually, and in particular, UN events. And just because we have a bit of time left, before we take a question, obviously COP27 is just around the corner, I think in everyone's minds at the moment, especially coming from the UK and having COP26 hosted in Glasgow last year, we're very much looking forward to hopefully seeing a real robust follow up to the discussions that were had then. And I know that yourself, Ji-yoon and Federico, you're both going to be at a COP27 this year. So, definitely very busy people we have on stage with us here today. And I was wondering if any of you had any expectations that you were wanting to see from COP27 just around the corner? What would you like to see perhaps come from this COP or anything in particular, that would be different to obviously the track record of COPs in the past, which for many people have been quite frustrating to not see the robust action come from them? So, is there anything in particular that you're looking for from COP27 this time? A tricky question to end on the perhaps.

Kim Ji-yoon: I'll go first. Actually, last month, we were dealing with the agenda and COP27. So, I can say it. The loss and damage are getting very popular in the younger, which is like a young generation constituent. And that working group is getting bigger and think we are same position with the developing country, the youth in the developed country, we are kind of restricted to consuming more things, you know, so we are in the same position. And we start to asking the compensation for the previous generation or the developed countries. So, I think this time, there was a controversial that we need to establish another financial institution for dealing with the loss and damage. So, I think that could be one of the agenda for to keep follow on.

Vriko Yu: Yeah, I think for COP27 this year and also with COP28, I'm quite optimistic because there's an extensive discussion about how we can accelerate nature-based solution, especially engaging the private sector. And there's already a lot of discussion going on saying that private sector will have to invest in nature-based solution and green technology. So already, just from here, what we have been talking about and with the other stakeholders is that I think there's going to be a much stronger involvement from the private sector in accelerating the development of these different projects around the world. So, in that sense, I am optimistic and we will see how it goes. And in top on top of COP27, we will be also joining the World Economic Forum next year in Davos. So, all of these the fact that we are fortunate enough to be there, meaning that not only representing youths, but also showing that there is a tangible, clear way and solution that is ready to be scaled. So, I'm quite hopeful. And hopefully I will be sharing with you guys about that very soon.

Amy Meek: Absolutely. And you know, best of luck to both of you during your time there. And I think the eyes of the world will really be on Egypt over the next couple of weeks to see what comes from that. But I like the optimism and I'll try and join you in that and have my fingers crossed for some good results from this one. Now, I believe that we have a question from our MC, Professor Jun. So, it'd be wonderful to hear the question for the panelists.

Hannah Jun: Yes, fantastic. I think because in the morning, we saw how shy our audience was I volunteered to ask a question, and maybe to make Vriko and Ji-yoon feel better, I'm much older, so don't worry. Before I ask the question, I do want to share, and perhaps I'm not the only one who feels this way, but I was listening to all of you, I was really touched just by your passion and how you channeled that passion into something that's really tangible and has such a positive impact. And I'm sure I'm not the only one who felt that. And I think for this conference, when we talk about sustainable finance and how we can kind of channel that finance for a better world, a lot of the discussion and the solutions we talked about today had focused kind of maybe more macro policy, maybe at a country or regional level, because you are all, you know, really on the ground and you have a good view of what's happening at the individual level, I wonder, because we have very distinguished guests here, you know, from finance, industry, also, in you know, public sector, media, as well as academia, but I think fundamentally, we're still all individuals and we're humans. And so I wonder, just from your perspective and your experience, and what you're seeing, you know, with the work that you do, if there's one tangible thing that every one of us could do today, you know, in the next 24 hours, whether that's something to do something not to do, or maybe if it's a change of mindset, or a question we could ask ourselves, if you could share that with us, I think that would be great food for thought as we end today.

Amy Meek: Absolutely. That's really a wonderful question to end on. Do you want to start Federico?

Federico Pérez: Definitely many of us are flying to come over here. So, it will be great if you can compensate your emissions through carbon credits. Simple and actionable. Thank you.

Vriko Yu: Mine is very easy. For the last trash that you made, think about where it could end up. And you have the decision to decide where it would end up - either you want to reuse it, recycle it, or if you put it in the normal trash bin, it is very likely to end up in the ocean or a landfill. So, I think just thinking about the little things that you do in daily life. And my assignment here would be just thinking about the one last trash that you made today.

Ella Meek: Okay, I would say that going away from this, I think, never underestimate the power of telling other people about these issues, about what has been discussed here today if you've learned something about the tips that have just been given, just go away and speak about this. I don't think that can ever be underestimated, the power of doing that, just getting the word out there about something that you've learned that you can do. And spreading the word will help that become a larger change. And even if it's a tiny change, if lots of people are doing it, it can make a massive difference.

Kim Ji-yoon: What I want to seeing is that you should believe yourself that you can make a change. I mean, it seems like a very single step and a minor and no one really cared about it. But if those individuals are gathered together, I think that brings a huge movement. And also, just casually talk about the climate change or what you heard here, just talk to one or two people today, and then let them spread the word. Thank you.

Amy Meek: And I think to add to that, we've mentioned a lot about collaboration today on the panel. I think it's been a really common theme. And I would say that perhaps something to bring all of these things together is perhaps look for youth networks that you can get involved in or invite into your companies or invite into the areas of work. Don't feel like sustainability has to fit into a preconceived notion, whether it's ESGs or whether it's a certain area of your life or business. This really is something that can and should integrate into all areas of business and our lives that we live. And I think to add on to that, I think to finish, it would be really great to hear from you guys, the ways that perhaps people can follow your work, support your work going forward, just a kind of final call to action, where we can follow you to find out more and any future plans that you have as well.

Ella Meek: Okay. So, you can find what me and Amy are doing on our website, which is kidsagainstplastic.co.uk. And if you want to get involved in our schools program, then it's just called Plastic Clever Schools. And there's a separate website for it. And I'd say also, if you want to check out what the kids in our charity are doing, then there's a kid section of our website called the KAP club. And there are some campaigns that they're running on there like a 12-year-old, who's running a campaign against the toys that are on magazines, the plastic toys that are really unnecessary and really tacky. So, if you want to support campaigns like those, then they're also on our website. Thank you.

Vriko Yu: I like this ad section. Yu So, we're active on LinkedIn and our company is Archireef - architecture plus reef. So, if you're active on Linked, you have a LinkedIn account. Go check us out and you can find our team's members portfolio there as well. So, hopefully we'll see more followers.

Kim Ji-yoon: You guys can follow the Instagram. I'm not sure like everyone has an account or not, but Instagram is the main contact point of us and then you can see what we are doing. And if you go to the Instagram, you can subscribe the newsletter we are publishing every Monday. We are translating the as I mentioned, the BBC, Bloomberg, Guardian. So we are, it will give you a lot of knowledge what's going on in the world. So, follow the Instagram @Geykkorea.

Federico Pérez: Great. For us, you can find us on LinkedIn, LinkedIn is 'Platinum Capital'. But besides that, it would be great to have a quick chat if you want to set up your first nature-based project in the Amazon and help towards reducing deforestation and ecosystem degradation. Thank you.

Kim Ji-yoon: I forgot to mention that we are very open to collaboration. So, if you have any idea to collaborate with us, just direct message us. Thank you.

Vriko Yu: We're sitting on that table.

Amy Meek: There we go. I think that's another small action that we were speaking about. One thing that everyone can perhaps do leaving this is, you know, get on LinkedIn or Instagram and give some these amazing projects to follow. But unfortunately, I think that brings us to the close of the session today. I'd like to say a huge, huge thank you to our incredible panelists and speakers that we have on stage today, not only for partaking in this discussion so well, but also for their really incredible spearheading projects that they're doing all around the world. And I'd really just like to close this session with a bit of a reminder. And people our age, the youth of the world we're often described as the future generation and the last generation, as we've heard, who are the ones have the capacity to make this change. We're hearing it said even more that our generation isn't just the future generation, but it's also the present. And I think the amazing people on the stage here today really show that that cannot be more true.

And young people are here now and leading the way in so many fields and really ready to listen and to collaborate and to aid the action that we are all so desperate to see when it comes to tackling these environmental issues. And so, I'd encourage everyone here to really try and keep up with the projects that we're seeing run on stage. But also, as I mentioned earlier, look into the young people working in your fields or your country and see how you can really invite them to play a role in the work that you do. Because young people offer valuable insights, a really urgent perspective on the challenges facing the world today and one that we are set to inherit. And it's clear to see, as we've said, that we cannot address climate change, biodiversity loss, the many other issues that are facing our planet, without true genuine cross-generation collaboration. So, thank you so much.

Special Address

[Speaker]
Mark Carney Vice Chair, Brookfield Asset Management
/ UN Special Envoy on Climate Action and Finance
/ Fmr. Governor, Bank of England (BOE)

Special Address

Mark Carney

> [Highlight]
>
> Asia will shoulder a large share of the costs if we all collectively do not take action to keep 1.5℃ within reach. This will depend on reaching net zero emissions by 2050. And it needs the start of rapid decarbonization today.
>
>
> Mark Carney
> Vice Chair, Brookfield Asset Management
> UN Special Envoy on Climate Action and Finance
> Fmr. Governor, Bank of England (BOE)
>

It's a great pleasure to join you all on behalf of the Glasgow Financial Alliance for Net Zero and Brookfield Asset Management. I'm very pleased to be virtually at this IGE-Woori Financial Group International Conference. Let me say at the outset and commend Woori Financial Group. As you know, you're the largest bank in South Korea. And you played a critical role in mainstreaming climate leadership there and beyond joining UNEP FI back in 2019, and becoming an official signatory of the Net Zero Banking Alliance last month and therefore GFANZ. Congratulations and thank you. Woori Financial Group's strong work sets an example for financial institutions, not just in Korea, but across the Asia Pacific region and around the world. I'd also like to applaud IGE for your sustained focus on sustainable finance, such as demonstrated by your pathbreaking ESG Global Summit two years ago. And the research on climate finance by groups such as IGE encourages governments and financial institutions themselves to focus on the net zero transition that is so essential. And that attention is needed now more than ever.

We're meeting just a few days away from COP27 In Egypt. And we're already more than a quarter of the way through what must be the "decade of delivery" within a net zero transition. Our planet's temperature is already 1.1℃ warmer than preindustrial levels and the last seven years have been the warmest on record. And while the Glasgow commitments of governments could limit warming to 1.8 ℃ by the end of this century, their policies are still only consistent with the warming around 2.5 ℃. We must not just mind this gap but urgently close it. For as the IPCC sets out, the global carbon budget is a binding constraint that will be exhausted within a decade on our current path.

And Asia is at the frontline of this transition. A leader in green technology, Asia is also the fastest growing region in the world, and it's well placed to seize the opportunities of net zero for greater energy security, more resilient cities and infrastructure, and even more sustainable growth. Asia is also home to the most exposed jurisdictions to climate impacts. And Asia will shoulder a large share of the costs if we all collectively do not take action to keep 1.5 ℃ within reach. This will depend on reaching net zero emissions by 2050. And it needs the start of rapid decarbonization today.

Fortunately, that transition has begun to accelerate. Over the past two years as the proportion of global emissions covered by country net zero targets has risen from less than 1/3 two years ago to over 90% today. Under the Glasgow Climate Pact, countries agreed to close the gap between ambition and action that I mentioned earlier. And for the first time, nations agreed to phase down unabated coal power and inefficient subsidies for fossil fuels. Across the private sector, nearly 10,000 companies are setting science-based emission reduction targets. And it's in this environment that financial institutions such as Woori are playing leading roles. As part of the Glasgow Financial Alliance for Net Zero or GFANZ, 550 financial institutions from over 50 countries are committed to managing their balance sheets - balance sheets that total over $130 trillion of assets - to manage those balance sheets in line with a 1.5 ℃ net zero transition.

Now if the last year was about mainstreaming net zero commitments - commitments of countries, commitments and financial institutions - this year has been about operationalizing those commitments. And to that end, GFANZ is providing the global financial system with the tools it needs to manage the transition to net zero. This process begins with pan-sectoral guidance on financial institution net zero transition planning. Drawing on extensive stakeholder feedback, our framework, released just a few days ago, outlines the metrics, the governance and strategies that all financial institutions should adopt to translate their climate pledges into action. The GFANZ Framework also provides a clear definition of transition finance that will help decarbonization in the real economy, rather than the simple and false comfort of portfolio decarbonization through divestment. That means four strategies for how institutions can finance the transition.

The first is obvious. Supporting climate solutions. In other words, the technologies and products that will enable the economy to decarbonize. The second is to finance business models that are already aligned with the net zero economy of the future. Now, some would stop at these first two strategies, but they're not sufficient to get the world to net zero. Crucially, finance must support real world decarbonization, not simply green balance sheets, like concentrating only on those companies that have assets that are already green. This requires a third strategy of going to wherever the emissions are and backing companies in high emission sectors to develop credible transition plans and implement them. This third strategy supports firms that have those plans that set targets aligned to sectoral pathways and are implementing changes in their businesses to deliver them. And the final strategy recognizes that climate transition means backing plans to accelerate the managed phase out of stranded assets. It facilitates emissions reductions while managing critical issues of service continuity and community wellbeing. And all four of these strategies are essential to get the world to the next zero.

Now, of course, finance is an enabler. It makes decarbonization possible, as I've been saying, but the real action is in the real economy. And that's why GFANZ is also setting out the financial sectors' expectations for the transition plans of companies in order for the financial institutions to help determine which companies have credible plans, which ones should they back, and which they should avoid. In the new year, we plan to release guidance on the use of third-party sectoral pathways to help companies in various high-emitting sectors such as oil and gas, aviation and steel, to align their business model hosted with a 1.5 ℃ pathway. These approaches helped turn commitments into action. Putting this all together, our Net Zero Financial Institution Transition Plan Framework, those real economy company transition plan expectations, and those sectoral pathways, collectively provide a unified, coherent guidance on the path to net zero emissions across the financial system. These are universal tools. And as such, they're important.

But GFANZ also recognizes that it's critical to tailor guidance to country specificities and regional issues. And that's why we've established regional networks that provide financial institutions with tailored guns to support local net zero transition planning. In particular, we launched last June, the Asia Pacific Network. It's chaired by Ravi Menon, the chair of the MAS, and it's already undertaken significant work to support decarbonization across the APAC region, not only adapting GFANZ's resources to APAC audiences, but also helping to facilitate the managed phase of coal fired power plants in APAC countries. These phases out projects for coal are part of the second core tranche of our work, which is to mobilize private capital to the energy transition opportunities in emerging and developing economies. Today, the energy that keeps our lights on, heats our homes, transports our goods, and fuels their production accounts for around three quarters of global carbon emissions. These emissions obviously have to fall rapidly to have any chance of keeping temperatures below 1.5℃. And this is challenging. We can't simply decree the most complex energy transition in history by fiat. It's not enough to just say no. Transition means transition. And this requires not only a decline in fossil fuels, but particularly a massive acceleration in clean energy investment.

According to the IEA, the pace of annual clean energy investment needs to rise more than three-fold this decade in order to get the world on track for 1.5℃. Let me draw that out for a moment by examining the different 1.5℃ scenarios for energy investment. Our research estimates that by the end of this decade, the world will need to scale clean energy investment to the extent that for every dollar spent maintaining necessary fossil fuel energy capacity, at least four dollars must be invested in new clean energy infrastructure. Today, that ratio is about one to one. In coming years, it needs to rise. This analysis underscores that the biggest threat to addressing climate change is the speed with which we can increase clean energy investment. So, GFANZ is particularly focused on addressing the financing gap in emerging and developing economies - a gap or requirement that will rise to an extra $1 trillion in annual clean energy investment by the end of this decade. In partnerships with governments, philanthropy and multilateral development banks, we're working to create new country platforms and Just Energy Transition Partnerships or JETPs to channel capital to support the energy transitions of emerging economies. We've dedicated significant resources to advance private sector mobilization under the

Indonesian and Vietnamese JETPs and Egypt's country platform. And we look forward to working with other countries and stakeholders in the future, particularly in Asia, to ensure the transition in energy is truly just and truly global. And finally, the last key tranche of our work focuses on accountability. We need to be able to track progress. And that's why all of our work from global and net zero transition planning framework to our regional tools and guidance will be underpinned by a new net zero data public utility. This will provide consistent, accurate and openly available climate transition information to allow financial institutions, regulators, civil society and the general public to track climate progress. A pilot of this utility will be up and running by the end of next summer.

And it will promote unprecedented accountability on the transition with the support of the largest financial data providers, including Bloomberg, London Stock Exchange, Refinitiv, Moody's, Morningstar, MSCI and S&P, and is supported by a number of governments from the European Commission to the UK and United States, France, Singapore, Switzerland, and international organizations, including the OECD, the FSB, the IEA, IOSCO, and the United Nations. As we work to launch this pilot, we really need your perspectives and input. Please respond to the consultation that is underway shortly.

Now, before I close, I'd like to end with a caveat then a catalyst. Finance won't drive the net zero transition on its own. Finance is an enabler. It's a catalyst that can speed up what governments and countries initiate. The scale though, of the net zero financial commitments of which Woori Group is a part of, the scale of those commitments is such that if the world truly wants a sustainable, resilient and fair energy system, the finance will be there. But this will depend on supportive public policies to accelerate the removals of barriers to this clean energy deployment and to support innovation.

And so, in that regard, we're very heartened by the work that Woori and IGE have undertaken, are undertaking and will undertake. We're confident that with continued collaboration between leading financial institutions, our best companies, civil society and governments, we can reach our decarbonization goals. I hope to see some of you later this week at COP 27 in Sharm el Sheikh. And I look forward to moving together and taking steps closer to turning net zero commitments into action. Thank you very much.